신입사원 채용 대비

LX한국국토
정보공사

직업기초능력평가

LX한국국토정보공사
직업기초능력평가

개정 3판 발행		2021년 10월 29일
개정 4판 발행		2023년 4월 21일

편 저 자	|	취업적성연구소
발 행 처	|	㈜서원각
등록번호	|	1999-1A-107호
주 소	|	경기도 고양시 일산서구 덕산로 88-45(가좌동)
교재주문	|	031-923-2051
팩 스	|	031-923-3815
교재문의	|	카카오톡 플러스 친구[서원각]
홈페이지	|	www.goseowon.com

PREFACE

우리나라 기업들은 1960년대 이후 현재까지 비약적인 발전을 이루었다. 이렇게 급속한 성장을 이룰 수 있었던 배경에는 우리나라 국민들의 근면성 및 도전정신이 있었다. 그러나 빠르게 변화하는 세계 경제의 환경에 적응하기 위해서는 근면성과 도전정신 이외에 또 다른 성장 요인이 필요하다.

최근 많은 공사·공단에서는 기존의 직무 관련성에 대한 고려 없이 인·적성, 지식 중심으로 치러지던 필기전형을 탈피하고, 산업현장에서 직무를 수행하기 위해 요구되는 능력을 산업부문별·수준별로 체계화 및 표준화한 NCS를 기반으로 하여 채용공고 단계에서 제시되는 '직무 설명자료'상의 직업기초능력과 직무수행능력을 측정하기 위한 직업기초능력평가, 직무수행능력평가 등을 도입하고 있다.

한국국토정보공사에서도 업무에 필요한 역량 및 책임감과 적응력 등을 구비한 인재를 선발하기 위하여 고유의 직업기초능력평가를 치르고 있다. 본서는 한국국토정보공사 신입사원 채용에 대비하기 위한 필독서로 한국국토정보공사 직업기초능력평가의 출제경향을 철저히 분석하여 응시자들이 보다 쉽게 시험유형을 파악하고 효율적으로 대비할 수 있도록 구성하였다.

신념을 가지고 도전하는 사람은 반드시 그 꿈을 이룰 수 있으며, 처음에 품은 신념과 열정이 취업 성공의 그 날까지 빛바래지 않도록 (주)서원각이 수험생 여러분을 항상 응원합니다.

STRUCTURE

NCS 핵심이론

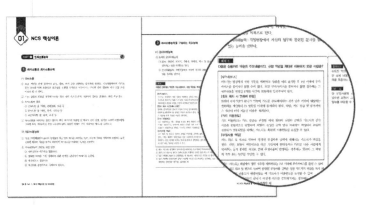

NCS 직업기초능력 핵심이론을 체계적으로
정리하여 단기간에 학습할 수 있도록 하였
습니다.

직무능력평가

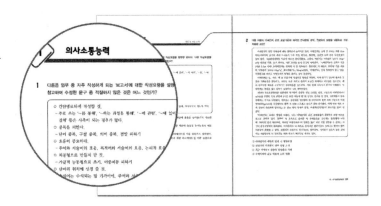

적중률 높은 영역별 출제예상문제를 수
록하여 학습효율을 확실하게 높였습니다.

NCS 정답 및 해설

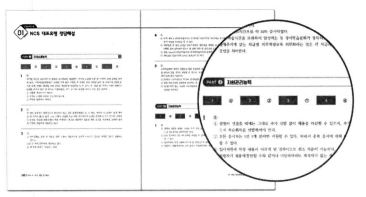

문제의 핵심을 꿰뚫는 명쾌하고 자세한
해설로 수험생들의 이해를 돕습니다.

CONTENTS

채용안내

※ 본 안내는 2022년 공고문의 내용을 요약한 것으로 지원 전 반드시 홈페이지의 공고문을 참고하시기 바랍니다.

✔ 공사소개

CEO 경영방침

① 미래 공간정보를 이끄는 LX … 디지털 플랫폼 구축을 통해 미래 공간정보 중추 기관이 되겠습니다.
   ㉠ 데이터 수집 · 분석 · 활용 서비스 체계 구축
   ㉡ 디지털트윈 표준모델 구축 · 확산

② 국민에게 신뢰받는 LX … 바르고 정확한 국토정보 서비스로 국민의 신뢰를 높이겠습니다.
   ㉠ 디지털 지적 구현, 지적제도 현대화
   ㉡ 비대면 · 디지털기술 서비스 확대

③ 혁신으로 성장하는 LX … 공정하고 청렴한 조직, 스스로 혁신하고 협력하는 조직을 만들겠습니다.
   ㉠ 소통 · 협력의 수평 · 민주적 조직문화
   ㉡ 사람중심 투자, 공정 · 청렴 강화

✔ 중장기 경영전략 체계도

 미션 ┈┈ 국가공간정보체계 구축 지원과 공간정보 · 지적제도 연구개발 및 지적측량 수행을 통해 국가발전에 이바지한다.

 비전 ┈┈ 스마트 사회를 선도하는 국토정보 플랫폼

 핵심가치 ┈┈
• 미래 혁신
• 책임과 신뢰
• 소통과 화합

 전략목표
2030목표
중장기'22~'26 ┈┈
• LX디지털원 서비스모델 지속 개발 : '26년 서비스모델 개발 56건(누계)
• 디지털 지적 구축완료 : '26년 디지털지적 구축률 56.6%
• ESG경영수준 최고등급 달성 : '26년 ESG경영 수준 A등급
• 조직 건전성 최고수준 달성 : '26년 조직건전성지수 93.1점

✔ **LX혁신**

혁신목표 ⋮⋮ 스마트 국토정보로 안전하고 포용적인 국가 구현 기여

**전략방향과
전략과제** ⋮⋮

국토공간의 효율적 성장 지원	미래지향적 지적서비스 확대	LX형 ESG 경영의 정착	국민이 공감하는 신뢰경영
• 도시·인프라 디지털 혁신 선도 • 국토정보 플랫폼 기반 서비스 강화 • 국토교통 미래전략산업 지원 강화 • 융합인재 육성 및 실용 R&D	• 디지털 지적 구축 가속화 • 지적정보 품질고도화 • 차세대 지적정책 지원 강화 • 지적서비스 만족도 제고	• 상생·협력 기반 성장 생태계 촉진 • 일자리 창출 중심 사회안전망 강화 • 국민·직원 안전 강화 • 탄소중립 2050 선도	• 청렴·인권경영 정착 • 이해관계자 소통·참여 확대 • 혁신지향 조직문화 조성 • 경영의 효율성과 재무건전성 강화

**혁신방향과
혁신과제** ⋮⋮

제도혁신을 통한 사회적 가치의 확실한 성과창출	기술혁신을 통한 혁신성장 지원 강화	건전한 공사경영을 통한 국민신뢰 제고
• LX공직윤리 강화(중점) • 국토정보 분야일자리 창출 확대 • 안전관리 체계 강화 • 사회형평적 채용 이행 • 지역 상생협력 강화	• 4차 산업혁명·K-뉴딜 선도(중점) • 경제 활력 제고의 마중물 역할 강화 • 협력중소기업 규제혁신 및 성장지원 확대 • 혁신제품 공공구매 확대 • 공간정보 빅데이터 민간 활용 지원 확대	• 직무중심 보수 체계 도입 • 임금피크제 인력의 효율적 활용 • 지속가능경영 시스템 강화(중점) • 국민 중심의 적극행정 실현 • 국민 편익증진을 위한 소통채널 강화

✔ 인재상

상생을 추구하는 화합
상호 존중과 배려를 통해
상생과 협력을 추구하여
화합하는 인재

변화에 도전하는 창조
세계 최고 수준의 전문성을
향해 변화와 도전으로
새로움을 창조하는 인재

고객을 지향하는 소통
사회적 책임과 청렴윤리를
바탕으로 고객에게 감동으로
소통하는 인재

✔ 채용분야 및 지원자격

채용직렬	채용분야		비고
기획경영직	기획행정	장애	채용형 인턴으로 선발
	경영회계	장애	
		보훈	
국토정보직	지적측량	일반	
		장애	
		보훈	
보조직(고졸전형)	지적측량	일반	

- 분야별 주요업무 내용은 직무설명서 참조
- 채용분야별 응시자격은 하단 참조
- 기획경영직(기획행정, 경영회계) 분야 보훈채용은 취업보호(지원)대상자 대상 채용
- 국토정보직(지적측량) 분야 보훈채용은 국가보훈처 추천자 대상 채용
- 추천대상자 관련 등은 전북동부보훈지청(063-239-4520) 문의

✔ 채용분야별 응시자격

채용분야			응시자격
기획경영	기획행정 · 경영회계	장애	• 장애인복지법 시행령 제2조에 의한 장애인, 국가유공자 예우 및 지원에 관한 법률 시행령 제14조 제3항에 의한 상이등급 기준에 해당하는 자
	경영회계	보훈	• 국가유공자 예우 및 지원에 관한 법률 등에 따른 취업지원 대상자로서 증명서 발급이 가능한 자
국토정보	지적측량	일반	• 지적 자격 보유자로 현장업무 수행이 가능한 자
		장애	• 지적 자격 보유자로 현장업무 수행이 가능한 자 • 장애인복지법 시행령 제2조에 의한 장애인, 국가유공자 예우 및 지원에 관한 법률 시행령 제14조제3항에 의한 상이등급 기준에 해당하는 자
		보훈	• 지적 자격 보유자로 현장업무 수행이 가능한 자 • 국가보훈처 추천자
보조직 (고졸전형)	지적측량	일반	• 지적 자격 보유자로 현장업무 수행이 가능한 자 • 최종학력이 고등학교 졸업인 자

※ 지적 자격 : 지적기술사, 지적기사, 지적산업기사, 지적기능사 중 1개 이상 보유
※ 자격증 기준일 : 입사지원서 접수마감일까지 취득하여 등록번호(자격번호)가 부여된 자격증에 한하여 인정

✔ 직무능력중심 선발절차

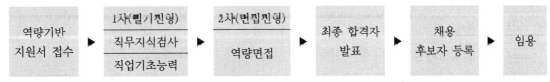

✔ 전형별 배점기준

역량기반 지원서	1차(필기전형)			2차(면접전형)	최종합격자 결정
적격/부적격	직무지식검사(70%)	직업기초능력		역량면접(100%)	1차(60%＋2차(40%)합산
		직업성격검사(적격/부적격)			
		직무능력검사(30%)			

✔ 채용분야별 필기시험 개요

시험구분	채용분야		시험내용(문항수)	시험시간
직업기초능력평가	공통		직업성격검사(150)	20분
			직무능력검사(60)(직무별 4개 영역)	60분
직무지식검사	기획경영	기획행정	행정학(20), 경제학(20), 기초통계(20)	70분
		경영회계	경영학(20), 회계학(20), 기초통계(20)	
	국토정보	지적측량	지적학(15), 지적측량(20), 관계법규 I (15), 기초통계학(10)	
	보조직(고종전형)	지적측량	한국사(60)	
합계				150분

✔ 직업기초능력평가

① 계산기 사용 불가

② (직업성격검사) 공사 인재상에 부합하는 마인드 측정
   - 점수 미반영, 필기시험 결과에 상관없이 부적합자 불합격 처리

③ (직무능력검사) 직무별 NCS 직업기초능력 4개 영역
   - (기획행정/경영회계) 의사소통, 문제해결, 자원관리, 조직이해능력
   - (지적측량) 수리, 문제해결, 정보, 기술능력

✔ 직무지식검사

① 계산기 사용 기준

   – (기획경영직) 단순 계산 기능 소형전자계산기만 사용 가능

   – (국토정보직) 일반 공학용 전자계산기 사용 가능

   * 공학용 계산기는 사용자 본인이 감독자 앞에서 프로그램을 리셋한 후 사용

② 채용분야별 직무지식검사 내용 안내

   – (출제유형) 객관식 4지선다형 60문항

   – (관계법규Ⅰ)「국가공간정보기본법」,「공간정보의 구축 및 관리 등에 관한 법률」,「지적측량 시행 규칙」,「지적재조사에 관한 특별법」

   * 채용분야별(지적측량) 관계법규는 해당 법률, 시행령, 시행규칙을 포함하며, 채용 공고일 기준 현행법으로 함

   – (기초통계학) 범위와 난이도는 공사 홈페이지 공지사항(제목 : 기초통계학 예제문제)에 공지된 예시 문제 참조

③ 40점 미만 득점하거나, 가산점을 합산한 총 점수가 60점(장애인 및 보훈분야 50점) 미만인 경우 불 합격 처리

✔ 역량면접

① 경험면접, 상황면접 등으로 공사 직원으로서 필요한 역량 검증

② 면접대상 인원 : 분야별 채용예정인원의 3배수(지적측량은 1.5배수)

③ 한 면접위원의 점수합계가 40점 미만 또는 숯 면접위원의 종합평균이60점 미만인 경우 불합격 처리

PART

1

NCS 핵심이론 및 대표유형

01 NCS 핵심이론

1 의사소통과 의사소통능력

(1) 의사소통

① 개념 : 사람들 간에 생각이나 감정, 정보, 의견 등을 교환하는 총체적인 행위로, 직장생활에서의 의사소통은 조직과 팀의 효율성과 효과성을 성취할 목적으로 이루어지는 구성원 간의 정보와 지식 전달 과정이라고 할 수 있다.

② 기능 : 공동의 목표를 추구해 나가는 집단 내의 기본적 존재 기반이며 성과를 결정하는 핵심 기능이다.

③ 의사소통의 종류

　ㄱ 언어적인 것 : 대화, 전화통화, 토론 등

　ㄴ 문서적인 것 : 메모, 편지, 기획안 등

　ㄷ 비언어적인 것 : 몸짓, 표정 등

④ 의사소통을 저해하는 요인 : 정보의 과다, 메시지의 복잡성 및 메시지 간의 경쟁, 상이한 직위와 과업지향형, 신뢰의 부족, 의사소통을 위한 구조상의 권한, 잘못된 매체의 선택, 폐쇄적인 의사소통 분위기 등

(2) 의사소통능력

① 개념 : 직장생활에서 문서나 상대방이 하는 말의 의미를 파악하는 능력, 자신의 의사를 정확하게 표현하는 능력, 간단한 외국어 자료를 읽거나 외국인의 의사표시를 이해하는 능력을 포함한다.

② 의사소통능력 개발을 위한 방법

　ㄱ 사후검토와 피드백을 활용한다.

　ㄴ 명확한 의미를 가진 이해하기 쉬운 단어를 선택하여 이해도를 높인다.

　ㄷ 적극적으로 경청한다.

　ㄹ 메시지를 감정적으로 곡해하지 않는다.

② 의사소통능력을 구성하는 하위능력

(1) 문서이해능력

① 문서와 문서이해능력

　㉠ 문서 : 제안서, 보고서, 기획서, 이메일, 팩스 등 문자로 구성된 것으로 상대방에게 의사를 전달하여 설득하는 것을 목적으로 한다.

　㉡ 문서이해능력 : 직업현장에서 자신의 업무와 관련된 문서를 읽고, 내용을 이해하고 요점을 파악할 수 있는 능력을 말한다.

예제 1

다음은 신용카드 약관의 주요내용이다. 규정 약관을 제대로 이해하지 못한 사람은?

> **[부가서비스]**
> 카드사는 법령에서 정한 경우를 제외하고 상품을 새로 출시한 후 1년 이내에 부가서비스를 줄이거나 없앨 수가 없다. 또한 부가서비스를 줄이거나 없앨 경우에는 그 세부내용을 변경일 6개월 이전에 회원에게 알려주어야 한다.
>
> **[중도 해지 시 연회비 반환]**
> 연회비 부과기간이 끝나기 이전에 카드를 중도해지하는 경우 남은 기간에 해당하는 연회비를 계산하여 10 영업일 이내에 돌려줘야 한다. 다만, 카드 발급 및 부가서비스 제공에 이미 지출된 비용은 제외된다.
>
> **[카드 이용한도]**
> 카드 이용한도는 카드 발급을 신청할 때에 회원이 신청한 금액과 카드사의 심사기준을 종합적으로 반영하여 회원이 신청한 금액 범위 이내에서 책정되며 회원의 신용도가 변동되었을 때에는 카드사는 회원의 이용한도를 조정할 수 있다.
>
> **[부정사용 책임]**
> 카드 위조 및 변조로 인하여 발생된 부정사용 금액에 대해서는 카드사가 책임을 진다. 다만, 회원이 비밀번호를 다른 사람에게 알려주거나 카드를 다른 사람에게 빌려주는 등의 중대한 과실로 인해 부정사용이 발생하는 경우에는 회원이 그 책임의 전부 또는 일부를 부담할 수 있다.

① 혜수 : 카드사는 법령에서 정한 경우를 제외하고는 1년 이내에 부가서비스를 줄일 수 없어

② 진성 : 카드 위조 및 변조로 인하여 발생된 부정사용 금액은 일괄 카드사가 책임을 지게 돼

③ 영훈 : 회원의 신용도가 변경되었을 때 카드사가 이용한도를 조정할 수 있어

④ 영호 : 연회비 부과기간이 끝나기 이전에 카드를 중도해지하는 경우에는 남은 기간에 해당하는 연회비를 카드사는 돌려줘야 해

출제의도

주어진 약관의 내용을 읽고 그에 대한 상세 내용의 정보를 이해하는 능력을 측정하는 문항이다.

해 설

② 부정사용에 대해 고객의 과실이 있으면 회원이 그 책임의 전부 또는 일부를 부담할 수 있다.

답 ②

② 문서의 종류

   ⊙ 공문서 : 정부기관에서 공무를 집행하기 위해 작성하는 문서로, 단체 또는 일반회사에서 정부기관을 상대로 사업을 진행할 때 작성하는 문서도 포함된다. 엄격한 규격과 양식이 특징이다.

   ⓒ 기획서 : 아이디어를 바탕으로 기획한 프로젝트에 대해 상대방에게 전달하여 시행하도록 설득하는 문서이다.

   ⓒ 기안서 : 업무에 대한 협조를 구하거나 의견을 전달할 때 작성하는 사내 공문서이다.

   ⓔ 보고서 : 특정한 업무에 관한 현황이나 진행 상황, 연구·검토 결과 등을 보고하고자 할 때 작성하는 문서이다.

   ⓜ 설명서 : 상품의 특성이나 작동 방법 등을 소비자에게 설명하기 위해 작성하는 문서이다.

   ⓗ 보도자료 : 정부기관이나 기업체 등이 언론을 상대로 자신들의 정보를 기사화 되도록 하기 위해 보내는 자료이다.

   ⓢ 자기소개서 : 개인이 자신의 성장과정이나, 입사 동기, 포부 등에 대해 구체적으로 기술하여 자신을 소개하는 문서이다.

   ⓞ 비즈니스 레터(E-mail) : 사업상의 이유로 고객에게 보내는 편지다.

   ⓩ 비즈니스 메모 : 업무상 확인해야 할 일을 메모형식으로 작성하여 전달하는 글이다.

③ 문서이해의 절차 : 문서의 목적 이해 → 문서 작성 배경·주제 파악 → 정보 확인 및 현안문제 파악 → 문서 작성자의 의도 파악 및 자신에게 요구되는 행동 분석 → 목적 달성을 위해 취해야 할 행동 고려 → 문서 작성자의 의도를 도표나 그림 등으로 요약·정리

(2) 문서작성능력

① 작성되는 문서에는 대상과 목적, 시기, 기대효과 등이 포함되어야 한다.

② 문서작성의 구성요소

   ⊙ 짜임새 있는 골격, 이해하기 쉬운 구조

   ⓒ 객관적이고 논리적인 내용

   ⓒ 명료하고 설득력 있는 문장

   ⓔ 세련되고 인상적인 레이아웃

예제 2

다음은 들은 내용을 구조적으로 정리하는 방법이다. 순서에 맞게 배열하면?

> ㉠ 관련 있는 내용끼리 묶는다.
> ㉡ 묶은 내용에 적절한 이름을 붙인다.
> ㉢ 전체 내용을 이해하기 쉽게 구조화한다.
> ㉣ 중복된 내용이나 덜 중요한 내용을 삭제한다.

① ㉠㉡㉢㉣   ② ㉠㉡㉣㉢

③ ㉡㉠㉢㉣   ④ ㉡㉠㉣㉢

출제의도

음성정보는 문자정보와는 달리 쉽게 잊혀지기 때문에 음성정보를 구조화시키는 방법을 묻는 문항이다.

해　설

내용을 구조적으로 정리하는 방법은 '㉠ 관련 있는 내용끼리 묶는다. → ㉡ 묶은 내용에 적절한 이름을 붙인다. → ㉣ 중복된 내용이나 덜 중요한 내용을 삭제한다. → ㉢ 전체 내용을 이해하기 쉽게 구조화 한다.'가 적절하다.

답 ②

③ 문서의 종류에 따른 작성방법

　㉠ 공문서

　　• 육하원칙이 드러나도록 써야 한다.

　　• 날짜는 반드시 연도와 월, 일을 함께 언급하며, 날짜 다음에 괄호를 사용할 때는 마침표를 찍지 않는다.

　　• 대외문서이며, 장기간 보관되기 때문에 정확하게 기술해야 한다.

　　• 내용이 복잡할 경우 '-다음-', '-아래-'와 같은 항목을 만들어 구분한다.

　　• 한 장에 담아내는 것을 원칙으로 하며, 마지막엔 반드시 '끝'자로 마무리 한다.

　㉡ 설명서

　　• 정확하고 간결하게 작성한다.

　　• 이해하기 어려운 전문용어의 사용은 삼가고, 복잡한 내용은 도표화 한다.

　　• 명령문보다는 평서문을 사용하고, 동어 반복보다는 다양한 표현을 구사하는 것이 바람직하다.

　㉢ 기획서

　　• 상대를 설득하여 기획서가 채택되는 것이 목적이므로 상대가 요구하는 것이 무엇인지 고려하여 작성하며, 기획의 핵심을 잘 전달하였는지 확인한다.

　　• 분량이 많을 경우 전체 내용을 한눈에 파악할 수 있도록 목차구성을 신중히 한다.

　　• 효과적인 내용 전달을 위한 표나 그래프를 적절히 활용하고 산뜻한 느낌을 줄 수 있도록 한다.

　　• 인용한 자료의 출처 및 내용이 정확해야 하며 제출 전 충분히 검토한다.

　㉣ 보고서

　　• 도출하고자 하는 핵심내용을 구체적이고 간결하게 작성한다.

　　• 내용이 복잡할 경우 도표나 그림을 활용하고, 참고자료는 정확하게 제시한다.

　　• 제출하기 전에 최종점검을 하며 질의를 받을 것에 대비한다.

예제 3

다음 중 공문서 작성에 대한 설명으로 가장 적절하지 못한 것은?

① 공문서나 유가증권 등에 금액을 표시할 때에는 한글로 기재하고 그 옆에 괄호를 넣어 숫자로 표기한다.

② 날짜는 숫자로 표기하되 년, 월, 일의 글자는 생략하고 그 자리에 온점(.)을 찍어 표시한다.

③ 첨부물이 있는 경우에는 붙임 표시문 끝에 1자 띄우고 "끝."이라고 표시한다.

④ 공문서의 본문이 끝났을 경우에는 1자를 띄우고 "끝."이라고 표시한다.

출제의도

업무를 할 때 필요한 공문서 작성법을 잘 알고 있는지를 측정하는 문항이다.

해 설

공문서 금액 표시
아라비아 숫자로 쓰고, 숫자 다음에 괄호를 하여 한글로 기재한다.
예) 123,456원의 표시 : 금 123,456(금일십이만삼천사백오십육원)

답 ①

④ 문서작성의 원칙

    ㉠ 문장은 짧고 간결하게 작성한다.(간결체 사용)

    ㉡ 상대방이 이해하기 쉽게 쓴다.

    ㉢ 불필요한 한자의 사용을 자제한다.

    ㉣ 문장은 긍정문의 형식을 사용한다.

    ㉤ 간단한 표제를 붙인다.

    ㉥ 문서의 핵심내용을 먼저 쓰도록 한다.(두괄식 구성)

⑤ 문서작성 시 주의사항

    ㉠ 육하원칙에 의해 작성한다.

    ㉡ 문서 작성시기가 중요하다.

    ㉢ 한 사안은 한 장의 용지에 작성한다.

    ㉣ 반드시 필요한 자료만 첨부한다.

    ㉤ 금액, 수량, 일자 등은 기재에 정확성을 기한다.

    ㉥ 경어나 단어사용 등 표현에 신경 쓴다.

    ㉦ 문서작성 후 반드시 최종적으로 검토한다.

⑥ 효과적인 문서작성 요령

   ⊙ 내용이해 : 전달하고자 하는 내용과 핵심을 정확하게 이해해야 한다.

   ⓒ 목표설정 : 전달하고자 하는 목표를 분명하게 설정한다.

   ⓒ 구성 : 내용 전달 및 설득에 효과적인 구성과 형식을 고려한다.

   ⓔ 자료수집 : 목표를 뒷받침할 자료를 수집한다.

   ⓜ 핵심전달 : 단락별 핵심을 하위목차로 요약한다.

   ⓗ 대상파악 : 대상에 대한 이해와 분석을 통해 철저히 파악한다.

   ⓢ 보충설명 : 예상되는 질문을 정리하여 구체적인 답변을 준비한다.

   ⓞ 문서표현의 시각화 : 그래프, 그림, 사진 등을 적절히 사용하여 이해를 돕는다.

(3) 경청능력

① 경청의 중요성 : 경청은 다른 사람의 말을 주의 깊게 들으며 공감하는 능력으로 경청을 통해 상대방을 한 개인으로 존중하고 성실한 마음으로 대하게 되며, 상대방의 입장에 공감하고 이해하게 된다.

② 경청을 방해하는 습관 : 짐작하기, 대답할 말 준비하기, 걸러내기, 판단하기, 다른 생각하기, 조언하기, 언쟁하기, 옳아야만 하기, 슬쩍 넘어가기, 비위 맞추기 등

③ 효과적인 경청방법

   ⊙ 준비하기 : 강연이나 프레젠테이션 이전에 나누어주는 자료를 읽어 미리 주제를 파악하고 등장하는 용어를 익혀둔다.

   ⓒ 주의 집중 : 말하는 사람의 모든 것에 집중해서 적극적으로 듣는다.

   ⓒ 예측하기 : 다음에 무엇을 말할 것인가를 추측하려고 노력한다.

   ⓔ 나와 관련짓기 : 상대방이 전달하고자 하는 메시지를 나의 경험과 관련지어 생각해 본다.

   ⓜ 질문하기 : 질문은 듣는 행위를 적극적으로 하게 만들고 집중력을 높인다.

   ⓗ 요약하기 : 주기적으로 상대방이 전달하려는 내용을 요약한다.

   ⓢ 반응하기 : 피드백을 통해 의사소통을 점검한다.

다음은 면접스터디 중 일어난 대화이다. 민아의 고민을 해소하기 위한 조언으로 가장 적절한 것은?

> 지섭 : 민아씨, 어디 아파요? 표정이 안 좋아 보여요.
> 민아 : 제가 원서 넣은 공단이 내일 면접이어서요. 그동안 스터디를 통해서 면접 연습을 많이 했는데도 벌써부터 긴장이 되네요.
> 지섭 : 민아씨는 자기 의견도 명확히 피력할 줄 알고 조리 있게 설명을 잘 하시니 걱정 안하셔도 될 것 같아요. 아, 손에 꽉 쥐고 계신 건 뭔가요?
> 민아 : 아, 제가 예상 답변을 정리해서 모아둔거에요. 내용은 거의 외웠는데 이렇게 쥐고 있지 않으면 불안해서..
> 지섭 : 그 정도로 준비를 철저히 하셨으면 걱정할 이유 없을 것 같아요.
> 민아 : 그래도 압박면접이거나 예상치 못한 질문이 들어오면 어떻게 하죠?
> 지섭 : _____

① 시선을 적절히 처리하면서 부드러운 어투로 말하는 연습을 해보는 건 어때요?
② 공식적인 자리인 만큼 옷차림을 신경 쓰는 게 좋을 것 같아요.
③ 당황하지 말고 질문자의 의도를 잘 파악해서 침착하게 대답하면 되지 않을까요?
④ 예상 질문에 대한 답변을 좀 더 정확하게 외워보는 건 어떨까요?

상대방이 하는 말을 듣고 질문 의도에 따라 올바르게 답하는 능력을 측정하는 문항이다.

민아는 압박질문이나 예상치 못한 질문에 대해 걱정을 하고 있으므로 침착하게 대응하라고 조언을 해주는 것이 좋다.

답 ③

(4) 의사표현능력

① 의사표현의 개념과 종류

　㉠ 개념 : 화자가 자신의 생각과 감정을 청자에게 음성언어나 신체언어로 표현하는 행위이다.

　㉡ 종류

　　• 공식적 말하기 : 사전에 준비된 내용을 대중을 대상으로 말하는 것으로 연설, 토의, 토론 등이 있다.

　　• 의례적 말하기 : 사회·문화적 행사에서와 같이 절차에 따라 하는 말하기로 식사, 주례, 회의 등이 있다.

　　• 친교적 말하기 : 친근한 사람들 사이에서 자연스럽게 주고받는 대화 등을 말한다.

② 의사표현의 방해요인

　㉠ 연단공포증 : 연단에 섰을 때 가슴이 두근거리거나 땀이 나고 얼굴이 달아오르는 등의 현상으로 충분한 분석과 준비, 더 많은 말하기 기회 등을 통해 극복할 수 있다.

　㉡ 말 : 말의 장단, 고저, 발음, 속도, 쉼 등을 포함한다.

　㉢ 음성 : 목소리와 관련된 것으로 음색, 고저, 명료도, 완급 등을 의미한다.

　㉣ 몸짓 : 비언어적 요소로 화자의 외모, 표정, 동작 등이다.

　㉤ 유머 : 말하기 상황에 따른 적절한 유머를 구사할 수 있어야 한다.

③ 상황과 대상에 따른 의사표현법

㉠ 잘못을 지적할 때 : 모호한 표현을 삼가고 확실하게 지적하며, 당장 꾸짖고 있는 내용에만 한정한다.

㉡ 칭찬할 때 : 자칫 아부로 여겨질 수 있으므로 센스 있는 칭찬이 필요하다.

㉢ 부탁할 때 : 먼저 상대방의 사정을 듣고 응하기 쉽게 구체적으로 부탁하며 거절을 당해도 싫은 내색을 하지 않는다.

㉣ 요구를 거절할 때 : 먼저 사과하고 응해줄 수 없는 이유를 설명한다.

㉤ 명령할 때 : 강압적인 말투보다는 'ㅇㅇ을 이렇게 해주는 것이 어떻겠습니까?'와 같은 식으로 부드럽게 표현하는 것이 효과적이다.

㉥ 설득할 때 : 일방적으로 강요하기보다는 먼저 양보해서 이익을 공유하겠다는 의지를 보여주는 것이 좋다.

㉦ 충고할 때 : 충고는 가장 최후의 방법이다. 반드시 충고가 필요한 상황이라면 예화를 들어 비유적으로 깨우쳐주는 것이 바람직하다.

㉧ 질책할 때 : 샌드위치 화법(칭찬의 말 + 질책의 말 + 격려의 말)을 사용하여 청자의 반발을 최소화 한다.

예제 5

당신은 팀장님께 업무 지시내용을 수행하고 결과물을 보고 드렸다. 하지만 팀장님께서는 "최대리 업무를 이렇게 처리하면 어떡하나? 누락된 부분이 있지 않은가."라고 말하였다. 이에 대해 당신이 행할 수 있는 가장 부적절한 대처 자세는?

① "죄송합니다. 제가 잘 모르는 부분이라 이수혁 과장님께 부탁을 했는데 과장님께서 실수를 하신 것 같습니다."
② "주의를 기울이지 못해 죄송합니다. 어느 부분을 수정보완하면 될까요?"
③ "지시하신 내용을 제가 충분히 이해하지 못하였습니다. 내용을 다시 한 번 여쭤보아도 되겠습니까?"
④ "부족한 내용을 보완하는 자료를 취합하기 위해서 하루정도가 더 소요될 것 같습니다. 언제까지 재작성하여 드리면 될까요?"

출제의도
상사가 잘못을 지적하는 상황에서 어떻게 대처해야 하는지를 묻는 문항이다.

해 설
상사가 부탁한 지시사항을 다른 사람에게 부탁하는 것은 옳지 못하며 설사 그렇다고 해도 그 일의 과오에 대해 책임을 전가하는 것은 지양해야 할 자세이다.

답 ①

---

④ 원활한 의사표현을 위한 지침

㉠ 올바른 화법을 위해 독서를 하라.

㉡ 좋은 청중이 되라.

㉢ 칭찬을 아끼지 마라.

㉣ 공감하고, 긍정적으로 보이게 하라.

㉤ 겸손은 최고의 미덕임을 잊지 마라.

㉥ 과감하게 공개하라.

ⓢ 뒷말을 숨기지 마라.

ⓞ 첫마디 말을 준비하라.

ⓩ 이성과 감성의 조화를 꾀하라.

ⓧ 대화의 룰을 지켜라.

ⓚ 문장을 완전하게 말하라.

⑤ 설득력 있는 의사표현을 위한 지침

ㄱ 'Yes'를 유도하여 미리 설득 분위기를 조성하라.

ㄴ 대비 효과로 분발심을 불러 일으켜라.

ㄷ 침묵을 지키는 사람의 참여도를 높여라.

ㄹ 여운을 남기는 말로 상대방의 감정을 누그러뜨려라.

ㅁ 하던 말을 갑자기 멈춤으로써 상대방의 주의를 끌어라.

ㅂ 호칭을 바꿔서 심리적 간격을 좁혀라.

ㅅ 끄집어 말하여 자존심을 건드려라.

ㅇ 정보전달 공식을 이용하여 설득하라.

ㅈ 상대방의 불평이 가져올 결과를 강조하라.

ㅊ 권위 있는 사람의 말이나 작품을 인용하라.

ㅋ 약점을 보여 주어 심리적 거리를 좁혀라.

ㅌ 이상과 현실의 구체적 차이를 확인시켜라.

ㅍ 자신의 잘못도 솔직하게 인정하라.

ㅎ 집단의 요구를 거절하려면 개개인의 의견을 물어라.

ⓐ 동조 심리를 이용하여 설득하라.

ⓑ 지금까지의 노고를 치하한 뒤 새로운 요구를 하라.

ⓒ 담당자가 대변자 역할을 하도록 하여 윗사람을 설득하게 하라.

ⓓ 겉치레 양보로 기선을 제압하라.

ⓔ 변명의 여지를 만들어 주고 설득하라.

ⓕ 혼자 말하는 척하면서 상대의 잘못을 지적하라.

(5) 기초외국어능력

① 기초외국어능력의 개념과 필요성

　㉠ 개념 : 외국어로 된 간단한 자료를 이해하거나, 외국인과의 전화응대와 간단한 대화 등 외국인의 의사 표현을 이해하고, 자신의 의사를 기초외국어로 표현할 수 있는 능력이다.

　㉡ 필요성 : 국제화·세계화 시대에 다른 나라와의 무역을 위해 우리의 언어가 아닌 국제적인 통용어를 사용하거나 그들의 언어로 의사소통을 해야 하는 경우가 생길 수 있다.

② 외국인과의 의사소통에서 피해야 할 행동

　㉠ 상대를 볼 때 흘겨보거나, 노려보거나, 아예 보지 않는 행동

　㉡ 팔이나 다리를 꼬는 행동

　㉢ 표정이 없는 것

　㉣ 다리를 흔들거나 펜을 돌리는 행동

　㉤ 맞장구를 치지 않거나 고개를 끄덕이지 않는 행동

　㉥ 생각 없이 메모하는 행동

　㉦ 자료만 들여다보는 행동

　㉧ 바르지 못한 자세로 앉는 행동

　㉨ 한숨, 하품, 신음소리를 내는 행동

　㉩ 다른 일을 하며 듣는 행동

　㉪ 상대방에게 이름이나 호칭을 어떻게 부를지 묻지 않고 마음대로 부르는 행동

③ 기초외국어능력 향상을 위한 공부법

　㉠ 외국어공부의 목적부터 정하라.

　㉡ 매일 30분씩 눈과 손과 입에 밸 정도로 반복하라.

　㉢ 실수를 두려워하지 말고 기회가 있을 때마다 외국어로 말하라.

　㉣ 외국어 잡지나 원서와 친해져라.

　㉤ 소홀해지지 않도록 라이벌을 정하고 공부하라.

　㉥ 업무와 관련된 주요 용어의 외국어는 꼭 알아두자.

　㉦ 출퇴근 시간에 외국어 방송을 보거나, 듣는 것만으로도 귀가 트인다.

　㉧ 어린이가 단어를 배우듯 외국어 단어를 암기할 때 그림카드를 사용해 보라.

　㉨ 가능하면 외국인 친구를 사귀고 대화를 자주 나눠 보라.

1 자원과 자원관리

(1) 자원

① 자원의 종류 : 시간, 돈, 물적자원, 인적자원

② 자원의 낭비요인 : 비계획적 행동, 편리성 추구, 자원에 대한 인식 부재, 노하우 부족

(2) 자원관리 기본 과정

① 필요한 자원의 종류와 양 확인

② 이용 가능한 자원 수집하기

③ 자원 활용 계획 세우기

④ 계획대로 수행하기

예제 1

당신은 A출판사 교육훈련 담당자이다. 조직의 효율성을 높이기 위해 전사적인 시간관리에 대한 교육을 실시하기로 하였지만 바쁜 일정상 직원들을 집합교육에 동원할 수 있는 시간은 제한적이다. 다음 중 귀하가 최우선의 교육 대상으로 삼아야 하는 것은 어느 부분인가?

구분	긴급한 일	긴급하지 않은 일
중요한 일	제1사분면	제2사분면
중요하지 않은 일	제3사분면	제4사분면

출제의도

주어진 일들을 중요도와 긴급도에 따른 시간관리 매트릭스에서 우선순위를 구분할 수 있는가를 측정하는 문항이다.

① 중요하고 긴급한 일로 위기사항이나 급박한 문제, 기간이 정해진 프로젝트 등이 해당되는 제1사분면
② 긴급하지는 않지만 중요한 일로 인간관계구축이나 새로운 기회의 발굴, 중장기계획 등이 포함되는 제2사분면
③ 긴급하지만 중요하지 않은 일로 잠깐의 급한 질문, 일부 보고서, 눈 앞의 급박한 사항이 해당되는 제3사분면
④ 중요하지 않고 긴급하지 않은 일로 하찮은 일이나 시간낭비거리, 즐거운 활동 등이 포함되는 제4사분면

해 설

교육훈련에서 최우선 교육대상으로 삼아야 하는 것은 긴급하지 않지만 중요한 일이다. 이를 긴급하지 않다고 해서 뒤로 미루다보면 급박하게 처리해야하는 업무가 증가하여 효율적인 시간관리가 어려워진다.

구분	긴급한 일	긴급하지 않은 일
중요한 일	위기사항, 급박한 문제, 기간이 정해진 프로젝트	인간관계구축, 새로운 기회의 발굴, 중장기계획
중요하지 않은 일	잠깐의 급한 질문, 일부 보고서, 눈앞의 급박한 사항	하찮은 일, 우편물, 전화, 시간낭비거리, 즐거운 활동

답 ②

2 자원관리능력을 구성하는 하위능력

(1) 시간관리능력

① 시간의 특성
  ㉠ 시간은 매일 주어지는 기적이다.
  ㉡ 시간은 똑같은 속도로 흐른다.
  ㉢ 시간의 흐름은 멈추게 할 수 없다.
  ㉣ 시간은 꾸거나 저축할 수 없다.
  ㉤ 시간은 사용하기에 따라 가치가 달라진다.

② 시간관리의 효과
  ㉠ 생산성 향상
  ㉡ 가격 인상
  ㉢ 위험 감소
  ㉣ 시장 점유율 증가

③ 시간계획

　㉠ 개념 : 시간 자원을 최대한 활용하기 위하여 가장 많이 반복되는 일에 가장 많은 시간을 분배하고, 최단시간에 최선의 목표를 달성하는 것을 의미한다.

　㉡ 60 : 40의 Rule

계획된 행동 (60%)	계획 외의 행동 (20%)	자발적 행동 (20%)
총 시간		

예제 2

유아용품 홍보팀의 사원 은이씨는 일산 킨텍스에서 열리는 유아용품박람회에 참여하고자 한다. 당일 회의 후 출발해야 하며 회의 종료 시간은 오후 3시이다.

장소	일시
일산 킨텍스 제2전시장	2016. 1. 20(금) PM 15:00~19:00 * 입장가능시간은 종료 2시간 전 까지

오시는 길
지하철 : 4호선 대화역(도보 30분 거리)
버스 : 8109번, 8407번(도보 5분 거리)

• 회사에서 버스정류장 및 지하철역까지 소요시간

출발지	도착지	소요시간	
회사	×× 정류장	도보	15분
		택시	5분
	지하철역	도보	30분
		택시	10분

• 일산 킨텍스 가는 길

교통편	출발지	도착지	소요시간
지하철	강남역	대화역	1시간 25분
버스	×× 정류장	일산 킨텍스 정류장	1시간 45분

위의 제시 상황을 보고 은이씨가 선택할 교통편으로 가장 적절한 것은?

① 도보 – 지하철　　　　　② 도보 – 버스
③ 택시 – 지하철　　　　　④ 택시 – 버스

해 설

④ 택시로 버스정류장까지 이동해서 버스를 타고 가게 되면 택시(5분), 버스(1시간 45분), 도보(5분)으로 1시간 55분이 걸린다.
① 도보-지하철 : 도보(30분), 지하철(1시간 25분), 도보(30분)이므로 총 2시간 25분이 걸린다.
② 도보-버스 : 도보(15분), 버스(1시간 45분), 도보(5분)이므로 총 2시간 5분이 걸린다.
③ 택시-지하철 : 택시(10분), 지하철(1시간 25분), 도보(30분)이므로 총 2시간 5분이 걸린다.

답 ④

(2) 예산관리능력

① 예산과 예산관리

    ⊙ 예산 : 필요한 비용을 미리 헤아려 계산하는 것이나 그 비용을 말한다.

    ⓒ 예산관리 : 활동이나 사업에 소요되는 비용을 산정하고, 예산을 편성하는 것뿐만 아니라 예산을 통제하는 것 모두를 포함한다.

② 예산의 구성요소

비용	직접비용	재료비, 원료와 장비, 시설비, 여행(출장) 및 잡비, 인건비 등
	간접비용	보험료, 건물관리비, 광고비, 통신비, 사무비품비, 각종 공과금 등

③ 예산수립 과정 : 필요한 과업 및 활동 구명 → 우선순위 결정 → 예산 배정

예제 3

당신은 가을 체육대회에서 총무를 맡으라는 지시를 받았다. 다음과 같은 계획에 따라 예산을 진행하였으나 확보된 예산이 생각보다 적게 되어 불가피하게 비용항목을 줄여야 한다. 다음 중 귀하가 비용 항목을 없애기에 가장 적절한 것은 무엇인가?

〈○○산업공단 춘계 1차 워크숍〉

1. 해당부서 : 인사관리팀, 영업팀, 재무팀
2. 일   정 : 2016년 4월 21일~23일(2박 3일)
3. 장   소 : 강원도 속초 ○○연수원
4. 행사내용 : 바다열차탑승, 체육대회, 친교의 밤 행사, 기타

① 숙박비   ② 식비
③ 교통비   ④ 기념품비

출제의도

업무에 소요되는 예산 중 꼭 필요한 것과 예산을 감축해야할 때 삭제 또는 감축이 가능한 것을 구분해내는 능력을 묻는 문항이다.

해 설

한정된 예산을 가지고 과업을 수행할 때에는 중요도를 기준으로 예산을 사용한다. 위와 같이 불가피하게 비용 항목을 줄여야 한다면 기본적인 항목인 숙박비, 식비, 교통비는 유지되어야 하기에 항목을 없애기 가장 적절한 정답은 ④번이 된다.

답 ④

(3) 물적관리능력

① 물적자원의 종류

　　㉠ 자연자원 : 자연상태 그대로의 자원 ex) 석탄, 석유 등

　　㉡ 인공자원 : 인위적으로 가공한 자원 ex) 시설, 장비 등

② 물적자원관리 : 물적자원을 효과적으로 관리할 경우 경쟁력 향상이 향상되어 과제 및 사업의 성공으로 이어지며, 관리가 부족할 경우 경제적 손실로 인해 과제 및 사업의 실패 가능성이 커진다.

③ 물적자원 활용의 방해요인

　　㉠ 보관 장소의 파악 문제

　　㉡ 훼손

　　㉢ 분실

④ 물적자원관리 과정

과정	내용
사용 물품과 보관 물품의 구분	• 반복 작업 방지 • 물품활용의 편리성
동일 및 유사 물품으로의 분류	• 동일성의 원칙 • 유사성의 원칙
물품 특성에 맞는 보관 장소 선정	• 물품의 형상 • 물품의 소재

S호텔의 외식사업부 소속인 K씨는 예약일정 관리를 담당하고 있다. 아래의 예약일정과 정보를 보고 K씨의 판단으로 옳지 않은 것은?

〈S호텔 일식 뷔페 1월 ROOM 예약 일정〉

* 예약 : ROOM 이름(시작시간)

SUN	MON	TUE	WED	THU	FRI	SAT
					1	2
					백합(16)	장미(11) 백합(15)
3	4	5	6	7	8	9
라일락(15)		백향목(10) 백합(15)	장미(10) 백향목(17)	백합(11) 라일락(18)	백향목(15)	장미(10) 라일락(15)

ROOM 구분	수용가능인원	최소투입인력	연회장 이용시간
백합	20	3	2시간
장미	30	5	3시간
라일락	25	4	2시간
백향목	40	8	3시간

- 오후 9시에 모든 업무를 종료함
- 한 타임 끝난 후 1시간씩 세팅 및 정리
- 동 시간 대 서빙 투입인력은 총 10명을 넘을 수 없음

안녕하세요, 1월 첫째 주 또는 둘째 주에 신년회 행사를 위해 ROOM을 예약하려고 하는데요, 저희 동호회의 총 인원은 27명이고 오후 8시쯤 마무리하려고 합니다. 신정과 주말, 월요일은 피하고 싶습니다. 예약이 가능할까요?

① 인원을 고려했을 때 장미ROOM과 백향목ROOM이 적합하겠군
② 만약 2명이 안 온다면 예약 가능한 ROOM이 늘어나겠구나
③ 조건을 고려했을 때 예약 가능한 ROOM은 5일 장미ROOM뿐이겠구나
④ 오후 5시부터 8시까지 가능한 ROOM을 찾아야해

(4) 인적자원관리능력

① 인맥 : 가족, 친구, 직장동료 등 자신과 직접적인 관계에 있는 사람들인 핵심인맥과 핵심인맥들로부터 알게 된 파생인맥이 존재한다.

② 인적자원의 특성 : 능동성, 개발가능성, 전략적 자원

③ 인력배치의 원칙

    ㉠ 적재적소주의 : 팀의 효율성을 높이기 위해 팀원의 능력이나 성격 등과 가장 적합한 위치에 배치하여 팀원 개개인의 능력을 최대로 발휘해 줄 것을 기대하는 것

    ㉡ 능력주의 : 개인에게 능력을 발휘할 수 있는 기회와 장소를 부여하고 그 성과를 바르게 평가하며 평가된 능력과 실적에 대해 그에 상응하는 보상을 주는 원칙

    ㉢ 균형주의 : 모든 팀원에 대한 적재적소를 고려

④ 인력배치의 유형

    ㉠ 양적 배치 : 부문의 작업량과 조업도, 여유 또는 부족 인원을 감안하여 소요인원을 결정하여 배치하는 것

    ㉡ 질적 배치 : 직재적소의 배치

    ㉢ 적성 배치 : 팀원의 적성 및 흥미에 따라 배치하는 것

예제 5

최근 조직개편 및 연봉협상 과정에서 직원들의 불만이 높아지고 있다. 온갖 루머가 난무한 가운데 인사팀원인 당신에게 사내 게시판의 직원 불만사항에 대한 진위여부를 파악하고 대안을 세우라는 팀장의 지시를 받았다. 다음 중 당신이 조치를 취해야 하는 직원은 누구인가?

① 사원 A는 팀장으로부터 업무 성과가 탁월하다는 평가를 받았는데도 조직개편으로 인한 부서 통합으로 인해 승진을 못한 것이 불만이다.
② 사원 B는 회사가 예년에 비해 높은 영업 이익을 얻었는데도 불구하고 연봉 인상에 인색한 것이 불만이다.
③ 사원 C는 회사가 급여 정책을 변경해서 고정급 비율을 낮추고 기본급과 인센티브를 지급하는 제도로 바꾼 것이 불만이다.
④ 사원 D는 입사 동기인 동료가 자신보다 업무 실적이 좋지 않고 불성실한 근무태도를 가지고 있는데, 팀장과의 친분으로 인해 자신보다 높은 평가를 받은 것이 불만이다.

출제의도

주어진 직원들의 정보를 통해 시급하게 진위여부를 가리고 조치하여 인력배치를 해야 하는 사항을 확인하는 문제이다.

해 설

사원 A, B, C는 각각 조직 정책에 대한 불만이기에 논의를 통해 조직적으로 대처하는 것이 옳지만, 사원 D는 팀장의 독단적인 전횡에 대한 불만이기 때문에 조사하여 시급히 조치할 필요가 있다. 따라서 가장 적절한 답은 ④번이 된다.

답 ④

1 조직과 개인

(1) 조직

① 조직과 기업

    ㉠ 조직 : 두 사람 이상이 공동의 목표를 달성하기 위해 의식적으로 구성된 상호작용과 조정을 행하는 행동의 집합체

    ㉡ 기업 : 노동, 자본, 물자, 기술 등을 투입하여 제품이나 서비스를 산출하는 기관

② 조직의 유형

기준	구분	예
공식성	공식조직	조직의 규모, 기능, 규정이 조직화된 조직
	비공식조직	인간관계에 따라 형성된 자발적 조직
영리성	영리조직	사기업
	비영리조직	정부조직, 병원, 대학, 시민단체
조직규모	소규모 조직	가족 소유의 상점
	대규모 조직	대기업

(2) 경영

① 경영의 의미 : 조직의 목적을 달성하기 위한 전략, 관리, 운영활동이다.

② 경영의 구성요소

    ㉠ 경영목적 : 조직의 목적을 달성하기 위한 방법이나 과정

    ㉡ 인적자원 : 조직의 구성원 · 인적자원의 배치와 활용

    ㉢ 자금 : 경영활동에 요구되는 돈 · 경영의 방향과 범위 한정

    ㉣ 경영전략 : 변화하는 환경에 적응하기 위한 경영활동 체계화

③ 경영자의 역할

대인적 역할	정보적 역할	의사결정적 역할
• 조직의 대표자 • 조직의 리더 • 상징자, 지도자	• 외부환경 모니터 • 변화전달 • 정보전달자	• 문제 조정 • 대외적 협상 주도 • 분쟁조정자, 자원배분자, 협상가

(3) 조직체제 구성요소

① 조직목표 : 전체 조직의 성과, 자원, 시장, 인력개발, 혁신과 변화, 생산성에 대한 목표

② 조직구조 : 조직 내의 부문 사이에 형성된 관계

③ 조직문화 : 조직구성원들 간에 공유하는 생활양식이나 가치

④ 규칙 및 규정 : 조직의 목표나 전략에 따라 수립되어 조직구성원들이 활동범위를 제약하고 일관성을 부여하는 기능

예제 1

주어진 글의 빈칸에 들어갈 말로 가장 적절한 것은?

> 조직이 지속되게 되면 조직구성원들 간 생활양식이나 가치를 공유하게 되는데 이를 조직의 (㉠)라고 한다. 이는 조직구성원들의 사고와 행동에 영향을 미치며 일체감과 정체성을 부여하고 조직이 (㉡)으로 유지되게 한다. 최근 이에 대한 중요성이 부각되면서 긍정적인 방향으로 조성하기 위한 경영층의 노력이 이루어지고 있다.

① ㉠ : 목표, ㉡ : 혁신적   ② ㉠ : 구조, ㉡ : 단계적

③ ㉠ : 문화, ㉡ : 안정적   ④ ㉠ : 규칙, ㉡ : 체계적

출제의도

본 문항은 조직체계의 구성요소들의 개념을 묻는 문제이다.

해 설

조직문화란 조직구성원들 간에 공유하게 되는 생활양식이나 가치를 말한다. 이는 조직구성원들의 사고와 행동에 영향을 미치며 일체감과 정체성을 부여하고 조직이 안정적으로 유지되게 한다.

답 ③

(4) 조직변화의 과정

환경변화 인지 → 조직변화 방향 수립 → 조직변화 실행 → 변화결과 평가

(5) 조직과 개인

	지식, 기술, 경험 →	
개인		조직
	← 연봉, 성과급, 인정, 칭찬, 만족감	

2 조직이해능력을 구성하는 하위능력

(1) 경영이해능력

① 경영 : 조직의 목적을 달성하기 위한 전략, 관리, 운영활동이다.

   ㉠ 경영의 구성요소 : 경영목적, 인적자원, 자금, 전략

   ㉡ 경영의 과정

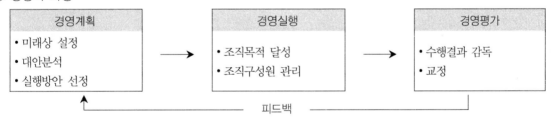

   ㉢ 경영활동 유형

    • 외부경영활동 : 조직외부에서 조직의 효과성을 높이기 위해 이루어지는 활동이다.

    • 내부경영활동 : 조직내부에서 인적, 물적 자원 및 생산기술을 관리하는 것이다.

② 의사결정과정

   ㉠ 의사결정의 과정

    • 확인 단계 : 의사결정이 필요한 문제를 인식한다.

    • 개발 단계 : 확인된 문제에 대하여 해결방안을 모색하는 단계이다.

    • 선택 단계 : 해결방안을 마련하며 실행가능한 해결안을 선택한다.

    ⓛ 집단의사결정의 특징

- 지식과 정보가 더 많아 효과적인 결정을 할 수 있다.
- 다양한 견해를 가지고 접근할 수 있다.
- 결정된 사항에 대하여 의사결정에 참여한 사람들이 해결책을 수월하게 수용하고, 의사소통의 기회도 향상된다.
- 의견이 불일치하는 경우 의사결정을 내리는데 시간이 많이 소요된다.
- 특정 구성원에 의해 의사결정이 독점될 가능성이 있다.

③ 경영전략

    ㉠ 경영전략 추진과정

전략목표설정	환경분석	경영전략 도출	경영전략 실행	평가 및 피드백
• 비전 설정 • 미션 설정	• 내부환경 분석 • 외부환경 분석 (SWOT 등)	• 조직전략 • 사업전략 • 부문전략	• 경영목적 달성	• 경영전략 결과 평가 • 전략목표 및 경영전략 재조명

    ⓛ 마이클 포터의 본원적 경쟁전략

		전략적 우위 요소	
		고객들이 인식하는 제품의 특성	원가우위
전략적 목표	산업전체	차별화	원가우위
	산업의 특정부문	집중화	
		(차별화 + 집중화)	(원가우위 + 집중화)

다음은 경영전략을 세우는 방법 중 하나인 SWOT에 따른 어느 기업의 분석결과이다. 다음 중 주어진 기업 분석 결과에 대응하는 전략은?

강점(Strength)	• 차별화된 맛과 메뉴 • 폭넓은 네트워크
약점(Weakness)	• 매출의 계절적 변동폭이 큼 • 딱딱한 기업 이미지
기회(Opportunity)	• 소비자의 수요 트랜드 변화 • 가계의 외식 횟수 증가 • 경기회복 가능성
위협(Threat)	• 새로운 경쟁자의 진입 가능성 • 과도한 가계부채

내부환경 외부환경	강점(Strength)	약점(Weakness)
기회 (Opportunity)	① 계절 메뉴 개발을 통한 분기 매출 확보	② 고객의 소비패턴을 반영한 광고를 통한 이미지 쇄신
위협 (Threat)	③ 소비 트렌드 변화를 반영한 시장 세분화 정책	④ 고급화 전략을 통한 매출 확대

본 문항은 조직이해능력의 하위능력인 경영관리능력을 측정하는 문제이다. 기업에서 경영전략을 세우는데 많이 사용되는 SWOT분석에 대해 이해하고 주어진 분석표를 통해 가장 적절한 경영전략을 도출할 수 있는지를 확인할 수 있다.

② 딱딱한 이미지를 현재 소비자의 수요 트렌드라는 환경 변화에 대응하여 바꿀 수 있다.

답 ②

④ 경영참가제도

  ㉠ 목적

    • 경영의 민주성을 제고할 수 있다.

    • 공동으로 문제를 해결하고 노사 간의 세력 균형을 이룰 수 있다.

    • 경영의 효율성을 제고할 수 있다.

    • 노사 간 상호 신뢰를 증진시킬 수 있다.

  ㉡ 유형

    • 경영참가 : 경영자의 권한인 의사결정과정에 근로자 또는 노동조합이 참여하는 것

    • 이윤참가 : 조직의 경영성과에 대하여 근로자에게 배분하는 것

    • 자본참가 : 근로자가 조직 재산의 소유에 참여하는 것

예제 3

다음은 중국의 H사에서 시행하는 경영참가제도에 대한 기사이다. 밑줄 친 이 제도는 무엇인가?

> H사는 '사람' 중심의 수평적 기업문화가 발달했다. H사는 이 제도의 시행을 통해 직원들이 경영에 간접적으로 참여할 수 있게 하였는데 이에 따라 자연스레 기업에 대한 직원들의 책임 의식도 강화됐다. 참여주주는 8만2471명이다. 모두 H사의 임직원이며, 이 중 창립자인 CEO R은 개인 주주로 총 주식의 1.18%의 지분과 퇴직연금으로 주식총액의 0.21%만을 보유하고 있다.

① 노사협의회제도   ② 이윤분배제도
③ 종업원지주제도   ④ 노동주제도

---

(2) 체제이해능력

① 조직목표 : 조직이 달성하려는 장래의 상태

  ㉠ 조직목표의 기능

    • 조직이 존재하는 정당성과 합법성 제공

    • 조직이 나아갈 방향 제시

    • 조직구성원 의사결정의 기준

- 조직구성원 행동수행의 동기유발
- 수행평가 기준
- 조직설계의 기준

ⓛ 조직목표의 특징
- 공식적 목표와 실제적 목표가 다를 수 있음
- 다수의 조직목표 추구 가능
- 조직목표 간 위계적 상호관계가 있음
- 가변적 속성
- 조직의 구성요소와 상호관계를 가짐

② 조직구조
ㄱ 조직구조의 결정요인 : 전략, 규모, 기술, 환경
ⓛ 조직구조의 유형과 특징

유형	특징
기계적 조직	• 구성원들의 업무가 분명하게 규정 • 엄격한 상하 간 위계질서 • 다수의 규칙과 규정 존재
유기적 조직	• 비공식적인 상호의사소통 • 급변하는 환경에 적합한 조직

③ 조직문화
ㄱ 조직문화 기능
- 조직구성원들에게 일체감, 정체성 부여
- 조직몰입 향상
- 조직구성원들의 행동지침 : 사회화 및 일탈행동 통제
- 조직의 안정성 유지
ⓛ 조직문화 구성요소(7S) : 공유가치(Shared Value), 리더십 스타일(Style), 구성원(Staff), 제도·절차(System), 구조(Structure), 전략(Strategy), 스킬(Skill)

④ 조직 내 집단
ㄱ 공식적 집단 : 조직에서 의식적으로 만든 집단으로 집단의 목표, 임무가 명확하게 규정되어 있다.
예 임시위원회, 직업팀 등
ⓛ 비공식적 집단 : 조직구성원들의 요구에 따라 자발적으로 형성된 집단이다.
예 스터디모임, 봉사활동 동아리, 각종 친목회 등

(3) 업무이해능력

① 업무 : 상품이나 서비스를 창출하기 위한 생산적인 활동이다.

　　㉠ 업무의 종류

부서	업무(예)
총무부	주주총회 및 이사회개최 관련 업무, 의전 및 비서업무, 집기비품 및 소모품의 구입과 관리, 사무실 임차 및 관리, 차량 및 통신시설의 운영, 국내외 출장 업무 협조, 복리후생 업무, 법률자문과 소송관리, 사내외 홍보 광고업무 등
인사부	조직기구의 개편 및 조정, 업무분장 및 조정, 인력수급계획 및 관리, 직무 및 정원의 조정 종합, 노사관리, 평가관리, 상벌관리, 인사발령, 교육체계 수립 및 관리, 임금제도, 복리후생제도 및 지원업무, 복무관리, 퇴직관리 등
기획부	경영계획 및 전략 수립, 전사기획업무 종합 및 조정, 중장기 사업계획의 종합 및 조정, 경영정보 조사 및 기획보고, 경영진단업무, 종합예산수립 및 실적관리, 단기사업계획 종합 및 조정, 사업계획, 손익추정, 실적관리 및 분석 등
회계부	회계제도의 유지 및 관리, 재무상태 및 경영실적 보고, 결산 관련 업무, 재무제표분석 및 보고, 법인세, 부가가치세, 국세 지방세 업무자문 및 지원, 보험가입 및 보상업무, 고정자산 관련 업무 등
영업부	판매 계획, 판매예산의 편성, 시장조사, 광고 선전, 견적 및 계약, 제조지시서의 발행, 외상매출금의 청구 및 회수, 제품의 재고 조절, 거래처로부터의 불만처리, 제품의 애프터서비스, 판매원가 및 판매가격의 조사 검토 등

예제 4

다음은 I기업의 조직도와 팀장님의 지시사항이다. H씨가 팀장님의 심부름을 수행하기 위해 연락해야 할 부서로 옳은 것은?

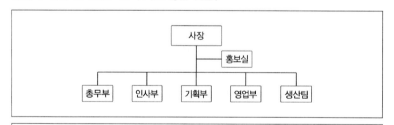

H씨! 내가 지금 너무 바빠서 그러는데 부탁 좀 들어줄래요? 다음 주 중에 사장님 모시고 클라이언트와 만나야 할 일이 있으니까 사장님 일정을 확인해주시구요. 이번 달에 신입사원 교육·훈련계획이 있었던 것 같은데 정확한 시간이랑 날짜를 확인해주세요.

① 총무부, 인사부　　　　　② 총무부, 홍보실
③ 기획부, 총무부　　　　　④ 영업부, 기획부

출제의도

조직도와 부서의 명칭을 보고 개략적인 부서의 소관 업무를 분별할 수 있는지를 묻는 문항이다.

해　설

사장의 일정에 관한 사항은 비서실에서 관리하나 비서실이 없는 회사의 경우 총무부(또는 팀)에서 비서업무를 담당하기도 한다. 또한 신입사원 관리 및 교육은 인사부에서 관리한다.

답 ①

ⓛ 업무의 특성
  • 공통된 조직의 목적 지향
  • 요구되는 지식, 기술, 도구의 다양성
  • 다른 업무와의 관계, 독립성
  • 업무수행의 자율성, 재량권

② 업무수행 계획

  ㉠ 업무지침 확인 : 조직의 업무지침과 나의 업무지침을 확인한다.

  ㉡ 활용 자원 확인 : 시간, 예산, 기술, 인간관계

  ㉢ 업무수행 시트 작성
  • 간트 차트 : 단계별로 업무의 시작과 끝 시간을 바 형식으로 표현
  • 워크 플로 시트 : 일의 흐름을 동적으로 보여줌
  • 체크리스트 : 수행수준 달성을 자가점검

    POINT 간트 차트와 플로 차트

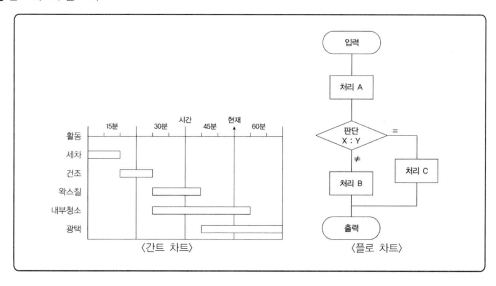

〈간트 차트〉   〈플로 차트〉

다음 중 업무수행 시 단계별로 업무를 시작해서 끝나는 데까지 걸리는 시간을 바 형식으로 표시하여 전체 일정 및 단계별로 소요되는 시간과 각 업무활동 사이의 관계를 볼 수 있는 업무수행 시트는?

① 간트 차트
② 워크 플로 차트
③ 체크리스트
④ 퍼트 차트

출제의도

업무수행 계획을 수립할 때 간트 차트, 워크 플로 시트, 체크리스트 등의 수단을 이용하면 효과적으로 계획하고 마지막에 급하게 일을 처리하지 않고 주어진 시간 내에 끝마칠 수 있다. 본 문항은 그러한 수단이 되는 차트들의 이해도를 묻는 문항이다.

해 설

② 일의 절차 처리의 흐름을 표현하기 위해 기호를 써서 도식화한 것
③ 업무를 세부적으로 나누고 각 활동별로 수행수준을 달성했는지를 확인하는 데 효과적
④ 하나의 사업을 수행하는 데 필요한 다수의 세부사업을 단계와 활동으로 세분하여 관련된 계획 공정으로 묶고, 각 활동의 소요시간을 낙관시간, 최가능시간, 비관시간 등 세 가지로 추정하고 이를 평균하여 기대시간을 추정

답 ①

③ 업무 방해요소
    ㉠ 다른 사람의 방문, 인터넷, 전화, 메신저 등
    ㉡ 갈등관리
    ㉢ 스트레스

(4) 국제감각

① 세계화와 국제경영
    ㉠ 세계화 : 3Bs(국경 ; Border, 경계 ; Boundary, 장벽 ; Barrier)가 완화되면서 활동범위가 세계로 확대되는 현상이다.
    ㉡ 국제경영 : 다국적 내지 초국적 기업이 등장하여 범지구적 시스템과 네트워크 안에서 기업 활동이 이루어지는 것이다.

② 이문화 커뮤니케이션 : 서로 상이한 문화 간 커뮤니케이션으로 직업인이 자신의 일을 수행하는 가운데 문화배경을 달리하는 사람과 커뮤니케이션을 하는 것이 이에 해당한다. 이문화 커뮤니케이션은 언어적 커뮤니케이션과 비언어적 커뮤니케이션으로 구분된다.

③ 국제 동향 파악 방법

 ㉠ 관련 분야 해외사이트를 방문해 최신 이슈를 확인한다.

 ㉡ 매일 신문의 국제면을 읽는다.

 ㉢ 업무와 관련된 국제잡지를 정기구독 한다.

 ㉣ 고용노동부, 한국산업인력공단, 산업통상자원부, 중소벤처기업부, 대한상공회의소, 산업별인적자원개발협의체 등의 사이트를 방문해 국제동향을 확인한다.

 ㉤ 국제학술대회에 참석한다.

 ㉥ 업무와 관련된 주요 용어의 외국어를 알아둔다.

 ㉦ 해외서점 사이트를 방문해 최신 서적 목록과 주요 내용을 파악한다.

 ㉧ 외국인 친구를 사귀고 대화를 자주 나눈다.

④ 대표적인 국제매너

 ㉠ 미국인과 인사할 때에는 눈이나 얼굴을 보는 것이 좋으며 오른손으로 상대방의 오른손을 힘주어 잡았다가 놓아야 한다.

 ㉡ 러시아와 라틴아메리카 사람들은 인사할 때에 포옹을 하는 경우가 있는데 이는 친밀함의 표현이므로 자연스럽게 받아주는 것이 좋다.

 ㉢ 명함은 받으면 꾸기거나 계속 만지지 않고 한 번 보고나서 탁자 위에 보이는 채로 대화하거나 명함집에 넣는다.

 ㉣ 미국인들은 시간 엄수를 중요하게 생각하므로 약속시간에 늦지 않도록 주의한다.

 ㉤ 스프를 먹을 때에는 몸쪽에서 바깥쪽으로 숟가락을 사용한다.

 ㉥ 생선요리는 뒤집어 먹지 않는다.

 ㉦ 빵은 스프를 먹고 난 후부터 디저트를 먹을 때까지 먹는다.

1 문제와 문제해결

(1) 문제의 정의와 분류

① 정의 : 업무를 수행함에 있어서 답을 요구하는 질문이나 의논하여 해결해야 되는 사항이다.

② 문제의 분류

구분	창의적 문제	분석적 문제
문제제시 방법	현재 문제가 없더라도 보다 나은 방법을 찾기 위한 문제 탐구→문제 자체가 명확하지 않음	현재의 문제점이나 미래의 문제로 예견될 것에 대한 문제 탐구→문제 자체가 명확함
해결방법	창의력에 의한 많은 아이디어의 작성을 통해 해결	분석, 논리, 귀납과 같은 논리적 방법을 통해 해결
해답 수	해답의 수가 많으며, 많은 답 가운데 보다 나은 것을 선택	답의 수가 적으며 한정되어 있음
주요특징	주관적, 직관적, 감각적, 정성적, 개별적, 특수성	객관적, 논리적, 정량적, 이성적, 일반적, 공통성

(2) 업무수행과정에서 발생하는 문제 유형

① 발생형 문제(보이는 문제) : 현재 직면하여 해결하기 위해 고민하는 문제이다. 원인이 내재되어 있기 때문에 원인지향적인 문제라고도 한다.
   ㉠ 일탈문제 : 어떤 기준을 일탈함으로써 생기는 문제
   ㉡ 미달문제 : 어떤 기준에 미달하여 생기는 문제

② 탐색형 문제(찾는 문제) : 현재의 상황을 개선하거나 효율을 높이기 위한 문제이다. 방치할 경우 큰 손실이 따르거나 해결할 수 없는 문제로 나타나게 된다.
   ㉠ 잠재문제 : 문제가 잠재되어 있어 인식하지 못하다가 확대되어 해결이 어려운 문제
   ㉡ 예측문제 : 현재로는 문제가 없으나 현 상태의 진행 상황을 예측하여 찾아야 앞으로 일어날 수 있는 문제가 보이는 문제
   ㉢ 발견문제 : 현재로서는 담당 업무에 문제가 없으나 선진기업의 업무 방법 등 보다 좋은 제도나 기법을 발견하여 개선시킬 수 있는 문제

③ 설정형 문제(미래 문제) : 장래의 경영전략을 생각하는 것으로 앞으로 어떻게 할 것인가 하는 문제이다. 문제해결에 창조적인 노력이 요구되어 창조적 문제라고도 한다.

D회사 신입사원으로 입사한 귀하는 신입사원 교육에서 업무수행과정에서 발생하는 문제 유형 중 설정형 문제를 하나씩 찾아오라는 지시를 받았다. 이에 대해 귀하는 교육받은 내용을 다시 복습하려고 한다. 설정형 문제에 해당하는 것은?

① 현재 직면하여 해결하기 위해 고민하는 문제
② 현재의 상황을 개선하거나 효율을 높이기 위한 문제
③ 앞으로 어떻게 할 것인가 하는 문제
④ 원인이 내재되어 있는 원인지향적인 문제

출제의도

업무수행 중 문제가 발생하였을 때 문제 유형을 구분하는 능력을 측정하는 문항이다.

해 설

업무수행과정에서 발생하는 문제 유형으로는 발생형 문제, 탐색형 문제, 설정형 문제가 있으며 ①④는 발생형 문제이며 ②는 탐색형 문제, ③이 설정형 문제이다.

답 ③

(3) 문제해결

① 정의 : 목표와 현상을 분석하고 이 결과를 토대로 과제를 도출하여 최적의 해결책을 찾아 실행·평가해 가는 활동이다.

② 문제해결에 필요한 기본적 사고

ㄱ 전략적 사고 : 문제와 해결방안이 상위 시스템과 어떻게 연결되어 있는지를 생각한다.

ㄴ 분석적 사고 : 전체를 각각의 요소로 나누어 그 의미를 도출하고 우선순위를 부여하여 구체적인 문제해결방법을 실행한다.

ㄷ 발상의 전환 : 인식의 틀을 전환하여 새로운 관점으로 바라보는 사고를 지향한다.

ㄹ 내·외부자원의 활용 : 기술, 재료, 사람 등 필요한 자원을 효과적으로 활용한다.

③ 문제해결의 장애요소

ㄱ 문제를 철저하게 분석하지 않는 경우

ㄴ 고정관념에 얽매이는 경우

ㄷ 쉽게 떠오르는 단순한 정보에 의지하는 경우

ㄹ 너무 많은 자료를 수집하려고 노력하는 경우

④ 문제해결방법

ㄱ 소프트 어프로치 : 문제해결을 위해서 직접적인 표현보다는 무언가를 시사하거나 암시를 통하여 의사를 전달하여 문제해결을 도모하고자 한다.

ㄴ 하드 어프로치 : 상이한 문화적 토양을 가지고 있는 구성원을 가정하고, 서로의 생각을 직설적으로 주장하고 논쟁이나 협상을 통해 서로의 의견을 조정해 가는 방법이다.

ⓒ 퍼실리테이션(facilitation) : 촉진을 의미하며 어떤 그룹이나 집단이 의사결정을 잘 하도록 도와주는 일을 의미한다.

2 문제해결능력을 구성하는 하위능력

(1) 사고력

① 창의적 사고 : 개인이 가지고 있는 경험과 지식을 통해 새로운 가치 있는 아이디어를 산출하는 사고능력이다.

ⓐ 창의적 사고의 특징
- 정보와 정보의 조합
- 사회나 개인에게 새로운 가치 창출
- 창조적인 가능성

예제 2

M사 홍보팀에서 근무하고 있는 귀하는 입사 5년차로 창의적인 기획안을 제출하기로 유명하다. S부장은 이번 신입사원 교육 때 귀하에게 창의적인 사고란 무엇인지 교육을 맡아달라고 부탁하였다. 창의적인 사고에 대한 귀하의 설명으로 옳지 않은 것은?

① 창의적인 사고는 새롭고 유용한 아이디어를 생산해 내는 정신적인 과정이다.
② 창의적인 사고는 특별한 사람들만이 할 수 있는 대단한 능력이다.
③ 창의적인 사고는 기존의 정보들을 특정한 요구조건에 맞거나 유용하도록 새롭게 조합시킨 것이다.
④ 창의적인 사고는 통상적인 것이 아니라 기발하거나, 신기하며 독창적인 것이다.

출제의도

창의적 사고에 대한 개념을 정확히 파악하고 있는지를 묻는 문항이다.

해 설

흔히 사람들은 창의적인 사고에 대해 특별한 사람들만이 할 수 있는 대단한 능력이라고 생각하지만 그리 대단한 능력이 아니며 이미 알고 있는 경험과 지식을 해체하여 다시 새로운 정보로 결합하여 가치 있는 아이디어를 산출하는 사고라고 할 수 있다.

답 ②

ⓑ 발산적 사고 : 창의적 사고를 위해 필요한 것으로 자유연상법, 강제연상법, 비교발상법 등을 통해 개발할 수 있다.

구분	내용
자유연상법	생각나는 대로 자유롭게 발상 ex) 브레인스토밍
강제연상법	각종 힌트에 강제적으로 연결 지어 발상 ex) 체크리스트
비교발상법	주제의 본질과 닮은 것을 힌트로 발상 ex) NM법, Synectics

ⓐ 진행방법

- 주제를 구체적이고 명확하게 정한다.
- 구성원의 얼굴을 볼 수 있는 좌석 배치와 큰 용지를 준비한다.
- 구성원들의 다양한 의견을 도출할 수 있는 사람을 리더로 선출한다.
- 구성원은 다양한 분야의 사람들로 5~8명 정도로 구성한다.
- 발언은 누구나 자유롭게 할 수 있도록 하며, 모든 발언 내용을 기록한다.
- 아이디어에 대한 평가는 비판해서는 안 된다.

ⓑ 4대 원칙

- 비판엄금(Support) : 평가 단계 이전에 결코 비판이나 판단을 해서는 안 되며 평가는 나중까지 유보한다.
- 자유분방(Silly) : 무엇이든 자유롭게 말하고 이런 바보 같은 소리를 해서는 안 된다는 등의 생각은 하지 않아야 한다.
- 질보다 양(Speed) : 질에는 관계없이 가능한 많은 아이디어들을 생성해내도록 격려한다.
- 결합과 개선(Synergy) : 다른 사람의 아이디어에 자극되어 보다 좋은 생각이 떠오르고, 서로 조합하면 재미있는 아이디어가 될 것 같은 생각이 들면 즉시 조합시킨다.

② 논리적 사고 : 사고의 전개에 있어 전후의 관계가 일치하고 있는가를 살피고 아이디어를 평가하는 사고능력이다.

ⓐ 논리적 사고를 위한 5가지 요소 : 생각하는 습관, 상대 논리의 구조화, 구체적인 생각, 타인에 대한 이해, 설득

ⓑ 논리적 사고 개발 방법

- 피라미드 구조 : 하위의 사실이나 현상부터 사고하여 상위의 주장을 만들어가는 방법
- so what기법 : '그래서 무엇이지?'하고 자문자답하여 주어진 정보로부터 가치 있는 정보를 이끌어 내는 사고 기법

③ 비판적 사고 : 어떤 주제나 주장에 대해서 적극적으로 분석하고 종합하며 평가하는 능동적인 사고이다.

ⓐ 비판적 사고 개발 태도 : 비판적 사고를 개발하기 위해서는 지적 호기심, 객관성, 개방성, 융통성, 지적 회의성, 지적 정직성, 체계성, 지속성, 결단성, 다른 관점에 대한 존중과 같은 태도가 요구된다.

ⓑ 비판적 사고를 위한 태도

- 문제의식 : 비판적인 사고를 위해서 가장 먼저 필요한 것은 바로 문제의식이다. 자신이 지니고 있는 문제와 목적을 확실하고 정확하게 파악하는 것이 비판적인 사고의 시작이다.
- 고정관념 타파 : 지각의 폭을 넓히는 일은 정보에 대한 개방성을 가지고 편견을 갖지 않는 것으로 고정관념을 타파하는 일이 중요하다.

(2) 문제처리능력과 문제해결절차

① 문제처리능력 : 목표와 현상을 분석하고 이를 토대로 문제를 도출하여 최적의 해결책을 찾아 실행·평가하는 능력이다.

② 문제해결절차 : 문제 인식 → 문제 도출 → 원인 분석 → 해결안 개발 → 실행 및 평가

　　　㉠ 문제 인식 : 문제해결과정 중 'waht'을 결정하는 단계로 환경 분석 → 주요 과제 도출 → 과제 선정의 절차를 통해 수행된다.

　　　　　• 3C 분석 : 환경 분석 방법의 하나로 사업환경을 구성하고 있는 요소인 자사(Company), 경쟁사(Competitor), 고객(Customer)을 분석하는 것이다.

예제 3

L사에서 주력 상품으로 밀고 있는 TV의 판매 이익이 감소하고 있는 상황에서 귀하는 B부장으로부터 3C분석을 통해 해결방안을 강구해 오라는 지시를 받았다. 다음 중 3C에 해당하지 않는 것은?

① Customer　　　　　　　② Company
③ Competitor　　　　　　④ Content

　　　　　• SWOT 분석 : 기업내부의 강점과 약점, 외부환경의 기회와 위협요인을 분석·평가하여 문제해결 방안을 개발하는 방법이다.

		내부환경요인	
		강점(Strengths)	약점(Weaknesses)
외부환경요인	기회 (Opportunities)	SO 내부강점과 외부기회 요인을 극대화	WO 외부기회를 이용하여 내부약점을 강점으로 전환
	위협 (Threat)	ST 외부위협을 최소화하기 위해 내부강점을 극대화	WT 내부약점과 외부위협을 최소화

ⓛ 문제 도출 : 선정된 문제를 분석하여 해결해야 할 것이 무엇인지를 명확히 하는 단계로, 문제 구조 파악 → 핵심 문제 선정 단계를 거쳐 수행된다.

• Logic Tree : 문제의 원인을 파고들거나 해결책을 구체화할 때 제한된 시간 안에서 넓이와 깊이를 추구하는데 도움이 되는 기술로 주요 과제를 나무모양으로 분해 · 정리하는 기술이다.

ⓒ 원인 분석 : 문제 도출 후 파악된 핵심 문제에 대한 분석을 통해 근본 원인을 찾는 단계로 Issue 분석 → Data 분석 → 원인 파악의 절차로 진행된다.

ⓔ 해결안 개발 : 원인이 밝혀지면 이를 효과적으로 해결할 수 있는 다양한 해결안을 개발하고 최선의 해결안을 선택하는 것이 필요하다.

ⓜ 실행 및 평가 : 해결안 개발을 통해 만들어진 실행계획을 실제 상황에 적용하는 활동으로 실행계획 수립 → 실행 → Follow-up의 절차로 진행된다.

예제 4

C사는 최근 국내 매출이 지속적으로 하락하고 있어 사내 분위기가 심상치 않다. 이에 대해 Y부장은 이 문제를 극복하고자 문제처리 팀을 구성하여 해결방안을 모색하도록 지시하였다. 문제처리 팀의 문제해결 절차를 올바른 순서로 나열한 것은?

① 문제 인식 → 원인 분석 → 해결안 개발 → 문제 도출 → 실행 및 평가
② 문제 도출 → 문제 인식 → 해결안 개발 → 원인 분석 → 실행 및 평가
③ 문제 인식 → 원인 분석 → 문제 도출 → 해결안 개발 → 실행 및 평가
④ 문제 인식 → 문제 도출 → 원인 분석 → 해결안 개발 → 실행 및 평가

출제의도

실제 업무 상황에서 문제가 일어났을 때 해결 절차를 알고 있는지를 측정하는 문항이다.

해 설

일반적인 문제해결절차는 '문제 인식 → 문제 도출 → 원인 분석 → 해결안 개발 → 실행 및 평가'로 이루어진다.

답 ④

1 직장생활과 수리능력

(1) 기초직업능력으로서의 수리능력

① 개념 : 직장생활에서 요구되는 사칙연산과 기초적인 통계를 이해하고 도표의 의미를 파악하거나 도표를 이용해서 결과를 효과적으로 제시하는 능력을 말한다.

② 수리능력은 크게 기초연산능력, 기초통계능력, 도표분석능력, 도표작성능력으로 구성된다.

　　㉠ 기초연산능력 : 직장생활에서 필요한 기초적인 사칙연산과 계산방법을 이해하고 활용할 수 있는 능력

　　㉡ 기초통계능력 : 평균, 합계, 빈도 등 직장생활에서 자주 사용되는 기초적인 통계기법을 활용하여 자료의 특성과 경향성을 파악하는 능력

　　㉢ 도표분석능력 : 그래프, 그림 등 도표의 의미를 파악하고 필요한 정보를 해석하는 능력

　　㉣ 도표작성능력 : 도표를 이용하여 결과를 효과적으로 제시하는 능력

(2) 업무수행에서 수리능력이 활용되는 경우

① 업무상 계산을 수행하고 결과를 정리하는 경우

② 업무비용을 측정하는 경우

③ 고객과 소비자의 정보를 조사하고 결과를 종합하는 경우

④ 조직의 예산안을 작성하는 경우

⑤ 업무수행 경비를 제시해야 하는 경우

⑥ 다른 상품과 가격비교를 하는 경우

⑦ 연간 상품 판매실적을 제시하는 경우

⑧ 업무비용을 다른 조직과 비교해야 하는 경우

⑨ 상품판매를 위한 지역조사를 실시해야 하는 경우

⑩ 업무수행과정에서 도표로 주어진 자료를 해석하는 경우

⑪ 도표로 제시된 업무비용을 측정하는 경우

예제 1

다음 자료를 보고 주어진 상황에 대한 물음에 답하시오.

〈근로소득에 대한 간이 세액표〉

월 급여액(천 원) [비과세 및 학자금 제외]		공제대상 가족 수				
이상	미만	1	2	3	4	5
2,500	2,520	38,960	29,280	16,940	13,570	10,190
2,520	2,540	40,670	29,960	17,360	13,990	10,610
2,540	2,560	42,380	30,640	17,790	14,410	11,040
2,560	2,580	44,090	31,330	18,210	14,840	11,460
2,580	2,600	45,800	32,680	18,640	15,260	11,890
2,600	2,620	47,520	34,390	19,240	15,680	12,310
2,620	2,640	49,230	36,100	19,900	16,110	12,730
2,640	2,660	50,940	37,810	20,560	16,530	13,160
2,660	2,680	52,650	39,530	21,220	16,960	13,580
2,680	2,700	54,360	41,240	21,880	17,380	14,010
2,700	2,720	56,070	42,950	22,540	17,800	14,430
2,720	2,740	57,780	44,660	23,200	18,230	14,850
2,740	2,760	59,500	46,370	23,860	18,650	15,280

※ 갑근세는 제시되어 있는 간이 세액표에 따름
※ 주민세=갑근세의 10%
※ 국민연금=급여액의 4.50%
※ 고용보험=국민연금의 10%
※ 건강보험=급여액의 2.90%
※ 교육지원금=분기별 100,000원(매 분기별 첫 달에 지급)

박○○ 사원의 5월 급여내역이 다음과 같고 전월과 동일하게 근무하였으나, 특별수당은 없고 차량지원금으로 100,000원을 받게 된다면, 6월에 받게 되는 급여는 얼마인가? (단, 원 단위 절삭)

(주) 서원플랜테크 5월 급여내역			
성명	박○○	지급일	5월 12일
기본급여	2,240,000	갑근세	39,530
직무수당	400,000	주민세	3,950
명절 상여금		고용보험	11,970
특별수당	20,000	국민연금	119,700
차량지원금		건강보험	77,140
교육지원		기타	
급여계	2,660,000	공제합계	252,290
		지급총액	2,407,710

① 2,443,910
② 2,453,910
③ 2,463,910
④ 2,473,910

출제의도

업무상 계산을 수행하거나 결과를 정리하고 업무비용을 측정하는 능력을 평가하기 위한 문제로서, 주어진 자료에서 문제를 해결하는 데에 필요한 부분을 빠르고 정확하게 찾아내는 것이 중요하다.

해 설

기본급여	2,240,000	갑근세	46,370
직무수당	400,000	주민세	4,630
명절상여금		고용보험	12,330
특별수당		국민연금	123,300
차량지원금	100,000	건강보험	79,460
교육지원		기타	
급여계	2,740,000	공제합계	266,090
		지급총액	2,473,910

답 ④

(3) 수리능력의 중요성

① 수학적 사고를 통한 문제해결

② 직업세계의 변화에의 적응

③ 실용적 가치의 구현

(4) 단위환산표

구분	단위환산
길이	$1cm = 10mm$, $1m = 100cm$, $1km = 1,000m$
넓이	$1cm^2 = 100mm^2$, $1m^2 = 10,000cm^2$, $1km^2 = 1,000,000m^2$
부피	$1cm^3 = 1,000mm^3$, $1m^3 = 1,000,000cm^3$, $1km^3 = 1,000,000,000m^3$
들이	$1m\ell = 1cm^3$, $1d\ell = 100cm^3$, $1L = 1,000cm^3 = 10d\ell$
무게	$1kg = 1,000g$, $1t = 1,000kg = 1,000,000g$
시간	1분 = 60초, 1시간 = 60분 = 3,600초
할푼리	1푼 = 0.1할, 1리 = 0.01할, 1모 = 0.001할

예제 2

둘레의 길이가 4.4km인 정사각형 모양의 공원이 있다. 이 공원의 넓이는 몇 a 인가?

① 12,100a   ② 1,210a

③ 121a   ④ 12.1a

출제의도

길이, 넓이, 부피, 들이, 무게, 시간, 속도 등 단위에 대한 기본적인 환산 능력을 평가하는 문제로서, 소수점 계산이 필요하며, 자릿수를 읽고 구분할 줄 알아야 한다.

해 설

공원의 한 변의 길이는
$4.4 \div 4 = 1.1(km)$이고
$1km^2 = 10000a$이므로
공원의 넓이는
$1.1km \times 1.1km = 1.21km^2 = 12100a$

답 ①

2 수리능력을 구성하는 하위능력

(1) 기초연산능력

① 사칙연산 : 수에 관한 덧셈, 뺄셈, 곱셈, 나눗셈의 네 종류의 계산법으로 업무를 원활하게 수행하기 위해서는 기본적인 사칙연산뿐만 아니라 다단계의 복잡한 사칙연산까지도 수행할 수 있어야 한다.

② 검산 : 연산의 결과를 확인하는 과정으로 대표적인 검산방법으로 역연산과 구거법이 있다.

ㄱ 역연산 : 덧셈은 뺄셈으로, 뺄셈은 덧셈으로, 곱셈은 나눗셈으로, 나눗셈은 곱셈으로 확인하는 방법이다.

ㄴ 구거법 : 원래의 수와 각 자리 수의 합이 9로 나눈 나머지가 같다는 원리를 이용한 것으로 9를 버리고 남은 수로 계산하는 것이다.

예제 3

다음 식을 바르게 계산한 것은?

$$1 + \frac{2}{3} + \frac{1}{2} - \frac{3}{4}$$

① $\frac{13}{12}$
② $\frac{15}{12}$
③ $\frac{17}{12}$
④ $\frac{19}{12}$

출제의도

직장생활에서 필요한 기초적인 사칙연산과 계산방법을 이해하고 활용할 수 있는 능력을 평가하는 문제로서, 분수의 계산과 통분에 대한 기본적인 이해가 필요하다.

해 설

$$\frac{12}{12} + \frac{8}{12} + \frac{6}{12} - \frac{9}{12} = \frac{17}{12}$$

답 ③

---

(2) 기초통계능력

① 업무수행과 통계

ㄱ 통계의 의미 : 통계란 집단현상에 대한 구체적인 양적 기술을 반영하는 숫자이다.

ㄴ 업무수행에 통계를 활용함으로써 얻을 수 있는 이점

- 많은 수량적 자료를 처리가능하고 쉽게 이해할 수 있는 형태로 축소
- 표본을 통해 연구대상 집단의 특성을 유추
- 의사결정의 보조수단
- 관찰 가능한 자료를 통해 논리적으로 결론을 추출·검증

ⓒ 기본적인 통계치

- 빈도와 빈도분포 : 빈도란 어떤 사건이 일어나거나 증상이 나타나는 정도를 의미하며, 빈도분포란 빈도를 표나 그래프로 종합적으로 표시하는 것이다.
- 평균 : 모든 사례의 수치를 합한 후 총 사례 수로 나눈 값이다.
- 백분율 : 전체의 수량을 100으로 하여 생각하는 수량이 그중 몇이 되는가를 퍼센트로 나타낸 것이다.

② 통계기법

ⓐ 범위와 평균

- 범위 : 분포의 흩어진 정도를 가장 간단히 알아보는 방법으로 최곳값에서 최젓값을 뺀 값을 의미한다.
- 평균 : 집단의 특성을 요약하기 위해 가장 자주 활용하는 값으로 모든 사례의 수치를 합한 후 총 사례 수로 나눈 값이다.
- 관찰값이 1, 3, 5, 7, 9일 경우 범위는 $9 - 1 = 8$이 되고, 평균은 $\dfrac{1+3+5+7+9}{5} = 5$가 된다.

ⓑ 분산과 표준편차

- 분산 : 관찰값의 흩어진 정도로, 각 관찰값과 평균값의 차의 제곱의 평균이다.
- 표준편차 : 평균으로부터 얼마나 떨어져 있는가를 나타내는 개념으로 분산값의 제곱근 값이다.
- 관찰값이 1, 2, 3이고 평균이 2인 집단의 분산은 $\dfrac{(1-2)^2 + (2-2)^2 + (3-2)^2}{3} = \dfrac{2}{3}$이고 표준편차는 분산값의 제곱근 값인 $\sqrt{\dfrac{2}{3}}$이다.

③ 통계자료의 해석

ⓐ 다섯숫자요약

- 최솟값 : 원자료 중 값의 크기가 가장 작은 값
- 최댓값 : 원자료 중 값의 크기가 가장 큰 값
- 중앙값 : 최솟값부터 최댓값까지 크기에 의하여 배열했을 때 중앙에 위치하는 사례의 값
- 하위 25%값 · 상위 25%값 : 원자료를 크기 순으로 배열하여 4등분한 값

ⓑ 평균값과 중앙값 : 평균값과 중앙값은 그 개념이 다르기 때문에 명확하게 제시해야 한다.

인터넷 쇼핑몰에서 회원가입을 하고 디지털캠코더를 구매하려고 한다. 다음은 구입하고자 하는 모델에 대하여 인터넷 쇼핑몰 세 곳의 가격과 조건을 제시한 표이다. 표에 있는 모든 혜택을 적용하였을 때 디지털캠코더의 배송비를 포함한 실제 구매가격을 바르게 비교한 것은?

구분	A 쇼핑몰	B 쇼핑몰	C 쇼핑몰
정상가격	129,000원	131,000원	130,000원
회원혜택	7,000원 할인	3,500원 할인	7% 할인
할인쿠폰	5% 쿠폰	3% 쿠폰	5,000원
중복할인여부	불가	가능	불가
배송비	2,000원	무료	2,500원

① A<B<C
② B<C<A
③ C<A<B
④ C<B<A

직장생활에서 자주 사용되는 기초적인 통계기법을 활용하여 자료의 특성과 경향성을 파악하는 능력이 요구되는 문제이다.

㉠ A 쇼핑몰
• 회원혜택을 선택한 경우 : 129,000 $-7,000+2,000=124,000$(원)
• 5% 할인쿠폰을 선택한 경우 :
$129,000 \times 0.95 + 2,000 = 124,550$
㉡ B 쇼핑몰 :
$131,000 \times 0.97 - 3,500 = 123,570$
㉢ C 쇼핑몰
• 회원혜택을 선택한 경우 :
$130,000 \times 0.93 + 2,500 = 123,400$
• 5,000원 할인쿠폰을 선택한 경우 :
$130,000 - 5,000 + 2,500$
$= 127,500$
∴ C<B<A

답 ④

(3) 도표분석능력

① 도표의 종류

㉠ 목적별 : 관리(계획 및 통제), 해설(분석), 보고

㉡ 용도별 : 경과 그래프, 내역 그래프, 비교 그래프, 분포 그래프, 상관 그래프, 계산 그래프

㉢ 형상별 : 선 그래프, 막대 그래프, 원 그래프, 점 그래프, 층별 그래프, 레이더 차트

② 도표의 활용

　　㉠ 선 그래프

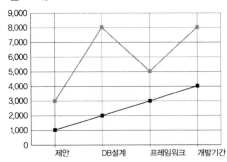

　　• 주로 시간의 경과에 따라 수량에 의한 변화 상황(시계열 변화)을 절선의 기울기로 나타내는 그래프이다.
　　• 경과, 비교, 분포를 비롯하여 상관관계 등을 나타낼 때 쓰인다.

　　㉡ 막대 그래프

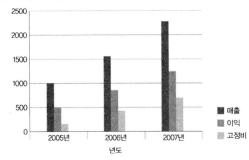

　　• 비교하고자 하는 수량을 막대 길이로 표시하고 그 길이를 통해 수량 간의 대소관계를 나타내는 그래프이다.
　　• 내역, 비교, 경과, 도수 등을 표시하는 용도로 쓰인다.

　　㉢ 원 그래프

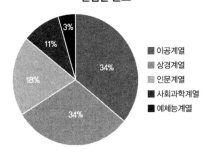

　　• 내역이나 내용의 구성비를 원을 분할하여 나타낸 그래프이다.
　　• 전체에 대해 부분이 차지하는 비율을 표시하는 용도로 쓰인다.

㉣ 점 그래프

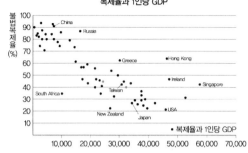

- 종축과 횡축에 2요소를 두고 보고자 하는 것이 어떤 위치에 있는가를 나타내는 그래프이다.
- 지역분포를 비롯하여 도시, 기방, 기업, 상품 등의 평가나 위치·성격을 표시하는데 쓰인다.

㉤ 층별 그래프

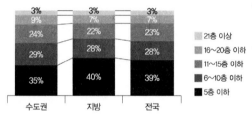

- 선 그래프의 변형으로 연속내역 봉 그래프라고 할 수 있다. 선과 선 사이의 크기로 데이터 변화를 나타낸다.
- 합계와 부분의 크기를 백분율로 나타내고 시간적 변화를 보고자 할 때나 합계와 각 부분의 크기를 실수로 나타내고 시간적 변화를 보고자 할 때 쓰인다.

㉥ 레이더 차트(거미줄 그래프)

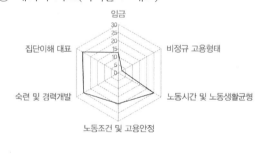

- 원 그래프의 일종으로 비교하는 수량을 직경, 또는 반경으로 나누어 원의 중심에서의 거리에 따라 각 수량의 관계를 나타내는 그래프이다.
- 비교하거나 경과를 나타내는 용도로 쓰인다.

③ 도표 해석상의 유의사항

　㉠ 요구되는 지식의 수준을 넓힌다.

　㉡ 도표에 제시된 자료의 의미를 정확히 숙지한다.

　㉢ 도표로부터 알 수 있는 것과 없는 것을 구별한다.

　㉣ 총량의 증가와 비율의 증가를 구분한다.

　㉤ 백분위수와 사분위수를 정확히 이해하고 있어야 한다.

예제 5

다음 표는 2009 ~ 2010년 지역별 직장인들의 자기개발에 관해 조사한 내용을 정리한 것이다. 이에 대한 분석으로 옳은 것은?

(단위 : %)

연도\구분\지역	2009				2010			
	자기개발하고 있음	자기개발 비용 부담 주체			자기개발하고 있음	자기개발 비용 부담 주체		
		직장 100%	본인 100%	직장50% + 본인50%		직장 100%	본인 100%	직장50% + 본인50%
충청도	36.8	8.5	88.5	3.1	45.9	9.0	65.5	24.5
제주도	57.4	8.3	89.1	2.9	68.5	7.9	68.3	23.8
경기도	58.2	12	86.3	2.6	71.0	7.5	74.0	18.5
서울시	60.6	13.4	84.2	2.4	72.7	11.0	73.7	15.3
경상도	40.5	10.7	86.1	3.2	51.0	13.6	74.9	11.6

① 2009년과 2010년 모두 자기개발 비용을 본인이 100% 부담하는 사람의 수는 응답자의 절반 이상이다.

② 자기개발을 하고 있다고 응답한 사람의 수는 2009년과 2010년 모두 서울시가 가장 많다.

③ 자기개발 비용을 직장과 본인이 각각 절반씩 부담하는 사람의 비율은 2009년과 2010년 모두 서울시가 가장 높다.

④ 2009년과 2010년 모두 자기개발을 하고 있다고 응답한 비율이 가장 높은 지역에서 자기개발비용을 직장이 100% 부담한다고 응답한 사람의 비율이 가장 높다.

출제의도

그래프, 그림, 도표 등 주어진 자료를 이해하고 의미를 파악하여 필요한 정보를 해석하는 능력을 평가하는 문제이다.

해 설

② 지역별 인원수가 제시되어 있지 않으므로, 각 지역별 응답자 수는 알 수 없다.

③ 2009년에는 경상도에서, 2010년에는 충청도에서 가장 높은 비율을 보인다.

④ 2009년과 2010년 모두 '자기 개발을 하고 있다'고 응답한 비율이 가장 높은 지역은 서울시이며, 2010년의 경우 자기개발 비용을 직장이 100% 부담한다고 응답한 사람의 비율이 가장 높은 지역은 경상도이다.

답 ①

(4) 도표작성능력

① 도표작성 절차

    ㉠ 어떠한 도표로 작성할 것인지를 결정

    ㉡ 가로축과 세로축에 나타낼 것을 결정

    ㉢ 한 눈금의 크기를 결정

    ㉣ 자료의 내용을 가로축과 세로축이 만나는 곳에 표현

    ㉤ 표현한 점들을 선분으로 연결

    ㉥ 도표의 제목을 표기

② 도표작성 시 유의사항

    ㉠ 선 그래프 작성 시 유의점

- 세로축에 수량, 가로축에 명칭구분을 제시한다.
- 선의 높이에 따라 수치를 파악하는 경우가 많으므로 세로축의 눈금을 가로축보다 크게 하는 것이 효과적이다.
- 선이 두 종류 이상일 경우 반드시 그 명칭을 기입한다.

    ㉡ 막대 그래프 작성 시 유의점

- 막대 수가 많을 경우에는 눈금선을 기입하는 것이 알아보기 쉽다.
- 막대의 폭은 모두 같게 하여야 한다.

    ㉢ 원 그래프 작성 시 유의점

- 정각 12시의 선을 기점으로 오른쪽으로 그리는 것이 보통이다.
- 분할선은 구성비율이 큰 순서로 그린다.

    ㉣ 층별 그래프 작성 시 유의점

- 눈금은 선 그래프나 막대 그래프보다 적게 하고 눈금선은 넣지 않는다.
- 층별로 색이나 모양이 완전히 다른 것이어야 한다.
- 같은 항목은 옆에 있는 층과 선으로 연결하여 보기 쉽도록 한다.

1 정보화사회와 정보능력

(1) 정보와 정보화사회

① 자료 · 정보 · 지식

구분	특징
자료(Data)	객관적 실제의 반영이며, 그것을 전달할 수 있도록 기호화한 것
정보(Information)	자료를 특정한 목적과 문제해결에 도움이 되도록 가공한 것
지식(Knowledge)	정보를 집적하고 체계화하여 장래의 일반적인 사항에 대비해 보편성을 갖도록 한 것

② 정보화사회 : 필요로 하는 정보가 사회의 중심이 되는 사회

(2) 입무수행과 정보능력

① 컴퓨터의 활용 분야

 ㉠ 기업 경영 분야에서의 활용 : 판매, 회계, 재무, 인사 및 조직관리, 금융 업무 등

 ㉡ 행정 분야에서의 활용 : 민원처리, 각종 행정 통계 등

 ㉢ 산업 분야에서의 활용 : 공장 자동화, 산업용 로봇, 판매시점 관리시스템(POS) 등

 ㉣ 기타 분야에서의 활용 : 교육, 연구소, 출판, 가정, 도서관, 예술 분야 등

② 정보처리과정

 ㉠ 정보 활용 절차 : 기획 → 수집 → 관리 → 활용

 ㉡ 5W2H : 정보 활용의 전략적 기획

  • WHAT(무엇을?) : 정보의 입수대상을 명확히 한다.

  • WHERE(어디에서?) : 정보의 소스(정보원)를 파악한다.

  • WHEN(언제까지) : 정보의 요구(수집)시점을 고려한다.

  • WHY(왜?) : 정보의 필요목적을 염두에 둔다.

  • WHO(누가?) : 정보활동의 주체를 확정한다.

  • HOW(어떻게) : 정보의 수집방법을 검토한다.

  • HOW MUCH(얼마나?) : 정보수집의 비용성(효용성)을 중시한다.

5W2H는 정보를 전략적으로 수집·활용할 때 주로 사용하는 방법이다. 5W2H에 대한 설명으로 옳지 않은 것은?

① WHAT : 정보의 수집방법을 검토한다.
② WHERE : 정보의 소스(정보원)를 파악한다.
③ WHEN : 정보의 요구(수집)시점을 고려한다.
④ HOW : 정보의 수집방법을 검토한다.

방대한 정보들 중 꼭 필요한 정보와 수집 방법 등을 전략적으로 기획하고 정보수집이 이루어질 때 효과적인 정보 수집이 가능해진다. 5W2H는 이러한 전략적 정보 활용 기획의 방법으로 그 개념을 이해하고 있는지를 묻는 질문이다.

5W2H의 'WHAT'은 정보의 입수대상을 명확히 하는 것이다. 정보의 수집방법을 검토하는 것은 HOW(어떻게)에 해당되는 내용이다.

답 ①

(3) 사이버공간에서 지켜야 할 예절

① 인터넷의 역기능

    ㉠ 불건전 정보의 유통

    ㉡ 개인 정보 유출

    ㉢ 사이버 성폭력

    ㉣ 사이버 언어폭력

    ㉤ 언어 훼손

    ㉥ 인터넷 중독

    ㉦ 불건전한 교제

    ㉧ 저작권 침해

② 네티켓(netiquette) : 네트워크(network) + 에티켓(etiquette)

(4) 정보의 유출에 따른 피해사례

① 개인정보의 종류

　　㉠ 일반 정보 : 이름, 주민등록번호, 운전면허정보, 주소, 전화번호, 생년월일, 출생지, 본적지, 성별, 국적 등

　　㉡ 가족 정보 : 가족의 이름, 직업, 생년월일, 주민등록번호, 출생지 등

　　㉢ 교육 및 훈련 정보 : 최종학력, 성적, 기술자격증/전문면허증, 이수훈련 프로그램, 서클 활동, 상벌사항, 성격/행태보고 등

　　㉣ 병역 정보 : 군번 및 계급, 제대유형, 주특기, 근무부대 등

　　㉤ 부동산 및 동산 정보 : 소유주택 및 토지, 자동차, 저축현황, 현금카드, 주식 및 채권, 수집품, 고가의 예술품 등

　　㉥ 소득 정보 : 연봉, 소득의 원천, 소득세 지불 현황 등

　　㉦ 기타 수익 정보 : 보험가입현황, 수익자, 회사의 판공비 등

　　㉧ 신용 정보 : 대부상황, 저당, 신용카드, 담보설정 여부 등

　　㉨ 고용 정보 : 고용주, 회사주소, 상관의 이름, 직무수행 평가 기록, 훈련기록, 상벌기록 등

　　㉩ 법적 정보 : 전과기록, 구속기록, 이혼기록 등

　　㉪ 의료 정보 : 가족병력기록, 과거 의료기록, 신체장애, 혈액형 등

　　㉫ 조직 정보 : 노조가입, 정당가입, 클럽회원, 종교단체 활동 등

　　㉬ 습관 및 취미 정보 : 흡연/음주량, 여가활동, 도박성향, 비디오 대여기록 등

② 개인정보 유출방지 방법

　　㉠ 회원 가입 시 이용 약관을 읽는다.

　　㉡ 이용 목적에 부합하는 정보를 요구하는지 확인한다.

　　㉢ 비밀번호는 정기적으로 교체한다.

　　㉣ 정체불명의 사이트는 멀리한다.

　　㉤ 가입 해지 시 정보 파기 여부를 확인한다.

　　㉥ 남들이 쉽게 유추할 수 있는 비밀번호는 자제한다.

② 정보능력을 구성하는 하위능력

(1) 컴퓨터활용능력

① 인터넷 서비스 활용

    ㉠ 전자우편(E-mail) 서비스 : 정보 통신망을 이용하여 다른 사용자들과 편지나 여러 정보를 주고받는 통신 방법

    ㉡ 인터넷 디스크/웹 하드 : 웹 서버에 대용량의 저장 기능을 갖추고 사용자가 개인용 컴퓨터의 하드디스크와 같은 기능을 인터넷을 통하여 이용할 수 있게 하는 서비스

    ㉢ 메신저 : 인터넷에서 실시간으로 메시지와 데이터를 주고받을 수 있는 소프트웨어

    ㉣ 전자상거래 : 인터넷을 통해 상품을 사고팔거나 재화나 용역을 거래하는 사이버 비즈니스

② 정보검색 : 여러 곳에 분산되어 있는 수많은 정보 중에서 특정 목적에 적합한 정보만을 신속하고 정확하게 찾아내어 수집, 분류, 축적하는 과정

    ㉠ 검색엔진의 유형

      • 키워드 검색 방식 : 찾고자 하는 정보와 관련된 핵심적인 언어인 키워드를 직접 입력하여 이를 검색 엔진에 보내어 검색 엔진이 키워드와 관련된 정보를 찾는 방식

      • 주제별 검색 방식 : 인터넷상에 존재하는 웹 문서들을 주제별, 계층별로 정리하여 데이터베이스를 구축한 후 이용하는 방식

      • 통합형 검색방식 : 사용자가 입력하는 검색어들이 연계된 다른 검색 엔진에게 보내고 이를 통하여 얻어진 검색 결과를 사용자에게 보여주는 방식

    ㉡ 정보 검색 연산자

기호	연산자	검색조건
*, &	AND	두 단어가 모두 포함된 문서를 검색
|	OR	두 단어가 모두 포함되거나 두 단어 중에서 하나만 포함된 문서를 검색
-, !	NOT	'-' 기호나 '!' 기호 다음에 오는 단어는 포함하지 않는 문서를 검색
~, near	인접검색	앞/뒤의 단어가 가깝게 있는 문서를 검색

③ 소프트웨어의 활용

    ㉠ 워드프로세서

      • 특징 : 문서의 내용을 화면으로 확인하면서 쉽게 수정 가능, 문서 작성 후 인쇄 및 저장 가능, 글이나 그림의 입력 및 편집 가능

      • 기능 : 입력기능, 표시기능, 저장기능, 편집기능, 인쇄기능 등

ⓛ 스프레드시트
- 특징 : 쉽게 계산 수행, 계산 결과를 차트로 표시, 문서를 작성하고 편집 가능
- 기능 : 계산, 수식, 차트, 저장, 편집, 인쇄기능 등

귀하는 커피 전문점을 운영하고 있다. 아래와 같이 엑셀 워크시트로 4개 지점의 원두 구매 수량과 단가를 이용하여 금액을 산출하고 있다. 귀하가 다음 중 D3셀에서 사용하고 있는 함수식으로 옳은 것은? (단, 금액 = 수량 × 단가)

	A	B	C	D	E
1	지점	원두	수량(100g)	금액	
2	A	케냐	15	150000	
3	B	콜롬비아	25	175000	
4	C	케냐	30	300000	
5	D	브라질	35	210000	
6					
7		원두	100g당 단가		
8		케냐	10,000		
9		콜롬비아	7,000		
10		브라질	6,000		
11					

① =C3*VLOOKUP(B3, $B$8:$C$10, 1, 1)

② =B3*HLOOKUP(C3, $B$8:$C$10, 2, 0)

③ =C3*VLOOKUP(B3, $B$8:$C$10, 2, 0)

④ =C3*HLOOKUP($B$8:$C$10, 2, B3)

출제의도

본 문항은 엑셀 워크시트 함수의 활용도를 확인하는 문제이다.

해 설

"VLOOKUP(B3,$B$8:$C$10, 2, 0)"의 함수를 해설해보면 B3의 값(콜롬비아)을 B8:C10에서 찾은 후 그 영역의 2번째 열(C열, 100g당 단가)에 있는 값을 나타내는 함수이다. 금액은 "수량 × 단가"으로 나타내므로 D3셀에 사용되는 함수식은 "=C3*VLOOKUP(B3, $B$8: $C$10, 2, 0)"이다.

※ HLOOKUP과 VLOOKUP

ⓙ HLOOKUP : 배열의 첫 행에서 값을 검색하여, 지정한 행의 같은 열에서 데이터를 추출

ⓛ VLOOKUP : 배열의 첫 열에서 값을 검색하여, 지정한 열의 같은 행에서 데이터를 추출

답 ③

ⓒ 프레젠테이션
- 특징 : 각종 정보를 사용자 또는 대상자에게 쉽게 전달
- 기능 : 저장, 편집, 인쇄, 슬라이드 쇼 기능 등

ⓡ 유틸리티 프로그램 : 파일 압축 유틸리티, 바이러스 백신 프로그램

④ 데이터베이스의 필요성

㉠ 데이터의 중복을 줄인다.

㉡ 데이터의 무결성을 높인다.

㉢ 검색을 쉽게 해준다.

㉣ 데이터의 안정성을 높인다.

㉤ 개발기간을 단축한다.

(2) 정보처리능력

① 정보원 : 1차 자료는 원래의 연구성과가 기록된 자료이며, 2차 자료는 1차 자료를 효과적으로 찾아보기 위한 자료 또는 1차 자료에 포함되어 있는 정보를 압축 · 정리한 형태로 제공하는 자료이다.

    ㉠ 1차 자료 : 단행본, 학술지와 논문, 학술회의자료, 연구보고서, 학위논문, 특허정보, 표준 및 규격자료, 레터, 출판 전 배포자료, 신문, 잡지, 웹 정보자원 등

    ㉡ 2차 자료 : 사전, 백과사전, 편람, 연감, 서지데이터베이스 등

② 정보분석 및 가공

    ㉠ 정보분석의 절차 : 분석과제의 발생 → 과제(요구)의 분석 → 조사항목의 선정 → 관련정보의 수집(기존자료 조사/신규자료 조사) → 수집정보의 분류 → 항목별 분석 → 종합 · 결론 → 활용 · 정리

    ㉡ 가공 : 서열화 및 구조화

③ 정보관리

    ㉠ 목록을 이용한 정보관리

    ㉡ 색인을 이용한 정보관리

    ㉢ 분류를 이용한 정보관리

예제 3

인사팀에서 근무하는 J씨는 회사가 성장함에 따라 직원 수가 급증하기 시작하면서 직원들의 정보관리 방법을 모색하던 중 다음과 같은 A사의 직원 정보관리 방법을 보게 되었다. J씨는 A사가 하고 있는 이 방법을 회사에도 도입하고자 한다. 이 방법은 무엇인가?

> A사의 인사부서에 근무하는 H씨는 직원들의 개인정보를 관리하는 업무를 담당하고 있다. A사에서 근무하는 직원은 수천 명에 달하기 때문에 H씨는 주요 키워드나 주제어를 가지고 직원들의 정보를 구분하여 관리하여, 찾을 때도 쉽고 내용을 수정할 때도 이전보다 훨씬 간편할 수 있도록 했다.

① 목록을 활용한 정보관리
② 색인을 활용한 정보관리
③ 분류를 활용한 정보관리
④ 1 : 1 매칭을 활용한 정보관리

출제의도

본 문항은 정보관리 방법의 개념을 이해하고 있는가를 묻는 문제이다.

해 설

주어진 자료의 A사에서 사용하는 정보관리는 주요 키워드나 주제어를 가지고 정보를 관리하는 방식인 색인을 활용한 정보관리이다. 디지털 파일에 색인을 저장할 경우 추가, 삭제, 변경 등이 쉽다는 점에서 정보관리에 효율적이다.

답 ②

① 기술과 기술능력

(1) 기술과 과학

① 노하우(know-how)와 노와이(know-why)

  ㉠ 노하우 : 특허권을 수반하지 않는 과학자, 엔지니어 등이 가지고 있는 체화된 기술로 경험적이고 반복적인 행위에 의해 얻어진다.

  ㉡ 노와이 : 기술이 성립하고 작용하는가에 관한 원리적 측면에 중심을 둔 개념으로 이론적인 지식으로서 과학적인 탐구에 의해 얻어진다.

② 기술의 특징

  ㉠ 하드웨어나 인간에 의해 만들어진 비자연적인 대상, 혹은 그 이상을 의미한다.

  ㉡ 기술은 노하우(know-how)를 포함한다.

  ㉢ 기술은 하드웨어를 생산하는 과정이다.

  ㉣ 기술은 인간의 능력을 확장시키기 위한 하드웨어와 그것의 활용을 뜻한다.

  ㉤ 기술은 정의 가능한 문제를 해결하기 위해 순서화되고 이해 가능한 노력이다.

③ 기술과 과학 : 기술은 과학과 같이 추상적 이론보다는 실용성, 효용, 디자인을 강조하고 과학은 그 반대로 추상적 이론, 지식을 위한 지식, 본질에 대한 이해를 강조한다.

(2) 기술능력

① 기술능력과 기술교양 : 기술능력은 기술교양의 개념을 보다 구체화시킨 개념으로, 기술교양은 모든 사람들이 광범위한 관점에서 기술의 특성, 기술적 행동, 기술의 힘, 기술의 결과에 대해 어느 정도의 지식을 가지는 것을 의미한다.

② 기술능력이 뛰어난 사람의 특징

  ㉠ 실질적 해결을 필요로 하는 문제를 인식한다.

  ㉡ 인식된 문제를 위한 다양한 해결책을 개발하고 평가한다.

  ㉢ 실제적 문제를 해결하기 위해 지식이나 기타 자원을 선택·최적화시키며 적용한다.

  ㉣ 주어진 한계 속에서 제한된 자원을 가지고 일한다.

  ㉤ 기술적 해결에 대한 효용성을 평가한다.

ⓑ 여러 상황 속에서 기술의 체계와 도구를 사용하고 배울 수 있다.

Y그룹 기술연구소에 근무하는 정호는 연구 역량 강화를 위한 업계 워크숍에 참석해 기술 능력이 뛰어난 사람의 특징에 대해 기조 발표를 하려고 한다. 다음 중 정호가 발표에 포함시킬 내용으로 옳지 않은 것은?

① 기술의 체계와 같은 무형의 기술에 대한 능력과는 무관하다.
② 주어진 한계 속에서 제한된 자원을 가지고 일한다.
③ 기술적 해결에 대한 효용성을 평가한다.
④ 실질적 해결을 필요로 하는 문제를 인식한다.

출제의도
기술능력이 뛰어난 사람의 특징에 대해 묻는 문제로 문제의 길이가 길 경우 그 속에 포함된 핵심 어구를 찾는다면 쉽게 풀 수 있는 문제다.

해 설
① 여러 상황 속에서 기술의 체계와 도구를 사용하고 배울 수 있다.

답 ①

③ 새로운 기술능력 습득방법

　ⓐ 전문 연수원을 통한 기술과정 연수

　ⓑ E-learning을 활용한 기술교육

　ⓒ 상급학교 진학을 통한 기술교육

　ⓓ OJT를 활용한 기술교육

(3) 분야별 유망 기술 전망

① 전기전자정보공학분야 : 지능형 로봇 분야

② 기계공학분야 : 하이브리드 자동차 기술

③ 건설환경공학분야 : 지속가능한 건축 시스템 기술

④ 화학생명공학분야 : 재생에너지 기술

(4) 지속가능한 기술

① 지속가능한 발전 : 지금 우리의 현재 욕구를 충족시키면서 동시에 후속 세대의 욕구 충족을 침해하지 않는 발전

② 지속가능한 기술

　ⓐ 이용 가능한 자원과 에너지를 고려하는 기술

　ⓑ 자원이 사용되고 그것이 재생산되는 비율의 조화를 추구하는 기술

　ⓒ 자원의 질을 생각하는 기술

　ⓓ 자원이 생산적인 방식으로 사용되는가에 주의를 기울이는 기술

(5) 산업재해

① 산업재해란 산업 활동 중의 사고로 인해 사망하거나 부상을 당하고, 또는 유해 물질에 의한 중독 등으로 직업성 질환에 걸리거나 신체적 장애를 가져오는 것을 말한다.

② 산업 재해의 기본적 원인

　　㉠ 교육적 원인 : 안전 지식의 불충분, 안전 수칙의 오해, 경험이나 훈련의 불충분과 작업관리자의 작업 방법의 교육 불충분, 유해 위험 작업 교육 불충분 등

　　㉡ 기술적 원인 : 건물·기계 장치의 설계 불량, 구조물의 불안정, 재료의 부적합, 생산 공정의 부적당, 점검·정비·보존의 불량 등

　　㉢ 작업 관리상 원인 : 안전 관리 조직의 결함, 안전 수칙 미제정, 작업 준비 불충분, 인원 배치 및 작업 지시 부적당 등

예제 2

다음은 철재가 알아낸 산업재해 원인과 관련된 자료이다. 다음 자료에 해당하는 산업재해의 기본적인 원인은 무엇인가?

〈2015년 산업재해 현황분석 자료에 따른 사망지의 수〉

(단위 : 명)

사망원인	사망자 수
안전 지식의 불충분	120
안전 수칙의 오해	56
경험이나 훈련의 불충분	73
작업관리자의 작업방법 교육 불충분	28
유해 위험 작업 교육 불충분	91
기타	4

출처 : 고용노동부 2015 산업재해 현황분석

① 정책적 원인　　　　　② 작업 관리상 원인
③ 기술적 원인　　　　　④ 교육적 원인

산업재해의 원인은 크게 기본적 원인과 직접적 원인으로 나눌 수 있고 이들 원인은 다시 여러 개의 세부 원인들로 나뉜다. 표에 나와 있는 각각의 원인들이 어디에 속하는지 잘 구분할 수 있어야 한다.

해 설

④ 안전 지식의 불충분, 안전 수칙의 오해, 경험이나 훈련의 불충분, 작업 관리자의 작업방법 교육 불충분, 유해 위험 작업 교육 불충분 등은 산업재해의 기본적 원인 중 교육적 원인에 해당한다.

답 ④

---

③ 산업 재해의 직접적 원인

　　㉠ 불안전한 행동 : 위험 장소 접근, 안전장치 기능 제거, 보호 장비의 미착용 및 잘못 사용, 운전 중인 기계의 속도 조작, 기계·기구의 잘못된 사용, 위험물 취급 부주의, 불안전한 상태 방치, 불안전한 자세와 동장, 감독 및 연락 잘못 등

　　㉡ 불안전한 상태 : 시설물 자체 결함, 전기 기설물의 누전, 구조물의 불안정, 소방기구의 미확보, 안전 보호 장치 결함, 복장·보호구의 결함, 시설물의 배치 및 장소 불량, 작업 환경 결함, 생산 공정의 결함, 경계 표시 설비의 결함 등

④ 산업 재해의 예방 대책

　㉠ 안전 관리 조직 : 경영자는 사업장의 안전 목표를 설정하고, 안전 관리 책임자를 선정해야 하며, 안전 관리 책임자는 안전 계획을 수립하고, 이를 시행 · 후원 · 감독해야 한다.

　㉡ 사실의 발견 : 사고 조사, 안전 점검, 현장 분석, 작업자의 제안 및 여론 조사, 관찰 및 보고서 연구, 면담 등을 통하여 사실을 발견한다.

　㉢ 원인 분석 : 재해의 발생 장소, 재해 형태, 재해 정도, 관련 인원, 직원 감독의 적절성, 공구 및 장비의 상태 등을 정확히 분석한다.

　㉣ 시정책의 선정 : 원인 분석을 토대로 적절한 시정책, 즉 기술적 개선, 인사 조정 및 교체, 교육, 설득, 호소, 공학적 조치 등을 선정한다.

　㉤ 시정책 적용 및 뒤처리 : 안전에 대한 교육 및 훈련 실시, 안전시설과 장비의 결함 개선, 안전 감독 실시 등의 선정된 시정책을 적용한다.

② 기술능력을 구성하는 하위능력

(1) 기술이해능력

① 기술시스템

　㉠ 개념 : 기술시스템은 인공물의 집합체만이 아니라 회사, 투자회사, 법적 제도, 정치, 과학, 자연자원을 모두 포함하는 것이기 때문에, 기술적인 것(the technical)과 사회적인 것(the social)이 결합해서 공존한다.

　㉡ 기술시스템의 발전 단계 : 발명 · 개발 · 혁신의 단계 → 기술 이전의 단계 → 기술 경쟁의 단계 → 기술 공고화 단계

② 기술혁신

　㉠ 기술혁신의 특성
　　• 기술혁신은 그 과정 자체가 매우 불확실하고 장기간의 시간을 필요로 한다.
　　• 기술혁신은 지식 집약적인 활동이다.
　　• 혁신 과정의 불확실성과 모호함은 기업 내에서 많은 논쟁과 갈등을 유발할 수 있다.
　　• 기술혁신은 조직의 경계를 넘나드는 특성을 갖고 있다.

ⓛ 기술혁신의 과정과 역할

기술혁신 과정	혁신 활동	필요한 자질과 능력
아이디어 창안	• 아이디어를 창출하고 가능성을 검증 • 일을 수행하는 새로운 방법 고안 • 혁신적인 진보를 위한 탐색	• 각 분야의 전문지식 • 추상화와 개념화 능력 • 새로운 분야의 일을 즐김
챔피언	• 아이디어의 전파 • 혁신을 위한 자원 확보 • 아이디어 실현을 위한 헌신	• 정력적이고 위험을 감수함 • 아이디어의 응용에 관심
프로젝트 관리	• 리더십 발휘 • 프로젝트의 기획 및 조직 • 프로젝트의 효과적인 진행 감독	• 의사결정 능력 • 업무 수행 방법에 대한 지식
정보 수문장	• 조직외부의 정보를 내부 구성원들에게 전달 • 조직 내 정보원 기능	• 높은 수준의 기술적 역량 • 원만한 대인 관계 능력
후원	• 혁신에 대한 격려와 안내 • 불필요한 제약에서 프로젝트 보호 • 혁신에 대한 자원 획득을 지원	• 조직의 주요 의사결정에 대한 영향력

(2) 기술선택능력

① 기술선택 : 기업이 어떤 기술을 외부로부터 도입하거나 자체 개발하여 활용할 것인가를 결정하는 것이다.

　ⓐ 기술선택을 위한 의사결정

　　• 상향식 기술선택 : 기업 전체 차원에서 필요한 기술에 대한 체계적인 분석이나 검토 없이 연구자나 엔지니어들이 자율적으로 기술을 선택하는 것

　　• 하향식 기술선택 : 기술경영진과 기술기획담당자들에 의한 체계적인 분석을 통해 기업이 획득해야 하는 대상기술과 목표기술수준을 결정하는 것

　ⓑ 기술선택을 위한 절차

```
          외부환경분석
              ↓
중장기 사업목표 설정 → 사업 전략 수립 → 요구기술 분석 → 기술전략 수립 → 핵심기술 선택
              ↓
          내부 역량 분석
```

• 외부환경분석 : 수요변화 및 경쟁자 변화, 기술 변화 등 분석

• 중장기 사업목표 설정 : 기업의 장기비전, 중장기 매출목표 및 이익목표 설정

• 내부 역량 분석 : 기술능력, 생산능력, 마케팅/영업능력, 재무능력 등 분석

• 사업 전략 수립 : 사업 영역결정, 경쟁 우위 확보 방안 수립

• 요구기술 분석 : 제품 설계/디자인 기술, 제품 생산공정, 원재료/부품 제조기술 분석

• 기술전략 수립 : 기술획득 방법 결정

ⓒ 기술선택을 위한 우선순위 결정

- 제품의 성능이나 원가에 미치는 영향력이 큰 기술
- 기술을 활용한 제품의 매출과 이익 창출 잠재력이 큰 기술
- 쉽게 구할 수 없는 기술
- 기업 간에 모방이 어려운 기술
- 기업이 생산하는 제품 및 서비스에 보다 광범위하게 활용할 수 있는 기술
- 최신 기술로 진부화될 가능성이 적은 기술

예제 3

주현은 건설회사에 근무하면서 프로젝트 관리를 한다. 얼마 전 대규모 프로젝트에 참가한 한 하청업체가 중간 보고회를 열고 다음과 같이 자신들이 이번 프로젝트의 성공적 마무리를 위해 노력하고 있음을 설명하고 있다. 다음 중 총괄 책임자로서 주현이 하청업체의 올바른 추진 방향으로 인정해줘야 하는 부분으로 바르게 묶인 것은?

> ㉠ 정부 및 환경단체가 요구하는 성과평가의 실천 방안을 연구하여 반영하고 있습니다.
> ㉡ 이번 프로젝트 성공을 위해 기술적 효용과 함께 환경적 효용도 추구하고 있습니다.
> ㉢ 오염 예방을 위한 청정 생산기술을 진단하고 컨설팅하면서 협력회사와 연대하고 있습니다.
> ㉣ 환경영향평가에 대해서는 철저한 사후평가 방식으로 진행하고 있습니다.

① ㉠㉡㉢
② ㉠㉡㉣
③ ㉠㉢㉣
④ ㉡㉢㉣

답 ①

---

② 벤치마킹

ⓐ 벤치마킹의 종류

기준	종류
비교대상에 따른 분류	• 내부 벤치마킹 : 같은 기업 내의 다른 지역, 타 부서, 국가 간의 유사한 활동을 비교대상으로 함 • 경쟁적 벤치마킹 : 동일 업종에서 고객을 직접적으로 공유하는 경쟁기업을 대상으로 함 • 비경쟁적 벤치마킹 : 제품, 서비스 및 프로세스의 단위 분야에 있어 가장 우수한 실무를 보이는 비경쟁적 기업 내외 유사 분야를 대상으로 함 • 글로벌 벤치마킹 : 프로세스에 있어 최고로 우수한 성과를 보유한 동일업종의 비경쟁적 기업을 대상으로 함
수행방식에 따른 분류	• 직접적 벤치마킹 : 벤치마킹 대상을 직접 방문하여 수행하는 방법 • 간접적 벤치마킹 : 인터넷 및 문서형태의 자료를 통해서 수행하는 방법

ⓛ 벤치마킹의 주요 단계
- 범위결정 : 벤치마킹이 필요한 상세 분야를 정의하고 목표와 범위를 결정하며 벤치마킹을 수행할 인력들을 결정
- 측정범위 결정 : 상세분야에 대한 측정항목을 결정하고, 측정항목이 벤치마킹의 목표를 달성하는 데 적정한가를 검토
- 대상 결정 : 비교분석의 대상이 되는 기업/기관들을 결정하고, 대상 후보별 벤치마킹 수행의 타당성을 검토하여 최종적인 대상 및 대상별 수행방식을 결정
- 벤치마킹 : 직접 또는 간접적인 벤치마킹을 진행
- 성과차이 분석 : 벤치마킹 결과를 바탕으로 성과차이를 측정항목별로 분석
- 개선계획 수립 : 성과차이에 대한 원인 분석을 진행하고 개선을 위한 성과목표를 결정하며, 성과목표를 달성하기 위한 개선계획을 수립
- 변화 관리 : 개선목표 달성을 위한 변화사항을 지속적으로 관리하고, 개선 후 변화사항과 예상했던 변화 사항을 비교

③ 매뉴얼 : 매뉴얼의 사전적 의미는 어떤 기계의 조작 방법을 설명해 놓은 사용 지침서이다.
- ㉠ 매뉴얼의 종류
  - 제품 매뉴얼 : 사용자를 위해 제품의 특징이나 기능 설명, 사용방법과 고장 조치방법, 유지 보수 및 A/S, 폐기까지 제품에 관련된 모든 서비스에 대해 소비자가 알아야 할 모든 정보를 제공하는 것
  - 업무 매뉴얼 : 어떤 일의 진행 방식, 지켜야할 규칙, 관리상의 절차 등을 일관성 있게 여러 사람이 보고 따라할 수 있도록 표준화하여 설명하는 지침서
- ㉡ 매뉴얼 작성을 위한 Tip
  - 내용이 정확해야 한다.
  - 사용자가 알기 쉽게 쉬운 문장으로 쓰여야 한다.
  - 사용자의 심리적 배려가 있어야 한다.
  - 사용자가 찾고자 하는 정보를 쉽게 찾을 수 있어야 한다.
  - 사용하기 쉬어야 한다.

(3) 기술적용능력

① 기술적용
- ㉠ 기술적용 형태
  - 선택한 기술을 그대로 적용한다.
  - 선택한 기술을 그대로 적용하되, 불필요한 기술은 과감히 버리고 적용한다.
  - 선택한 기술을 분석하고 가공하여 활용한다.

ⓛ 기술적용 시 고려 사항

- 기술적용에 따른 비용이 많이 드는가?
- 기술의 수명 주기는 어떻게 되는가?
- 기술의 전략적 중요도는 어떻게 되는가?
- 잠재적으로 응용 가능성이 있는가?

② 기술경영자와 기술관리자

ⓘ 기술경영자에게 필요한 능력

- 기술을 기업의 전반적인 전략 목표에 통합시키는 능력
- 빠르고 효과적으로 새로운 기술을 습득하고 기존의 기술에서 탈피하는 능력
- 기술을 효과적으로 평가할 수 있는 능력
- 기술 이전을 효과적으로 할 수 있는 능력
- 새로운 제품개발 시간을 단축할 수 있는 능력
- 크고 복잡하고 서로 다른 분야에 걸쳐 있는 프로젝트를 수행할 수 있는 능력
- 조직 내의 기술 이용을 수행할 수 있는 능력
- 기술 전문 인력을 운용할 수 있는 능력

예제 4

다음은 기술경영자의 어떤 부분을 이야기하고 있는가?

> 어떤 일을 마무리하는 데 있어서 6개월의 시간이 걸린다면 그는 그 일을 한 달 안으로 끝낼 것을 원한다. 그에게 강한 밀어붙임을 경험한 사람들은 그에 대해 비판적인 입장을 취하기도 한다. 그의 직원 중 일부는 그 무게를 이겨내지 못하고, 다른 일부의 직원들은 그것을 스스로 더욱 열심히 할 수 있는 자극제로 사용한다고 말한다.

① 빠르고 효과적으로 새로운 기술을 습득하는 능력
② 기술 이전을 효과적으로 할 수 있는 능력
③ 기술 전문 인력을 운용할 수 있는 능력
④ 조직 내의 기술 이용을 수행할 수 있는 능력

출제의도

해당 사례가 기술경영자에게 필요한 능력 중 무엇에 해당하는 내용인지 묻는 문제로 각 능력에 대해 확실하게 이해하고 있어야 한다.

해 설

③ 기술경영자는 기술 전문 인력을 운용함에 있어 강한 리더십을 발휘하고 직원 스스로 움직일 수 있게 이끌 수 있어야 한다.

답 ③

ⓛ 기술관리자에게 필요한 능력
- 기술을 운용하거나 문제 해결을 할 수 있는 능력
- 기술직과 의사소통을 할 수 있는 능력
- 혁신적인 환경을 조성할 수 있는 능력
- 기술적, 사업적, 인간적인 능력을 통합할 수 있는 능력
- 시스템적인 관점
- 공학적 도구나 지원방식에 대한 이해 능력
- 기술이나 추세에 대한 이해 능력
- 기술팀을 통합할 수 있는 능력

③ 네트워크 혁명

ⓐ 네트워크 혁명의 3가지 법칙
- 무어의 법칙 : 컴퓨터의 파워가 18개월마다 2배씩 증가한다는 법칙
- 메트칼피의 법칙 : 네트워크의 가치는 사용자 수의 제곱에 비례한다는 법칙
- 카오의 법칙 : 창조성은 네트워크에 접속되어 있는 다양한 지수함수로 비례한다는 법칙

ⓑ 네트워크 혁명의 역기능 : 디지털 격차(digital divide), 정보화에 따른 실업의 문제, 인터넷 게임과 채팅 중독, 범죄 및 반사회적인 사이트의 활성화, 정보기술을 이용한 감시 등

예제 5

직표는 J그룹의 기술연구팀에서 근무하고 있는데 하루는 공정 개선 워크숍이 열려 최근 사내에서 이슈로 떠오른 신 제조공법의 도입과 관련해 토론을 벌이고 있다. 신 제조공법 도입으로 인한 이해득실에 대해 의견이 분분한 가운데 직표가 할 수 있는 발언으로 옳지 않은 것은?

① "기술의 수명 주기뿐만 아니라 기술의 전략적 중요성과 잠재적 응용 가능성 등도 따져봐야 합니다."
② "다른 것은 그냥 넘어가도 되지만 기계 교체로 인한 막대한 비용만큼은 철저히 고려해야 합니다."
③ "신 제조공법 도입이 우리 회사의 어떤 시장 전략과 연관되어 있는지 궁금합니다."
④ "신 제조공법의 수명을 어떻게 예상하고 있는지 알고 싶군요."

출제의도

기술적용능력에 대해 포괄적으로 묻는 문제로 신기술 적용 시 중요하게 생각해야 할 요소로는 무엇이 있는지 파악하고 있어야 한다.

해 설

② 기계 교체로 인한 막대한 비용뿐만 아니라 신 기술도입과 관련된 모든 사항에 대해 사전에 철저히 고려해야 한다.

답 ②

02 NCS 대표유형

PART ❶ 의사소통능력　　　　　　　　　　　　　정답 및 해설 P.282

의사소통능력 대표유형

의사소통은 직장생활에서 조직과 팀의 효율성과 효과성을 성취할 목적으로 이루어지는 구성원 간의 정보와 지식 전달 과정으로, 의사소통능력은 업무능력의 기본이 된다. 크게 어휘, 어법, 독해 유형으로 구분되며 공문, 보도자료, 상품설명서, 약관 등의 실용문과 함께 정치·경제·사회·과학·문화·예술 등 다양한 분야의 지문이 출제된다.

1

다음의 밑줄 친 단어의 의미와 동일하게 쓰인 것은?

> 기획재정부는 26일 OO센터에서 '2017년 지방재정협의회'를 열고 내년도 예산안 편성 방향과 지역 현안 사업을 논의했다. 이 자리에는 17개 광역자치단체 부단체장과 기재부 예산실장 등 500여 명이 참석해 2018년 예산안 편성 방향과 약 530건의 지역 현안 사업에 대한 협의를 진행했다.
>
> 기재부 예산실장은 "내년에 정부는 일자리 창출, 4차 산업 혁명 대응, 저출산 극복, 양극화 완화 등 4대 핵심 분야에 예산을 집중적으로 투자할 계획이라며 이를 위해 신규 사업 관리 강화 등 10대 재정 운용 전략을 활용, 재정 투자의 효율성을 높여갈 것"이라고 밝혔다. 이어 각 지방자치단체에서도 정부의 예산 편성 방향에 부합하도록 사업을 신청해 달라고 요청했다.
>
> 기재부는 이날 논의한 지역 현안 사업이 각 부처의 검토를 <u>거쳐</u> 다음달 26일까지 기재부에 신청되면, 관계 기관의 협의를 거쳐 내년도 예산안에 반영한다.

① 학생들은 초등학교부터 중학교, 고등학교를 <u>거쳐</u> 대학에 입학하게 된다.

② 가장 어려운 문제를 해결했으니 이제 특별히 <u>거칠</u> 문제는 없다.

③ 이번 출장 때는 독일 베를린을 <u>거쳐</u> 오스트리아 빈을 다녀올 예정이다.

④ 오랜만에 뒷산에 올라 보니, 무성하게 자란 칡덩굴이 발에 <u>거친다</u>.

2

다음 단락을 논리적 흐름에 맞게 바르게 배열한 것은?

> (개) 자본주의 사회에서 상대적으로 부유한 집단, 지역, 국가는 환경적 피해를 약자에게 전가하거나 기술적으로 회피할 수 있는 가능성을 가진다.
>
> (내) 오늘날 환경문제는 특정한 개별 지역이나 국가의 문제에서 나아가 전 지구적 문제로 확대되었지만, 이로 인한 피해는 사회·공간적으로 취약한 특정 계층이나 지역에 집중적으로 나타나는 환경적 불평등을 야기하고 있다.
>
> (대) 인간사회와 자연환경 간의 긴장관계 속에서 발생하고 있는 오늘날 환경위기의 해결 가능성은 논리적으로 뿐만 아니라 역사적으로 과학기술과 생산조직의 발전을 규정하는 사회적 생산관계의 전환을 통해서만 실현될 수 있다.
>
> (래) 부유한 국가나 지역은 마치 환경문제를 스스로 해결한 것처럼 보이기도 하며, 나아가 자본주의 경제체제 자체가 환경문제를 해결(또는 최소한 지연)할 수 있는 능력을 갖춘 것처럼 홍보되기도 한다.

① (개) — (내) — (래) — (대)

② (내) — (개) — (대) — (래)

③ (내) — (개) — (래) — (대)

④ (내) — (래) — (개) — (대)

3

다음 글에서 언급한 스마트 팩토리의 특징으로 옳지 않은 것은?

최근 스포츠 브랜드인 아디다스에서 소비자가 원하는 디자인, 깔창, 굽 모양 등의 옵션을 적용하여 다품종 소량생산 할 수 있는 스피드 팩토리를 선보였고, 그밖에도 제조업을 비롯해 다양한 산업에서 스마트 팩토리를 도입하면서 미래형 제조 시스템인 스마트 팩토리에 대한 관심이 커지고 있다. 과연 스마트 팩토리 무엇이며 어떤 기술로 구현되고 이점은 무엇일까?

스마트 팩토리란 ICT기술을 기반으로 제품의 기획, 설계, 생산, 유통, 판매의 전 과정을 자동화, 지능화하여 최소 비용과 최소 시간으로 다품종 대량생산이 가능한 미래형 공장을 의미한다. 스마트 팩토리가 구현되기 위해서는 다양한 기술이 적용되는데, 먼저 클라우드 기술은 인터넷에 연결되어 축적된 데이터를 저장하고 IoT 기술은 각종 사물에 컴퓨터 칩과 통신 기능을 내장해 인터넷에 연결한다. 또한 데이터를 분석하는 빅데이터 기술, AI를 기반으로 스스로 학습하고 의사결정을 할 수 있는 차세대 로봇기술과 기계가 자가 학습하는 인공지능 기술을 비롯해 수많은 첨단 기술을 필요로 한다.

스마트 팩토리의 핵심 구현 요소는 디지털화, 연결화, 스마트화이다. 디지털화는 공장 내 사물들 간에 소통이 가능하도록 물리적 아날로그 신호를 디지털 신호로 변환하는 것으로 디지털화를 하면 무한대로 데이터를 복사할 수 있어 데이터 편집이 쉬워지고 데이터 통신이 자유롭게 이루어진다. 연결화는 사람을 포함한 모든 사물, 즉 공장 안에 존재하는 부품, 완제품, 설비, 공장, 건물, 기기를 연결하는 것으로, 이더넷이나 유무선 통신으로 설비를 연결해 생산현황과 이상 유무를 관리한다. 작업자가 제조 라인에 서면 공정은 작업자의 역량, 경험 같은 것을 참고하여 합당한 공정을 수행하도록 지도해 주는 것이 연결화의 예라고 할 수 있다. 스마트화는 사물이 사람과 같이 스스로 판단하고 행동하는 것을 말하는 것으로 지능화, 자율화와 같은 의미이다. 수집된 데이터를 분석하여 스스로 판단하는 스마트화는 스마트 팩토리의 필수 전제조건이다.

스마트 팩토리의 이점은 제조 단계별로 구분해 볼 수 있다. 먼저 기획·설계 단계에서는 제품 성능 시뮬레이션을 통해 제작기간을 단축시키고, 맞춤형 제품을 개발할 수 있다는 이점이 있다. 다음으로 생산 단계에서는 설비 - 자재 - 시스템 간 통신으로 다품종 대량생산, 에너지와 설비 효율 제고의 효과가 있다. 그리고 유통·판매 단계에서는 모기업과 협력사 간 실시간 연동을 통해 재고 비용을 감소시키고 품질, 물류 등 많은 분야를 협력할 수 있다.

① 스마트 팩토리는 최소 비용과 최소 시간으로 다품종 대량생산을 추구한다.

② 스마트 팩토리가 구현되기 위해서는 클라우드 기술, IoT기술, 인공지능 기술 등이 요구된다.

③ 디지털화는 공장 내 사물들 간에 소통이 가능하도록 디지털 신호를 물리적 아날로그 신호로 변환하는 것이다.

④ 스마트화는 사물이 사람과 같이 스스로 판단하고 행동하는 것으로 스마트 팩토리의 필수 전제조건이다.

4

다음은 N사의 단독주택용지 수의계약 공고문 중 일부이다. 공고문의 내용을 바르게 이해한 것은?

[○○ 블록형 단독주택용지(1필지) 수의계약 공고]

1. 공급대상토지

면적 (m²)	세대수 (호)	평균규모 (m²)	용적률 (%)	공급가격 (천원)	계약보증금 (원)	사용가능 시기
25,479	63	400	100% 이하	36,944,550	3,694,455,000	즉시

2. 공급일정 및 장소

일정	2019년 1월 11일 오전 10시부터 선착순 수의계약 (토·일요일 및 공휴일, 업무시간 외는 제외)
장소	N사 ○○지역본부 1층

3. 신청자격

   아래 두 조건을 모두 충족한 자
   - 실수요자 : 공고일 현재 주택법에 의한 주택건설사업자로 등록한 사
   - 3년 분할납부(무이자) 조건의 토지매입 신청자

     ※ 납부 조건 : 계약체결 시 계약금 10%, 중도금 및 잔금 90%(6개월 단위 6회 납부)

4. 계약체결 시 구비서류

   - 법인등기부등본 및 사업자등록증 사본 각 1부
   - 법인인감증명서 1부 및 법인인감도장(사용인감계 및 사용인감)
   - 대표자 신분증 사본 1부(위임 시 위임장 1부 및 대리인 신분증 제출)
   - 주택건설사업자등록증 1부
   - 계약금 납입영수증

---

① 계약이 체결되면 즉시 해당 토지에 단독주택을 건설할 수 있다.

② 계약체결 후 첫 번째 내야 할 중도금은 5,250,095,000원이다.

③ 규모 400m²의 단독주택용지를 일반 수요자에게 분양하는 공고이다.

④ 계약에 대한 보증금이 공급가격보다 더 높아 실수요자에게 부담을 줄 우려가 있다.

5

다음 회의록의 내용을 보고 올바른 판단을 내리지 못한 것을 고르면?

인사팀 4월 회의록			
회의일시	2019년 4월 30일 14:00~15:30	회의장소	대회의실(예약)
참석자	팀장, 남 과장, 허 대리, 김 대리, 이 사원, 명 사원		
회의안건	• 직원 교육훈련 시스템 점검 및 성과 평가 • 차기 교육 프로그램 운영 방향 논의		
진행결과 및 협조 요청	〈총평〉 • 1사분기에는 지난해보다 학습목표시간을 상향조정(직급별 10~20시간)하였음에도 평균 학습시간을 초과하여 달성하는 등 상시학습문화가 정착됨 　－1인당 평균 학습시간: 지난해 4사분기 22시간 → 올해 1사분기 35시간 • 다만, 고직급자와 계약직은 학습 실적이 목표에 미달하였는바, 앞으로 학습 진도에 대하여 사전 통보하는 등 학습목표 달성을 적극 지원할 필요가 있음 　－고직급자: 목표 30시간, 실적 25시간, 계약직: 목표 40시간, 실적 34시간 〈운영방향〉 • 전 직원 일체감 형성을 위한 비전공유와 '매출 증대, 비용 절감' 구현을 위한 핵심과제 등 주요사업 시책교육 추진 • 직원이 가치창출의 원천이라는 인식하에 생애주기에 맞는 직급별 직무역량교육 의무화를 통해 인적자본 육성 강화 • 자기주도적 상시학습문화 정착에 기여한 학습관리시스템을 현실에 맞게 개선하고, 조직 간 인사교류를 확대		

① 올 1사분기에는 지난해보다 1인당 평균 학습시간이 50% 이상 증가하였다.

② 전체적으로 1사분기의 교육시간 이수 등의 성과는 우수하였다.

③ 2사분기에는 일부 직원들에 대한 교육시간이 1사분기보다 더 증가할 전망이다.

④ 2사분기에는 각 직급에 보다 적합한 교육이 시행될 것이다.

자원관리능력 대표유형

자원에는 시간, 돈, 물적자원, 인적자원 등이 포함된다. 자원관리란 이러한 자원을 적재적소에 활용하는 것으로 필요한 자원의 종류와 양을 확인하고 이용 가능한 자원을 수집하며, 수집한 자원을 계획적으로 활용하는 전 과정을 말한다. 따라서 자원관리능력에서는 업무 수행을 위한 시간 및 예산관리, 물적 · 인적자원의 배분 및 활용에 관한 상황을 전제로 한 문제가 주로 출제된다.

1

다음은 K공사의 신입사원 채용에 관한 안내문의 일부 내용이다. 다음 내용을 근거로 할 때, K공사가 안내문의 내용에 부합되게 취할 수 있는 행동이라고 볼 수 없는 것은?

□ 기타 유의사항
- 모든 응시자는 1인 1개 분야만 지원할 수 있습니다.
- 응시 희망자는 지역제한 등 응시자격을 미리 확인하고 응시원서를 접수하여야 하며, 응시원서의 기재사항 누락, 공인어학능력시험 점수 및 자격증 · 장애인 · 취업지원대상자 가산점수 · 가산비율 기재 착오, 연락불능 등으로 발생되는 불이익은 일체 응시자의 책임으로 합니다.
- 입사지원서 작성내용은 추후 증빙서류 제출 및 관계기관에 조회할 예정이며 내용을 허위로 입력한 경우에는 합격이 취소됩니다.
- 응시자는 시험장소 공고문, 답안지 등에서 안내하는 응시자 주의사항에 유의하여야 하며, 이를 준수하지 않을 경우에 본인에게 불이익이 될 수 있습니다.
- 원서접수결과 지원자가 채용예정인원 수와 같거나 미달하더라도 적격자가 없는 경우 선발하지 않을 수 있습니다.
- 시험일정은 사정에 의하여 변경될 수 있으며 변경내용은 7일 전까지 공사 채용홈페이지를 통해 공고할 계획입니다.
- 제출된 서류는 본 채용목적 이외에는 사용하지 않으며, 채용절차의 공정화에 관한 법령에 따라 최종합격자 발표일 이후 180일 이내에 반환청구를 할 수 있습니다.
- 최종합격자 중에서 신규임용후보자 등록을 하지 않거나 관계법령에 의한 신체검사에 불합격한 자 또는 공사 인사규정 제21조에 의한 응시자격 미달자는 신규임용후보자 자격을 상실하고 차순위자를 추가합격자로 선발할 수 있습니다.
- 임용은 교육성적을 포함한 채용시험 성적순으로 순차적으로 임용하되, 장애인 또는 경력자의 경우 성적순위에도 불구하고 우선 임용될 수 있습니다.

※ 공사 인사규정 제22조 제2항에 의거 신규임용후보자의 자격은 임용후보자 등록일로부터 1년으로 하며, 필요에 따라 1년의 범위 안에서 연장될 수 있습니다.

---

① 동일한 응시자가 사무직과 운영직에 중복 응시한 사실이 발견되어 임의로 운영직 응시 관련 사항 일체를 무효처리하였다.

② 대학 졸업예정자로 채용된 A씨는 마지막 학기 학점이 부족하여 졸업이 미뤄지는 바람에 채용이 취소되었다.

③ 50명 선발이 계획되어 있었고, 45명이 지원을 하였으나 42명만 선발하였다.

④ 최종합격자 중 신규임용후보자 자격을 상실한 자가 있어 불합격자 중 임의의 인원을 추가 선발하였다.

2

제시된 자료는 ○○기관 직원의 교육비 지원에 대한 내용이다. 다음 중 A~D 직원 4명의 총 교육비 지원 금액은 얼마인가?

교육비 지원 기준
• 임직원 본인의 대학 및 대학원 학비 : 100% 지원
• 임직원 가족의 대학 및 대학원 학비
– 임직원의 직계 존 · 비속 : 90% 지원
– 임직원의 형제 및 자매 : 80% 지원(단, 직계 존 · 비속 지원이 우선되며, 해당 신청이 없을 경우에 한하여 지급함)
– 교육비 지원 신청은 본인을 포함 최대 3인에 한한다.

교육비 신청 내역	
A 직원	본인 대학원 학비 3백만 원, 동생 대학 학비 2백만 원
B 직원	딸 대학 학비 2백만 원
C 직원	본인 대학 학비 3백만 원, 아들 대학 학비 4백만 원
D 직원	본인 대학 학비 2백만 원, 딸 대학 학비 2백만 원, 아들 대학원 학비 2백만 원

① 15,200,000원

② 17,000,000원

③ 18,600,000원

④ 26,200,000원

3

다음은 차량 A, B, C의 연료 및 경제속도 연비, 연료별 리터당 가격에 대한 자료이다. 제시된 〈조건〉을 적용하였을 때, 두 번째로 높은 연료비가 소요되는 차량과 해당 차량의 연료비를 바르게 나열한 것은?

〈A, B, C 차량의 연료 및 경제속도 연비〉

구분 차량	연료	경제속도 연비(km/L)
A	LPG	10
B	휘발유	16
C	경유	20

※ 차량 경제속도는 60km/h 이상 90km/h 미만임

〈연료별 리터당 가격〉

연료	LPG	휘발유	경유
리터당 가격(원/L)	1,000	2,000	1,600

〈조건〉

1. A, B, C 차량은 모두 아래와 같이 각 구간을 한 번씩 주행하고, 각 구간별 주행속도 범위 내에서만 주행한다.

구간	1구간	2구간	3구간
주행거리(km)	100	40	60
주행속도(km/h)	30 이상 60 미만	60 이상 90 미만	90 이상 120 미만

2. A, B, C 차량의 주행속도별 연비적용률은 다음과 같다.

차량	주행속도(km/h)	연비적용률(%)
A	30 이상 60 미만	50.0
	60 이상 90 미만	100.0
	90 이상 120 미만	80.0
B	30 이상 60 미만	62.5
	60 이상 90 미만	100.0
	90 이상 120 미만	75.0
C	30 이상 60 미만	50.0
	60 이상 90 미만	100.0
	90 이상 120 미만	75.0

※ 연비적용률이란 경제속도 연비 대비 주행속도 연비를 백분율로 나타낸 것임

① A, 31,500원

② B, 24,500원

③ B, 35,000원

④ C, 25,600원

4

전기안전관리 대행업체의 인사팀 직원 K는 다음의 기준에 의거하여 직원들의 자격증 취득 전후 경력을 산정하려고 한다. 다음 중 K가 산정한 경력 중 옳은 것을 모두 고르면?

〈전기안전관리자 경력 조건 인정 범위〉

조건	인정 범위
1. 자격 취득 후 경력 기간 100% 인정	• 전력시설물의 설계 · 공사 · 감리 · 유지보수 · 관리 · 진단 · 점검 · 검사에 관한 기술업무 • 전력기술 관련 단체 · 업체 등에서 근무한 자의 전력기술에 관한 업무
2. 자격 취득 후 경력 기간 80% 인정	• 「전기용품안전관리법」에 따른 전기용품의 설계 · 제조 · 검사 등의 기술업무 • 「산업안전보건법」에 따른 전기분야 산업안전 기술업무 • 건설관련법에 의한 전기 관련 기술업무 • 전자 · 통신관계법에 의한 전기 · 전자통신기술에 관한 업무
3. 자격 취득 전 경력 기간 50% 인정	1.의 각목 규정에 의한 경력
사원 甲	• 2001.1.1~2005.12.31 전기 안전기술 업무 • 2015.10.31 전기산업기사 자격 취득
사원 乙	• 2010.1.1~2012.6.30 전기부품제조 업무 • 2009.10.31 전기기사 자격 취득
사원 丙	• 2011.5.1~2012.7.31 전자통신기술 업무 • 2011.3.31 전기기능장 자격 취득
사원 丁	• 2013.1.1~2014.12.31 전기검사 업무 • 2015.7.31 전기기사 자격 취득

⊙ 甲 : 전기산업기사로서 경력 5년	ⓒ 乙 : 전기기사로서 경력 1년
ⓒ 丙 : 전기기능장으로서 경력 1년	② 丁 : 전기기사로서 경력 1년

① ⊙, ⓒ

② ⊙, ⓒ

③ ⓒ, ②

④ ⓒ, ②

5

K공사는 사내 냉방 효율을 위하여 층별 에어컨 수와 종류를 조정하려고 한다. 사내 냉방 효율 조정 방안을 충족하되 버리는 구형 에어컨과 구입하는 신형 에어컨을 최소화하고자 할 때, K공사는 신형 에어컨을 몇 대 구입해야 하는가?

사내 냉방 효율 조정 방안		
적용순서	조건	미충족 시 조정 방안
1	층별 월 전기료 60만 원 이하	구형 에어컨을 버려 조건 충족
2	구형 에어컨 대비 신형 에어컨 비율 1/2 이상 유지	신형 에어컨을 구입해 조건 충족

※ 구형 에어컨 1대의 월 전기료는 4만원이고, 신형 에어컨 1대의 월 전기료는 3만원이다.

사내 냉방시설 현황						
	1층	2층	3층	4층	5층	6층
구형	9	15	12	8	13	10
신형	5	7	6	3	4	5

① 1대 ② 2대

③ 3대 ④ 4대

조직이해능력 대표유형

조직은 공동의 목표를 달성하기 위해 구성된 집합체이다. 조직이해능력은 조직경영, 조직구조, 조직업무 등 조직과 관련된 전 분야에 걸쳐 작용한다. 대표유형으로는 조직구조(조직도)의 이해, 경영전략, 조직문화 등 거시적 관점의 문제와 결재규정, 사내복지제도, 업무처리 등 미시적 관점의 문제가 고루 출제된다.

1

다음과 같은 팀장의 지시 사항을 수행하기 위하여 업무협조를 구해야 할 조직의 명칭이 순서대로 바르게 나열된 것은?

다들 사장님 보고 자료 때문에 정신이 없는 모양인데 이건 자네가 좀 처리해줘야겠군. 다음 주에 있을 기자단 간담회 자료가 필요한데 옆 부서 박 부장한테 말해 두었으니 오전 중에 좀 가져다주게나. 그리고 내일 사장님께서 보고 직전에 외부에서 오신다던데 어디서 오시는 건지 일정 좀 확인해서 알려주고, 이틀 전 퇴사한 엄 차장 퇴직금 처리가 언제 마무리 될 지도 알아봐 주게나. 아, 그리고 말이야, 자네는 아직 사원증이 발급되지 않았나? 확인해 보고 얼른 요청해서 걸고 다니게.

---

① 기획실, 경영관리실, 총무부, 비서실

② 영업2팀, 홍보실, 회계팀, 물류팀

③ 총무부, 구매부, 비서실, 인사부

④ 홍보실, 비서실, 인사부, 총무부

2

다음 조직도 (A), (B)와 같은 형태를 지닌 조직의 특징을 바르게 비교하지 못한 것은?

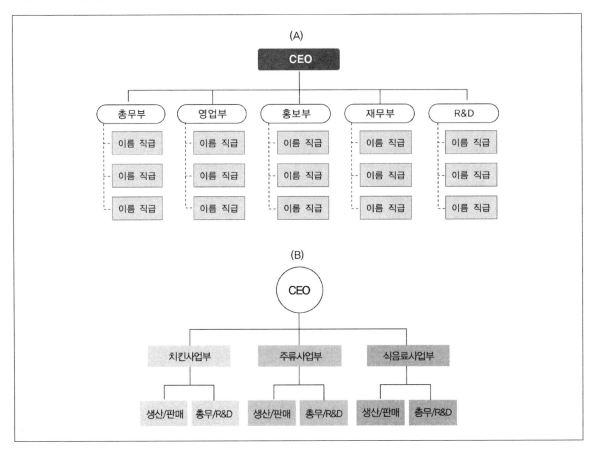

① (A)는 업무 구분이 명확하고, 엄격한 위계질서가 있다.

② (B)와 같은 조직은 대체적으로 의사결정 권한이 집중화되는 경향을 보인다.

③ (A)는 신속한 의사결정을 위해 더 적절한 조직구조이다.

④ (B)는 중간관리자에게 많은 역할이 주어지게 된다.

3

다음 〈보기〉에 제시되고 있는 활동들은 기업 경영에 필요한 전략을 설명하고 있다. 설명된 전략들에 해당하는 것은?

〈보기〉
• 모든 고객을 만족시킬 수는 없다는 것과 회사가 모든 역량을 가질 수는 없다는 것을 전제로 선택할 수 있는 전략이다.
• 기업이 고유의 독특한 내부 역량을 보유하고 있는 경우에 더욱 효과적인 전략이다.
• 사업 목표와 타당한 틈새시장을 찾아야 한다.
• 다양한 분류의 방법을 동원하여 고객을 세분화한다.

① 차별화 전략　　　　　　　　　② 집중화 전략
③ 비교우위 전략　　　　　　　　④ 원가우위 전략

4

'SWOT 분석'에 대한 〈보기〉 설명을 읽고 휴대폰 제조업체가 실시한 아래 환경분석 결과에 대응하는 전략을 적절하게 분석한 것은?

〈보기〉

SWOT이란, 강점(Strength), 약점(Weakness), 기회(Opportunity), 위험(Threat)의 머리말을 모아 만든 단어로 경영전략을 수립하기 위한 분석도구이다. SWOT분석을 통해 도출된 조직의 외부/내부 환경을 분석 결과를 통해 각각에 대응하는 도출하게 된다.

SO 전략이란 기회를 활용하면서 강점을 더욱 강화하는 공격적인 전략이고, WO 전략이란 외부환경의 기회를 활용하면서 자신의 약점을 보완하는 전략으로 이를 통해 기업이 처한 국면의 전환을 가능하게 할 수 있다. ST전략은 외부환경의 위험요소를 회피하면서 강점을 활용하는 전략이며, WT 전략이란 외부환경의 위협요인을 회피하고 자사의 약점을 보완하는 전략으로 방어적 성격을 갖는다.

내/외부환경 구분	강점(Strength)	약점(Weakness)
기회(Opportunity)	① SO 전략(강점/기회전략)	② WO 전략(약점/기회전략)
위협(Threat)	③ ST 전략(강점/위협전략)	④ WT 전략(약점/위협전략)

〈휴대폰 제조업체의 환경분석 결과〉

강점(Strength)	• 다양한 부가기능 탑재를 통한 성능 우위 • 기타 디지털기기 기능의 흡수를 통한 영역확대
약점(Weakness)	• 제품의 수익성 악화 • 제품 간 성능, 디자인의 평준화 • 국산 제품의 가격경쟁력 약화
기회(Opportunity)	• 신흥시장의 잠재적 수요 • 개인 휴대용기기의 대중화
위협(Threat)	• 전자제품의 사용기간 단축 • MP3폰 등 기타 디지털기기와의 경쟁 심화

내/외부환경 구분	강점(Strength)	약점(Weakness)
기회(Opportunity)	① 기능의 다양화로 잠재 시장의 수요 창출	② 휴대기기의 대중화에 힘입어 MP3폰의 성능 강화
위협(Threat)	③ 다양한 기능을 추가한 판매 신장으로 이익 확대	④ 휴대용 기기 보급 확대에 따라 디지털기기와 차별화된 제품 개발

5

다음의 위임전결규정을 보고 잘못 이해한 것은?

[위임전결규정]

- 결재를 받으려는 업무에 대해서는 최고결재권자(대표이사)를 포함한 이하 직책자의 결재를 받아야 한다.
- '전결'이라 함은 회사의 경영활동이나 관리활동을 수행함에 있어 의사 결정이나 판단을 요하는 일에 대하여 최고결재권자의 결재를 생략하고, 자신의 책임 하에 최종적으로 의사 결정이나 판단을 하는 행위를 말한다.
- 전결사항에 대해서도 위임 받은 자를 포함한 이하 직책자의 결재를 받아야 한다.
- 표시내용 : 결재를 올리는 자는 최고결재권자로부터 전결 사항을 위임 받은 자가 있는 경우 결재란에 전결이라고 표시하고 최종 결재권자란에 위임 받은 자를 표시한다. 다만, 결재가 불필요한 직책자의 결재란은 상향대각선으로 표시한다.
- 최고결재권자의 결재사항 및 최고결재권자로부터 위임된 전결사항은 아래의 표에 따른다.
- 본 규정에서 정한 전결권자가 유고 또는 공석 시 그 직급의 직무 권한은 직상급직책자가 수행함을 원칙으로 하며, 각 직급은 긴급을 요하는 업무처리에 있어서 상위 전결권자의 결재를 득할 수 없을 경우 차상위자의 전결로 처리하며, 사후 결재권자의 결재를 득해야 한다.

업무내용		결재권자			
		사장	부사장	본부장	팀장
주간업무보고					○
팀장급 인수인계			○		
일반 예산 집행	잔업수당	○			
	회식비			○	
	업무활동비			○	
	교육비		○		
	해외연수비	○			
	시내교통비			○	
	출장비	○			
	도서인쇄비				○
	법인카드사용		○		
	소모품비				○
	접대비(식대)			○	
	접대비(기타)				○
이사회 위원 위촉		○			
임직원 해외 출상		○(임원)		○(직원)	
인직원 휴가		○(임원)		○(직원)	
노조관련 협의사항			○		

※ 100만 원 이상의 일반예산 집행과 관련한 내역은 사전 사장 품의를 득해야 하며, 품의서에 경비 집행 내역을 포함하여 준비한다. 출장계획서는 품의서를 대체한다.

※ 위의 업무내용에 필요한 결재서류는 다음과 같다.
 – 품의서, 주간업무보고서, 인수인계서, 예산집행내역서, 위촉장, 출장보고서(계획서), 휴가신청서, 노조협의사항 보고서

① 전결권자 공석 시의 최종결재자는 차상위자가 된다.

② 전결권자 업무 복귀 시, 부재 중 결재 사항에 대하여 반드시 사후 결재를 받아두어야 한다.

③ 팀장이 새로 부임하면 부사장 전결의 인수인계서를 작성하게 된다.

④ 전결권자가 해외 출장으로 자리를 비웠을 경우에는 차상위자가 직무 권한을 위임받는다.

문제해결능력 대표유형

문제란 업무를 수행함에 있어 답을 요구하는 질문이나 의논하여 해결해야 하는 사항으로, 문제해결을 위해서는 전략적이고 분석적인 사고는 물론 발상의 전환과 효율적인 자원활용 등 다양한 능력이 요구된다. 따라서 명제나 추론 같은 일반적인 논리추론 유형과 함께 수리, 자원관리 등이 융합된 문제해결 유형이나 실무이해를 바탕으로 하는 유형의 문제도 다수 출제된다.

1

다음 조건을 바탕으로 할 때 정 대리가 이번 달 중국 출장 출발일로 정하기에 가장 적절한 날은 언제인가? (전체 일정은 모두 이번 달 안에 속해 있다.)

- 이번 달은 1일이 월요일인 달이다.
- 3박 4일 일정이며 출발일과 도착일이 모두 휴일이 아니어야 한다.
- 현지에서 복귀하는 비행편은 매주 화, 목요일에만 있다.
- 이번 달 셋째 주 화요일에 있을 부서의 중요한 회의에 반드시 참석해야 하며, 회의 후에 출장을 가려 한다.

① 12일   ② 15일

③ 17일   ④ 22일

2

다음은 유진이가 학교에 가는 요일에 대한 설명이다. 이들 명제가 모두 참이라고 가정할 때, 유진이가 학교에 가는 요일은?

ⓐ 목요일에 학교에 가지 않으면 월요일에 학교에 간다.
ⓑ 금요일에 학교에 가지 않으면 수요일에 학교에 가지 않는다.
ⓒ 수요일에 학교에 가지 않으면 화요일에 학교에 간다.
ⓓ 월요일에 학교에 가면 금요일에 학교에 가지 않는다.
ⓔ 유진이는 화요일에 학교에 가지 않는다.

① 월, 수   ② 월, 수, 금

③ 수, 목, 금   ④ 수, 금

3

다음은 ○○항공사의 항공이용에 관한 조사 설계의 일부분이다. 본 설문조사의 목적으로 가장 적합하지 않은 것은?

---

1. 조사 목적

```

```

2. 과업 범위
• 조사 대상 : 서울과 수도권에 거주하고 있으며 최근 3년 이내 여행 및 출장 목적의 해외방문 경험이 있고 향후 1년 이내 해외로 여행 및 출장 의향이 있는 만 20~60세 이상의 성인 남녀
• 조사 방법 : 구조화된 질문지를 이용한 온라인 설문조사
• 표본 규모 : 총 1,000명

3. 조사 내용
• 시장 환경 파악 : 여행 출장 시장 동향 (출국 목적, 체류기간 등)
• 과거 해외 근거리 당일 왕복항공 이용 실적 파악 : 이용 빈도, 출국 목적, 목적지 등
• 향후 해외 근거리 당일 왕복항공 잠재 수요 파악 : 이용의향 빈도, 출국 목적 등
• 해외 근거리 당일 왕복항공 이용을 위한 개선 사항 파악 : 해외 근거리 당일 왕복항공을 위한 개선사항 적용 시 해외 당일 여행 계획 또는 의향
• 배경정보 파악 : 인구사회학적 특성 (성별, 연령, 거주 지역 등)

4. 결론 및 기대효과

---

① 단기 해외 여행의 수요 증가 현황과 관련 항공 시장 파악
② 해외 당일치기 여객의 수요에 부응할 수 있는 노선 구축 근거 마련
③ 해외 근거리 당일 왕복항공을 이용한 실적 및 행태 파악
④ 근거리 국가로 여행 또는 출장을 위해 당일 왕복항공을 이용할 의향과 수용도 파악

4

다음은 L공사의 국민임대주택 예비입주자 통합 정례모집 관련 신청자격에 대한 사전 안내이다. 甲~戊 중 국민임대주택 예비입주자로 신청할 수 있는 사람은? (단, 함께 살고 있는 사람은 모두 세대별 주민등록표 상에 함께 등재되어 있고, 제시되지 않은 사항은 모두 조건을 충족한다고 가정한다)

□ 2019년 5월 정례모집 개요

구분	모집공고일	대상지역
2019년 5월	2019. 5. 7(화)	수도권
	2019. 5. 15(수)	수도권 제외한 나머지 지역

□ 신청자격

입주자모집공고일 현재 무주택세대구성원으로서 아래의 소득 및 자산보유 기준을 충족하는 자

※ 무주택세대구성원이란?

다음의 세대구성원에 해당하는 사람 전원이 주택(분양권 등 포함)을 소유하고 있지 않은 세대의 구성원을 말합니다.

세대구성원(자격검증대상)	비고
• 신청자	
• 신청자의 배우자	신청자와 세대 분리되어 있는 배우자도 세대구성원에 포함
• 신청자의 직계존속 • 신청자의 배우자의 직계존속	신청자 또는 신청자의 배우자와 세대별 주민등록표상에 함께 등재되어 있는 사람에 한함
• 신청자의 직계비속 • 신청자의 직계비속의 배우자	
• 신청자의 배우자의 직계비속	신청자와 세대별 주민등록표상에 함께 등재되어 있는 사람에 한함

※ 소득 및 자산보유 기준

구분	소득 및 자산보유 기준		
소득	가구원수	월평균소득기준	참고사항
	3인 이하 가구	3,781,270원 이하	• 가구원수는 세대구성원 전원을 말함(외국인 배우자와 임신 중인 경우 태아 포함) • 월평균소득액은 세전금액으로서 세대구성원 전원의 월평균소득액을 모두 합산한 금액임
	4인 가구	4,315,641원 이하	
	5인 가구	4,689,906원 이하	
	6인 가구	5,144,224원 이하	
	7인 가구	5,598,542원 이하	
	8인 가구	6,052,860원 이하	
자산	• 총자산가액 : 세대구성원 전원이 보유하고 있는 총자산가액 합산기준 28,000만 원 이하		
	• 자동차 : 세대구성원 전원이 보유하고 있는 전체 자동차가액 2,499만 원 이하		

① 甲의 아내는 주택을 소유하고 있지만, 甲과 세대 분리가 되어 있다.
② 아내의 부모님을 모시고 살고 있는 乙 가족의 월평균소득은 500만 원이 넘는다.
③ 丙은 재혼으로 만난 아내의 아들과 함께 살고 있는데, 아들은 전 남편으로부터 물려받은 아파트 분양권을 소유하고 있다.
④ 어머니를 모시고 사는 丁은 아내가 셋째 아이를 출산하면서 丁 가족의 월평균소득으로는 1인당 80만 원도 돌아가지 않게 되었다.

5

서원 그룹의 K부서에서는 자기 부서의 정책을 홍보하기 위해 책자를 제작해 배포하는 프로젝트를 진행하였다. 프로젝트 진행 과정이 다음과 같을 때, 프로젝트 결과에 대한 평가로 항상 옳은 것을 모두 고르면?

이번에 K부서에서는 자기 부서의 정책을 홍보하기 위해 책자를 제작해 배포하였다. 이 홍보 사업에 참여한 K부서의 팀은 A와 B 두 팀이다. 두 팀은 각각 500권의 정책홍보 책자를 제작하였다. 그러나 책자를 어떤 방식으로 배포할 것인지에 대해 두 팀 간에 차이가 있었다. A팀은 자신들이 제작한 K부서의 모든 정책홍보책자를 서울이나 부산에 배포한다는 지침에 따라 배포하였다. 한편, B팀은 자신들이 제작한 K부서 정책홍보책자를 서울에 모두 배포하거나 부산에 모두 배포한다는 지침에 따라 배포하였다. 사업이 진행된 이후 배포된 결과를 살펴보기 위해서 서울과 부산을 조사하였다. 조사를 담당한 한 직원은 A팀이 제작·배포한 K부서 정책홍보책자 중 일부를 서울에서 발견하였다.

한편, 또 다른 직원은 B팀이 제작·배포한 K부서 정책홍보책자 중 일부를 부산에서 발견하였다. 그리고 배포 과정을 검토해 본 결과, 이번에 A팀과 B팀이 제작한 K부서 정책 홍보책자는 모두 배포되었다는 것과, 책자가 배포된 곳과 발견된 곳이 일치한다는 것이 확인되었다.

㉠ 부산에는 500권이 넘는 K부서 정책홍보책자가 배포되었다.
㉡ 서울에 배포된 K부서 정책홍보책자의 수는 부산에 배포된 K부서 정책홍보책자의 수보다 적다.
㉢ A팀이 제작한 K부서 정책홍보책자가 부산에서 발견되었다면, 부산에 배포된 K부서 정책홍보책자의 수가 서울에 배포된 수보다 많다.

① ㉠
② ㉢
③ ㉠, ㉡
④ ㉡, ㉢

수리능력 대표유형

수리능력은 직장생활에서 요구되는 기본적인 사칙연산과 기초적인 통계를 이해하고 도표의 의미를 파악하거나 도표를 이용해서 결과를 효과적으로 제시하는 능력을 말한다. 따라서 기본적은 계산능력을 파악하는 유형과 함께 자료해석, 도표분석 능력 등을 요구하는 유형의 문제가 주로 출제된다.

1

A와 B가 다음과 같은 규칙으로 게임을 하였다. 규칙을 참고할 때, 두 사람 중 점수가 낮은 사람은 몇 점인가?

- 이긴 사람은 4점, 진 사람은 2점의 점수를 얻는다.
- 두 사람의 게임은 모두 20회 진행되었다.
- 20회의 게임 후 두 사람의 점수 차이는 12점이었다.

① 50점   ② 52점

③ 54점   ④ 56점

2

다음은 국민연금 보험료를 산정하기 위한 소득월액 산정 방법에 대한 설명이다. 다음 설명을 참고할 때, 김갑동 씨의 신고 소득월액은 얼마인가?

소득월액은 입사(복직) 시점에 따른 근로자간 신고 소득월액 차등이 발생하지 않도록 입사(복직) 당시 약정되어 있는 급여 항목에 대한 1년치 소득총액에 대하여 30일로 환산하여 결정하며, 다음과 같은 계산 방식을 적용한다.

소득월액 = 입사(복직) 당시 지급이 약정된 각 급여 항목에 대한 1년간 소득총액 ÷ 365 × 30

〈김갑동 씨의 급여 내역〉
- 기본급 : 1,000,000원
- 교통비 : 월 100,000원
- 고정 시간외 수당 : 월 200,000원
- 분기별 상여금(1, 4, 7, 10월 지급) : 기본급의 100%
- 하계휴가비(매년 7월 지급) : 500,000원

① 1,645,660원 ② 1,652,055원

③ 1,668,900원 ④ 1,727,050원

3

다음은 2018년 한국인 사망 원인 '5대 암'과 관련된 자료이다. 2018년 총 인구를 5,100만 명이라고 할 때, 치명률을 구하는 공식으로 옳은 것을 고르면?

종류	환자수	완치자수	후유장애자수	사망자수	치명률
폐암	101,600명	3,270명	4,408명	2,190명	2.16%
간암	120,860명	1,196명	3,802명	1,845명	1.53%
대장암	157,200명	3,180명	2,417명	1,624명	1.03%
위암	184,520명	2,492명	3,557명	1,950명	1.06%
췌장암	162,050명	3,178명	2,549명	2,765명	1.71%

※ 환자수란 현재 해당 암을 앓고 있는 사람 수를 말한다.

※ 완치자수란 과거에 해당 암을 앓았던 사람으로 일상생활에 문제가 되는 장애가 남지 않고 5년 이내 재발이 없는 경우를 말한다.

※ 후유장애자수란 과거에 해당 암을 앓았던 사람으로 암으로 인하여 일상생활에 문제가 되는 영구적인 장애가 남은 경우를 말한다.

※ 사망자수란 해당 암으로 사망한 사람 수를 말한다.

① 치명률 $= \dfrac{완치자수}{환자수} \times 100$

② 치명률 $= \dfrac{후유장애자수}{환자수} \times 100$

③ 치명률 $= \dfrac{사망자수}{환자수} \times 100$

④ 치명률 $= \dfrac{사망자수 + 후유장애자수}{인구수} \times 100$

4

제시된 자료를 참조하여, 2013년부터 2015년의 건강수명 비교에 대한 설명으로 옳은 것은?

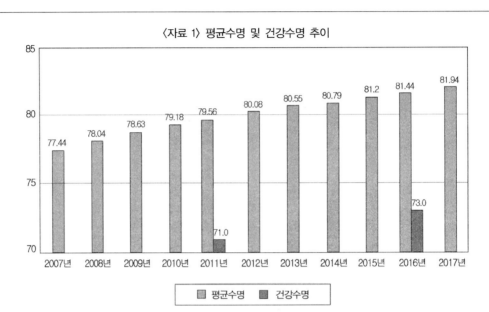

〈자료 1〉 평균수명 및 건강수명 추이

※ 평균수명 : 0세의 출생자가 향후 생존할 것으로 기대되는 평균생존연수 '0세의 기대여명'을 나타냄
※ 건강수명 : 평균수명에서 질병이나 부상으로 인하여 활동하지 못한 기간을 뺀 기간을 나타냄
※ 2017년은 예상 수치임

〈자료 2〉 건강수명 예상치 추정 정보
- 건강수명 예상치의 범위는 평균수명의 90%에서 ±1% 수준이다.
- 건강수명 예상치는 환경 개선 정도에 영향을 받는다고 가정한다.

연도	2012년	2013년	2014년	2015년
환경 개선	보통	양호	불량	불량

- 해당 연도 환경 개선 정도가 '양호'이면 최대치(+1%)로 계산된다.
- 해당 연도 환경 개선 정도가 '보통'이면 중간치(±0%)로 계산된다.
- 해당 연도 환경 개선 정도가 '불량'이면 최소치(-1%)로 계산된다.

① 2013년 건강수명이 2014년 건강수명보다 짧다.
② 2014년 건강수명이 2015년 건강수명보다 짧다.
③ 2013년 건강수명이 2015년 건강수명 보다 짧다.
④ 2014년 환경 개선 정도가 보통일 경우 2013년 건강수명이 2014년 건강수명보다 짧다.

5

다음은 건설업과 관련된 주요 지표이다. 이에 대한 설명으로 옳은 것은?

〈건설업 주요 지표〉

(단위 : 개, 천 명, 조 원, %)

구분	2016년	2017년	전년대비	
			증감	증감률
기업체수	69,508	72,376	2,868	4.1
종사자수	1,573	1,670	97	6.1
건설공사 매출액	356.6	392.0	35.4	9.9
국내 매출액	313.1	354.0	40.9	13.1
해외 매출액	43.5	38.0	−5.5	−12.6
건설비용	343.2	374.3	31.1	9.1
건설 부가가치	13.4	17.7	4.3	32.1

〈연도별 건설업체수 및 매출 증감률〉

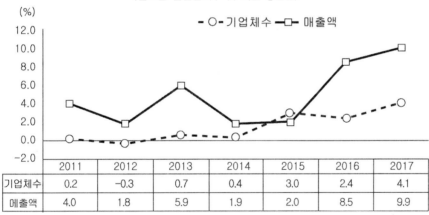

	2011	2012	2013	2014	2015	2016	2017
기업체수	0.2	−0.3	0.7	0.4	3.0	2.4	4.1
매출액	4.0	1.8	5.9	1.9	2.0	8.5	9.9

① 2012년의 기업체 수는 65,000개 이하이다.

② 건설공사 매출액 중 국내 매출액의 비중은 2017년보다 2016년이 더 크다.

③ 해외 매출액의 증감은 건설 부가가치의 증감에 영향을 미친다.

④ 건설업 주요 지표별 증감 추이는 모든 항목이 동일하다.

정보능력 대표유형

정보(Information)란 자료를 특정한 목적과 문제해결에 도움이 되도록 가공한 것으로, 지식정보사회에서 정보는 기업 생존에 중요한 요소로 자리하고 있다. 정보능력에서 빈출되는 대표유형으로는 컴퓨터활용능력 측정을 위한 소프트웨어 활용, 자료(Data)의 규칙을 찾아 정보 파악하기, 간단한 코딩 시스템의 이해 등이 있다.

1

S정보통신에 입사한 당신은 시스템 모니터링 업무를 담당하게 되었다. 다음의 시스템 매뉴얼을 확인한 후 제시된 상황에서 적절한 입력코드를 고르면?

〈S정보통신 시스템 매뉴얼〉

❑ 항목 및 세부사항

항목	세부사항
Index@@ of Folder@@	• 오류 문자 : Index 뒤에 나타나는 문자 • 오류 발생 위치 : Folder 뒤에 나타나는 문자
Error Value	• 오류 문자와 오류 발생 위치를 의미하는 문자에 사용된 알파벳을 비교하여 오류 문자 중 오류 발생 위치의 문자와 일치하지 않는 알파벳의 개수 확인
Final Code	• Error Value를 통하여 시스템 상태 판단

❑ 판단 기준 및 처리코드(Final Code)

판단 기준	처리코드
일치하지 않는 알파벳의 개수 = 0	Qfgkdn
0 < 일치하지 않는 알파벳의 개수 ≤ 3	Wxmt
3 < 일치하지 않는 알파벳의 개수 ≤ 5	Atnih
5 < 일치하지 않는 알파벳의 개수 ≤ 7	Olyuz
7 < 일치하지 않는 알파벳의 개수 ≤ 10	Cenghk

〈상황〉

System is processing requests...
System Code is X.
Run...

Error Found!
Index GHWDYC of Folder APPCOMPAT

Final Code? _____

① Qfgkdn　　　　　　　　　　② Wxmt
③ Atnih　　　　　　　　　　　④ Olyuz

2

다음의 시트에서 수식 '=DSUM(A1:D7, 4, B1:B2)'를 실행하였을 때 결과 값은?

	A	B	C	D
1	성명	부서	3/4분기	4/4분기
2	김하나	영업부	20	15
3	유진영	총무부	30	35
4	고금순	영업부	15	20
5	이영훈	총무부	10	15
6	김영대	총무부	20	10
7	채수빈	영업부	15	20

① 45　　　　　　　　　　　② 50
③ 55　　　　　　　　　　　④ 60

│3~4│ 다음 물류 창고 책임자와 각 창고 내 재고상품의 코드 목록을 보고 이어지는 질문에 답하시오.

책임자	재고상품 코드번호	책임자	재고상품 코드번호
정보연	2008011F033321754	심현지	2001052G099918513
이규리	2011054L066610351	김준후	2002121D011120789
김원희	2006128T055511682	유연석	2013016Q044412578
이동성	2009060B022220123	강희철	2012064L100010351
신병임	2015039V100029785	송지혜	2016087S088824567

[재고상품 코드번호 예시]

2016년 11월에 4,586번째로 입고된 경기도 戊출판사에서 발행한 「소형선박조종사 자격증 한 번에 따기」 도서 코드
2016111E055524586

201611	1E	05552	4586
입고연월	지역코드 + 고유번호	분류코드 + 고유번호	입고순서

입고연월	발행 출판사				도서 종류			
	지역코드		고유번호		분류코드		고유번호	
	0	서울	A	甲출판사	01	가정 · 살림	111	임신/출산
			B	乙출판사			112	육아
	1	경기도	C	丙출판사	02	건강 · 취미	221	다이어트
			D	丁출판사			222	스포츠
			E	戊출판사	03	경제 · 경영	331	마케팅
			F	己출판사			332	재테크
	2	강원도	G	庚출판사			333	CEO
			H	辛출판사	04	대학 교재	441	경상계열
• 200611	3	충청 남도	I	壬출판사			442	공학계열
−2006년 11월			J	癸출판사	05	수험 · 자격	551	공무원
• 201007	4	충청 북도	K	子출판사			552	자격증
−2010년 7월			L	丑출판사	06	어린이	661	예비 초등
• 201403	5	경상 남도	M	寅출판사			662	초등
−2014년 3월			N	卯출판사	07	자연 과학	771	나노과학
			O	辰출판사			772	생명과학
	6	경상 북도	P	巳출판사			773	뇌과학
			Q	午출판사	08	예술	881	미술
	7	전라 남도	R	未출판사			882	음악
			S	申출판사	09	여행	991	국내여행
	8	전라 북도	T	酉출판사			991	해외여행
			U	戌출판사	10	IT · 모바일	001	게임
	9	제주도	V	亥출판사			002	웹사이트

3

재고상품 중 2010년도에 8,491번째로 입고된 충청남도 某출판사에서 발행한 「뇌과학 첫걸음」 도서의 코드로 알맞은 것은 무엇인가?

① 2010113J077718491

② 2010093J077738491

③ 2010083I077738491

④ 2011123J077738491

4

다음 중 발행 출판사와 입고순서가 동일한 도서를 담당하는 책임자들로 짝지어진 것은?

① 정보연 – 김준후

② 이규리 – 강희철

③ 이동성 – 송지혜

④ 심현지 – 유연석

5

다음의 알고리즘에서 인쇄되는 S는?

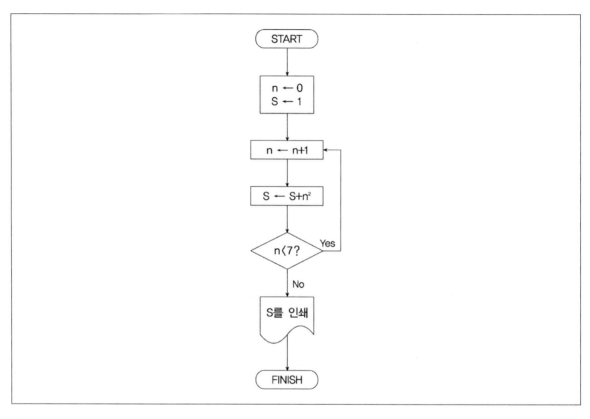

① 137　　　　　　　　　　② 139

③ 141　　　　　　　　　　④ 143

기술능력 대표유형

기술은 과학과 같이 추상적인 이론보다는 실용성, 효용, 디자인을 강조한다. 기술능력은 기술시스템 및 기술혁신 등에 대해 이해하고 업무에 적절한 기술을 선택·적용하는 능력을 말한다. 따라서 기술이해와 관련된 모듈형 문제 와 더불어 매뉴얼 이해, 기술적용의 실제 등 다양한 유형의 문제가 출제된다.

❚1~2❚ 다음 표를 참고하여 물음에 답하시오.

스위치	기능
☆	1번과 3번 기계를 180° 회전
★	1번과 4번 기계를 180° 회전
○	2번과 3번 기계를 180° 회전
●	2번과 4번 기계를 180° 회전
◇	1번과 4번 기계를 시계방향으로 90° 회전
◆	2번과 3번 기계를 시계방향으로 90° 회전
□	1번과 4번 기계를 반시계방향으로 90° 회전
■	2번과 3번 기계를 반시계방향으로 90° 회전

1

왼쪽의 상태에서 스위치를 두 번 눌렀더니 오른쪽과 같은 상태로 바뀌었다. 어떤 스위치를 눌렀는가?

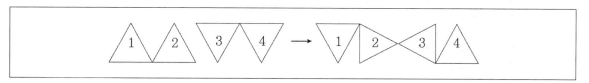

① ◆, ★

② ◇, ★

③ ★, □

④ ◆, ○

2

왼쪽의 상태에서 스위치를 세 번 눌렀더니 오른쪽과 같은 상태로 바뀌었다. 어떤 스위치를 눌렀는가?

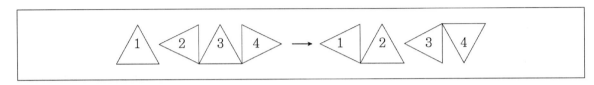

① ☆, ◇, ●

② ★, ○, ●

③ ◇, □, ■

④ ☆, ◆, ◇

3

다음 중 인쇄 기본 설정 창을 여는 순서로 적절한 것은?

1. 제품의 특장점
(1) 친환경적인 제품
　① 토너 소모량과 용지 사용량을 줄여 인쇄하는 에코 기능
　② 한 장의 용지에 여러 페이지를 인쇄하여 용지를 절약
　③ 용지 양면에 인쇄하여 (수동 양면 인쇄) 용지를 절약
　④ 일정 시간 제품을 사용하지 않으면 자동으로 절전 모드로 들어가 전력 소모를 절약
(2) 뛰어난 인쇄 품질 및 속도
　① 청록색, 심홍색, 노란색, 검은색의 모든 계열의 색상을 사용해 인쇄
　② 최대 2,400×600dpi 고화질의 선명한 해상도로 인쇄
　③ 빠르고 신속한 인쇄
(3) 편리성
　① 프린터의 NFC 태그에 휴대폰을 갖다 대면 인쇄 작업을 수행
　② 애플리케이션을 사용하면 이동 시에도 스마트폰이나 컴퓨터에서 인쇄
　③ Easy Capture Manager를 이용하여 캡처한 화면을 쉽게 편집
　④ 스마트 업데이트를 사용하여 최신 프린터 드라이버 설치
(4) 다양한 기능과 인쇄환경 지원
　① 다양한 용지 사이즈 지원
　② 워터마크 지원
　③ 포스터 인쇄 지원
　④ 다양한 운영체제에서 인쇄 가능
　⑤ USB 인터페이스 또는 네트워크 인터페이스
(5) 다양한 무선 설정 방법 지원
　① WPS 버튼 이용하기
　② USB 케이블 또는 네트워크 케이블 이용하기
　③ Wi-Fi Direct 이용하기

2. 기본 사용법

(1) 인쇄하기

    ① 인쇄하려는 문서를 여세요.

    ② 파일 메뉴에서 인쇄를 선택하세요.

    ③ 프린터 선택 목록에서 사용 중인 제품을 선택하세요.

    ④ 인쇄 매수 및 인쇄 범위 등 기본 인쇄 설정은 인쇄 창에서 선택할 수 있습니다.

    ⑤ 인쇄를 시작하려면 인쇄 창에서 확인 또는 인쇄를 클릭하세요.

(2) 인쇄 작업 취소

    ① Windows 작업줄에 표시된 제품 아이콘을 더블클릭하여 인쇄 대기열을 열 수도 있습니다.

    ② 조작부의 취소버튼을 눌러서 인쇄를 취소할 수 있습니다.

(3) 인쇄 기본 설정 창 열기

    ① 인쇄하려는 문서를 여세요.

    ② 파일 메뉴에서 인쇄를 선택하세요.

    ③ 프린터 선택에서 사용 중인 제품을 선택하세요.

    ④ 프린터 속성 또는 기본 설정을 클릭하세요.

㉠ 파일 메뉴에서 인쇄를 선택한다.

㉡ 인쇄하려는 문서를 연다.

㉢ 프린터 선택에서 사용 중인 제품을 선택한다.

㉣ 프린터 속성 또는 기본 설정을 클릭한다.

① ㉠㉣㉢㉡

② ㉡㉠㉢㉣

③ ㉢㉠㉣㉡

④ ㉣㉢㉠㉡

┃4~5┃ 아래 〈보기〉는 그래프 구성 명령어 실행 예시이다. 〈보기〉를 참고하여 다음 물음에 답하시오.

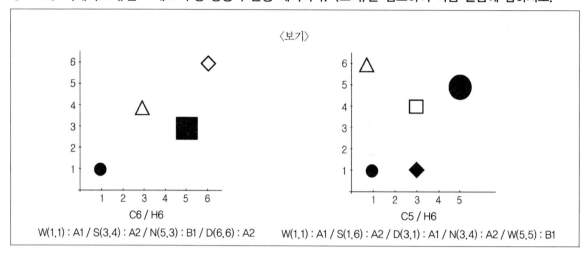

4

다음 그래프에 알맞은 명령어는 무엇인가?

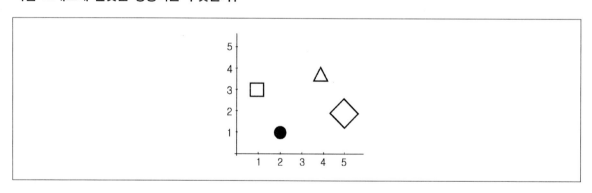

① C4 / H5   N(1,2) : A2 / W(2,1) : A1 / S(4,4) : A2 / D(5,2) : B1

② C5 / H4   N(1,3) : A2 / W(2,2) : A1 / S(4,4) : A2 / D(5,2) : B2

③ C5 / H5   N(1,2) : A2 / W(2,1) : A1 / S(4,4) : A1 / D(5,2) : B2

④ C5 / H5   N(1,3) : A2 / W(2,1) : A1 / S(4,4) : A2 / D(5,2) : B2

5

다음 명령어에 알맞은 그래프는 무엇인가?

C6 / H5   D(1,5) : B1 / S(2,4) : A2 / N(3,1) : A1

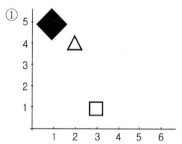

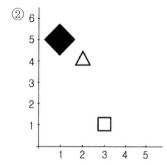

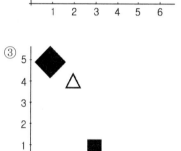

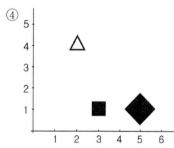

PART

II

직업성격검사

01 인성검사의 개요

1 인성(성격)검사의 개념과 목적

인성(성격)이란 개인을 특징짓는 평범하고 일상적인 사회적 이미지, 즉 지속적이고 일관된 공적 성격(Public – personality)이며, 환경에 대응함으로써 선천적·후천적 요소의 상호작용으로 결정화된 심리적·사회적 특성 및 경향을 의미한다. 여러 연구 결과에 따르면 직무에서의 성공과 관련된 특성들은 개인의 능력보다 성격과 관련이 있다고 한다.

공사에서는 인성검사를 통하여 각 개인이 어떠한 성격 특성이 발달되어 있고, 어떤 특성이 얼마나 부족한지, 그것이 해당 직무의 특성 및 조직문화와 얼마나 맞는지를 알아보고 이에 적합한 인재를 선발하고자 한다. 또한 개인에게 적합한 직무 배분과 부족한 부분을 교육을 통해 보완하도록 할 수 있다.

인성검사의 문항은 각 개인의 특성을 알아보고자 하는 것으로 절대적으로 옳거나 틀린 답이 없다. 결과를 지나치게 의식하여 솔직하게 응답하지 않으면 과장 반응으로 분류될 수 있다. 그러므로 각 문항에 대해 자신의 생각이나 행동을 있는 그대로 솔직하게 나타내는 것이 가장 바람직하다.

인성검사의 측정요소는 검사방법에 따라 차이가 있다. 일부 기관의 경우는 보안을 위해 인성검사를 의뢰한 기업과 문항에 대한 공개를 하지 않아서 인성검사의 유형을 정확히 파악하는 것이 어렵다.

본 책에서는 일상생활에 활용할 수 있도록 고안된 자기보고식 성격유형지표인 MBTI와 인간의 행동유형(성격)과 행동패턴을 파악하는데 유용한 DISC행동유형에 대한 간략한 소개를 실었다.

2 인성검사 대책

① 솔직하게 있는 그대로 표현한다 : 인성검사는 평범한 일상생활 내용들을 다룬 짧은 문장과 어떤 대상이나 일에 대한 선호를 선택하는 문장으로 구성되었으므로 평소에 자신이 생각한 바를 너무 골똘히 생각하지 말고 문제를 보는 순간 떠오른 것을 표현한다.

② 모든 문제를 신속하게 대답한다 : 인성검사는 시간제한이 없는 것이 원칙이지만 일정한 시간제한을 두고 있다. 인성검사는 개인의 성격과 자질을 알아보기 위한 검사이기 때문에 정답이 없다. 다만, 해당 공기업에서 바람직하게 생각하거나 기대되는 결과가 있을 뿐이다. 따라서 시간에 쫓겨서 대충 대답을 하는 것은 바람직하지 못하다.

③ **일관성 있게 대답한다**: 간혹 반복되는 문제들이 출제되기 때문에 일관성 있게 답하지 않으면 감점될 수 있으므로 유의한다. 실제로 공기업 인사부 직원의 인터뷰에 따르면 일관성이 없게 대답한 응시자들이 감점을 받아 탈락했다고 한다. 거짓된 응답을 하다보면 일관성 없는 결과가 나타날 수 있으므로 신속하고 솔직하게 체크하다 보면 일관성 있는 응답이 될 것이다.

④ **마지막까지 집중해서 검사에 임한다**: 장시간 진행되는 검사에 지칠 수 있으므로 마지막까지 집중해서 정확히 답할 수 있도록 해야 한다.

3 MBTI

① Test 1 Type E - I

ㄱ 나는 말하기를 좋아해 실수를 할 때가 종종 있다.
ㄴ 나는 말이 없어 주변 사람들이 답답해 할 때가 있다.

ㄱ 나는 새로운 사람을 만나도 어색하지 않다.
ㄴ 나는 모르는 사람을 만나는 일이 피곤하다.

ㄱ 나는 말하면서 생각하고 대화도중 결심할 때가 있다.
ㄴ 나는 의견을 말하기에 앞서 신중히 생각하는 편이다.

ㄱ 나는 팀으로 일하는 것이 편하다.
ㄴ 나는 혼자 혹은 소수와 일하는 것이 편하다.

ㄱ 나는 나의 견해를 사람들에게 표현하기를 좋아한다.
ㄴ 나는 대체로 나의 생각, 견해를 내 안에 간직하는 편이다.

ㄱ 말을 할 때 제스처가 큰 편이다.
ㄴ 말을 할 때 제스처를 사용하면 어색한 편이다.

ㄱ 오랜 시간 혼자 일하다 보면 외롭고 지루하다.
ㄴ 혼자 오랜 시간 일을 잘하는 편이다.

㉠ 일을 할 때 적막한 것보다는 어느 정도의 소리가 도움이 된다.

㉡ 나는 소음이 있는 곳에서 일을 할 때 일하기가 힘들다.

㉠ 말이 빠른 편이다.

㉡ 목소리가 작고 조용하게 천천히 말하는 편이다.

㉠ 나는 활동적인 편이다.

㉡ 나는 집에 있는 것이 좋다.

| ㉠이 많은 편 | E |
| ㉡이 많은 편 | I |

② Test 2 Type S - N

㉠ 나는 현실적이다.

㉡ 나는 미래 지향적이다.

㉠ 나는 경험으로 판단한다.

㉡ 나는 떠오르는 직관으로 판단한다.

㉠ 나는 사실적 묘사를 잘한다.

㉡ 나는 추상적 묘사를 잘한다.

㉠ 나는 구체적이다.

㉡ 나는 은유적이다.

㉠ 나는 상식적이다.

㉡ 나는 창의적이다.

㉠ 나는 갔던 길로 가는 것이 편하다.

㉡ 나는 새로운 길이 재미있다.

ⓐ 나는 했던 일이 편하다.

ⓑ 나는 새로운 일이 흥미 있다.

ⓐ 나는 약도를 구체적으로 잘 그린다.

ⓑ 나는 약도를 구체적으로 그리기 어렵다.

ⓐ 나는 내가 겪은 어떤 사건을 구체적으로 잘 이야기 할 수 있다.

ⓑ 나는 상상하는 것을 잘 묘사할 수 있다.

ⓐ 나는 실제로 경험 하는 것을 좋아한다.

ⓑ 나는 공상하는 것을 좋아한다.

ⓐ이 많은 편	S
ⓑ이 많은 편	N

③ Test 3 Type T - F

ⓐ 나는 분석적이다.

ⓑ 나는 감수성이 풍부하다.

ⓐ 나는 객관적이다.

ⓑ 나는 공감적이다.

ⓐ 나는 감정에 치우치지 않고 의사결정을 한다.

ⓑ 나는 상황을 잘 생각하며 의사결정을 한다.

ⓐ 나는 이성과 논리로 행동한다.

ⓑ 나는 가치관과 사람 중심으로 행동한다.

ⓐ 나는 능력있다는 소리를 듣기 좋아한다.

ⓑ 나는 따뜻하다는 소리를 듣기 좋아한다.

㉠ 나는 경쟁하는 것을 즐긴다.

㉡ 나는 양보하는 것이 기쁘다.

㉠ 나는 직선적인 말이 편하다.

㉡ 나는 배려하는 말이 편하다.

㉠ 나는 사건의 원인과 결과를 쉽게 파악한다.

㉡ 나는 사람의 기분을 쉽게 파악한다.

㉠ 사람들에게 차갑다는 이야기를 듣는 편이다.

㉡ 사람들에게 따뜻하다는 이야기를 듣는 편이다.

㉠ 할 말은 해야 속이 편하다.

㉡ 나는 좋게 생각하려고 넘어가는 편이다.

㉠이 많은 편	T
㉡이 많은 편	F

④ Test 4 Type J − P

㉠ 나는 결정에 대해서 잘 변경하지 않는 편이다.

㉡ 나는 결정에 대해서 융통성이 있는 편이다.

㉠ 나는 계획에 의해서 일을 처리하는 편이다.

㉡ 나는 마지막에 임박해서 일을 처리하는 편이다.

㉠ 나는 계획된 여행이 편하다.

㉡ 나는 즉흥적인 여행이 재미있다.

㉠ 나는 정리정돈을 자주 하는 편이다.

㉡ 나는 하루 날을 잡아서 정리를 하는 편이다.

ㄱ 나는 조직적인 분위기에서 일이 잘 된다.
ㄴ 나는 즐거운 분위기에서 일이 잘 된다.

ㄱ 나는 계획적이고 조직적인 편이다.
ㄴ 나는 순발력이 있는 편이다.

ㄱ 나는 규범을 좋아한다.
ㄴ 나는 자유로운 것이 좋다.

ㄱ 나는 일할 때 친해진다.
ㄴ 나는 놀면서 친해진다.

ㄱ 내 책상은 정리가 잘 되어 있다.
ㄴ 내 책상은 편하게 배치되어 있다.

ㄱ 쇼핑을 하러 갈 때 구매 목록을 적어가는 편이다.
ㄴ 쇼핑을 하러 갈 때 구매 목록 없이 그냥 가서 필요한 것을 구매한다.

ㄱ이 많은 편	J
ㄴ이 많은 편	P

에너지 방향 (Energy)	E – 외향 (Extraversion)	외부 세계의 사람이나 사물에 대하여 에너지를 사용한다.
	I – 내향 (Introversion)	내부 세계의 개념이나 아이디어에 에너지를 사용한다.
인식기능 (Information)	S – 감각 (Sensing)	오감을 통한 사실이나 사건을 더 잘 인식한다.
	N – 직관 (Intuition)	사실, 사건 이면의 의미나 관계, 가능성을 더 잘 인식한다.
판단기능 (Decision Making)	T – 사고 (Thinking)	사고를 통한 논리적 근거를 바탕으로 판단한다.
	F – 감정 (Feeling)	개인적, 사회적 가치를 바탕으로 한 감정을 근거로 판단한다.
생활양식 (Life Style)	J – 판단 (Judging)	외부 세계에 대하여 빨리 판단을 내리고 결정하려고 한다.
	P – 인식 (Perception)	정보 자체에 관심이 많고 새로운 변화에 적응적이다.

Myers와 Briggs가 고안한 도표로, 생각이 많은 내향성은 도표의 위쪽 두 줄에, 적극적이고 활동적인 외향성은 도표의 아래쪽 두 줄에, 감각형은 도표의 왼쪽 두 줄에, 직관형은 도표의 오른쪽 두 줄에 배치하였고, 분석적이고 논리적인 사고형은 도표의 왼편과 오른편에 배치하고, 관계지향적인 감정형은 도표의 중앙에 배치시켰다. 정리정돈을 잘하는 판단형은 도표의 아래위로 배치하고, 개방적이며 때로는 즉흥적인 인식형은 도표의 가운데로 모아놓았다.

ISTJ 세상의 소금형	ISFJ 임금 뒤편의 권력형	INFJ 예언자형	INTJ 과학자형
ISTP 백과사전형	ISFP 성인군자형	INFP 잔다르크형	INTP 아이디어뱅크형
ESTP 수완좋은 활동가형	ESFP 사교적인유형	ENFP 스파크형	ENTP 발명가형
ESTJ 사업가형	ESFJ 친선도모형	ENFJ 언변능숙형	ENTJ 지도자형

〉〉 ISTJ

신중하고 조용하며 집중력이 강하고 매사에 철저하다. 구체적, 체계적, 사실적, 논리적, 현실적인 성격을 띠고 있으며, 신뢰할 만한다. 만사를 체계적으로 조직화시키려고 하며 책임감이 강하다. 성취해야 한다고 생각하는 일이면 주위의 시선에 아랑곳하지 않고 꾸준하고 건실하게 추진해 나간다.

〉〉 ISFJ

조용하고 친근하고 책임감이 있으며 양심바르다. 맡은 일에 헌신적이며 어떤 계획의 추진이나 집단에 안정감을 준다. 매사에 철저하고 성실하고 정확하다. 기계분야에는 관심이 적다. 필요하면 세세한 면까지도 잘 처리해 나간다. 충실하고 동정심이 많고 타인의 감정에 민감하다.

〉〉 INFJ

인내심이 많고 독창적이며 필요하거나 원하는 일이라면 끝까지 이루려고 한다. 자기 일에 최선의 노력을 다한다. 타인에게 말없이 영향력을 미치며, 양심이 바르고 다른 사람에게 따뜻한 관심을 가지고 있다. 확고부동한 원리원칙을 중시한다. 공동선을 위해서는 확신에 찬 신념을 가지고 있기 때문에 존경을 받으며 사람들이 따른다.

〉〉 INTJ

대체로 독창적이며 자기 아이디어나 목표를 달성하는 데 강한 추진력을 가지고 있다. 관심을 끄는 일이라면 남의 도움이 있든 없든 이를 계획하고 추진해 나가는 능력이 뛰어나다. 회의적, 비판적, 독립적이고 확고부동하며 때로는 고집스러울 때도 많다. 타인의 감정을 고려하고 타인의 관점에도 귀를 기울이는 법을 배워야 한다.

〉〉 ISTP

차분한 방관자이다. 조용하고 과묵하며, 절제된 호기심을 가지고 인생을 관찰하고 분석한다. 때로는 예기치 않게 유머 감각을 나타내기도 한다. 대체로 인간관계에 관심이 없고, 기계가 어떻게 왜 작동하는지 흥미가 없다 논리적인 원칙에 따라 사실을 조직화하기를 좋아한다.

>> ISFP

말없이 다정하고 친절하고 민감하며 자기 능력을 뽐내지 않고 겸손하다. 의견의 충돌을 피하고 자기 견해나 가치를 타인에게 강요하지 않는다. 남 앞에 서서 주도해 나가기 보다 충실히 따르는 편이다. 일하는 데에도 여유가 있다. 왜냐하면 목표를 달성하기 위해 안달복달하지 않고 현재를 즐기기 때문이다.

>> INFP

마음이 따뜻하고 조용하며 자신이 관계하는 일이나 사람에 대하여 책임감이 강하고 성실하다. 이해심이 많고 관대하며 자신이 지향하는 이상에 대하여 정열적인 신념을 가졌으며, 남을 지배하거나 좋은 인상을 주고자하는 경향이 거의 없다. 완벽주의적 경향과, 노동의 대가를 넘어서 자신이 하는 일에 흥미를 찾고자하는 경향이 있으며, 인간이해와 인간복지에 기여할 수 있는 일을 좋아한다.

>> INTP

조용하고 과묵하다. 특히 이론적·과학적 추구를 즐기며, 논리와 분석으로 문제를 해결하기를 좋아한다. 주로 자기 아이디어에 관심이 많으나, 사람들의 모임이나 잡담에는 관심이 없다. 관심의 종류가 뚜렷하므로 자기의 지적 호기심을 활용할 수 있는 분야에서 능력을 발휘할 수 있다.

>> ESTP

현실적인 문제해결에 능하다. 근심이 없고 어떤 일이든 즐길 줄 안다. 기계 다루는 일이나 운동을 좋아하고 친구사귀기를 좋아한다. 적응력이 강하고 관용적이며, 보수적인 가치관을 가지고 있다. 긴 설명을 싫어한다. 기계의 분해 또는 조립과 같은 실제적인 일을 다루는데 능하다.

>> ESFP

사교적이고 태평스럽고 수용적이고 친절하며, 만사를 즐기는 형이기 때문에 다른 사람들로 하여금 일에 재미를 느끼게 한다. 운동을 좋아하고 주위에 벌어지는 일에 관심이 많아 끼어들기 좋아한다. 추상적인 이론보다는 구체적인 사실을 잘 기억하는 편이다. 건전한 상식이나 사물 뿐 아니라 사람들을 대상으로 구체적인 능력이 요구되는 분야에서 능력을 발휘할 수 있다.

>> ENFP

따뜻하고 정열적이고 활기에 넘치며 재능이 많고 상상력이 풍부하다. 관심이 있는 일이라면 어떤 일이든지 척척해낸다. 어려운 일이라도 해결을 잘하며 항상 남을 도와줄 태세를 가지고 있다. 자기 능력을 과시한 나머지 미리 준비하기보다 즉흥적으로 덤비는 경우가 많다. 자기가 원하는 일이라면 어떠한 이유라도 갖다 붙이며 부단히 새로운 것을 찾아 나선다.

>> ENTP

민첩하고 독창적이고 안목이 넓으며 다방면에 재능이 많다. 새로운 일을 시도하고 추진하려는 의욕이 넘치며, 새로운 문제나 복잡한 문제를 해결하는 능력이 뛰어나며 달변이다. 그러나 일상적이고 세부적인 면은 간과하기 쉽다. 한 일에 관심을 가져도 부단히 새로운 것을 찾아나간다. 자기가 원하는 일이면 논리적인 이유를 찾아내는데 능하다.

>> ESTJ

구체적이고 현실적이고 사실적이며, 기업 또는 기계에 재능을 타고난다. 실용성이 없는 일에는 관심이 없으며 필요할 때 응용할 줄 안다. 활동을 조직화하고 주도해 나가기를 좋아한다. 타인의 감정이나 관점에 귀를 기울일 줄 알면 훌륭한 행정가가 될 수 있다.

>> ESFJ

마음이 따뜻하고 이야기하기 좋아하고, 사람들에게 인기가 있고 양심 바르고 남을 돕는 데에 타고난 기질이 있으며 집단에서도 능동적인 구성원이다. 조화를 중시하고 인화를 이루는데 능하다. 항상 남에게 잘 해주며, 격려나 칭찬을 들을 때 가장 신바람을 낸다. 사람들에게 직접적이고 가시적인 영향을 줄 수 있는 일에 가장 관심이 많다.

>> ENFJ

주위에 민감하며 책임감이 강하다. 다른 사람들의 생각이나 의견을 중히 여기고, 다른 사람들의 감정에 맞추어 일을 처리하려고 한다. 편안하고 능란하게 계획을 내놓거나 집단을 이끌어 가는 능력이 있다. 사교성이 풍부하고 인기 있고 동정심이 많다. 남의 칭찬이나 비판에 지나치게 민감하게 반응한다.

〉〉ENTJ

열성이 많고 솔직하고 단호하고 통솔력이 있다. 대중 연설과 같이 추리와 지적담화가 요구되는 일이라면 어떤 것이든 능하다. 보통 정보에 밝고 지식에 대한 관심과 욕구가 많다. 때로는 실제의 자신보다 더 긍정적이거나 자신 있는 듯한 사람으로 비칠 때도 있다.

4 DISC 행동유형

일반적으로 사람들은 태어나서부터 성장하여 현재에 이르기까지 자기 나름대로의 독특한 동기요인에 의해 선택적으로 일정한 방식으로 행동을 취하게 된다. 그것은 하나의 경향성을 이루게 되어 자신이 일하고 있거나 생활하고 있는 환경에서 아주 편안한 상태로 자연스럽게 그러한 행동을 하게 된다. 우리는 그것을 행동 패턴(Behavior Pattern) 또는 행동 스타일(Behavior Style) 이라고 한다. 사람들이 이렇게 행동의 경향성을 보이는 것에 대해 1928년 미국 콜롬비아대학 심리학교수인 William Mouston Marston박사는 독자적인 행동유형모델을 만들어 설명하고 있다. Marston박사에 의하면 인간은 환경을 어떻게 인식하고 또한 그 환경 속에서 자기 개인의 힘을 어떻게 인식하느냐에 따라 4가지 형태로 행동을 하게 된다고 한다. 이러한 인식을 축으로 한 인간의 행동을 Marston박사는 각각 주도형, 사교형, 안정형, 신중형, 즉 DISC 행동유형으로 부르고 있다. DISC는 인간의 행동유형(성격)을 구성하는 핵심 4개 요소인 Dominance, Influence, Steadiness, Conscientiousness의 약자로 다음과 같은 특징을 보인다.

Dominance(주도형) 담즙질	Influence(사교형) 다혈질
D 결과를 성취하기 위해 장애를 극복함으로써 스스로 환경을 조성한다.	I 다른 사람을 설득하거나 영향을 미침으로써 스스로 환경을 조성한다.
빠르게 결과를 얻는다. 다른 사람의 행동을 유발시킨다. 도전을 받아들인다. 의사결정을 빠르게 내린다. 기존의 상태에 문제를 제기한다. 지도력을 발휘한다. 어려운 문제를 처리한다. 문제를 해결한다.	사람들과 접촉한다. 호의적인 인상을 준다. 말솜씨가 있다. 다른 사람을 동기 유발시킨다. 열정적이다. 사람들을 즐겁게 한다. 사람과 상황에 대해 낙관적이다. 그룹활동을 좋아한다.
Conscientiousness(신중형) 우울질	Steadiness(안정형) 점액질
C 업무의 품질과 정확성을 높이기 위해 기존의 환경 안에서 신중하게 일한다.	S 과업을 수행하기 위해서 다른 사람과 협력을 한다.
중요한 지시나 기준에 관심을 둔다. 세부사항에 신경을 쓴다. 분석적으로 사고하고 찬반, 장단점 등을 고려한다. 외교적 수완이 있다. 갈등에 대해 간접적 혹은 우회적으로 접근한다. 정확성을 점검한다. 업무수행에 대해 비평적으로 분석한다.	예측가능하고 일관성 있게 일을 수행한다. 참을성을 보인다. 전문적인 기술을 개발한다. 다른 사람을 돕고 지원한다. 충성심을 보인다. 남의 말을 잘 듣는다. 흥분한 사람을 진정시킨다. 안정되고, 조화로운 업무를 추구한다.

실전 인성검사

|1~150| 다음 제시된 문항에 대하여 당신이 해당하는 정도를 선택하시오.

	그렇다	보통	아니다

1. 조금이라도 나쁜 소식은 절망의 시작이라고 생각해버린다. ·······( )( )( )
2. 언제나 실패가 걱정이 되어 어쩔 줄 모른다. ·······( )( )( )
3. 다수결의 의견에 따르는 편이다. ·······( )( )( )
4. 혼자서 커피숍에 들어가는 것은 전혀 두려운 일이 아니다. ·······( )( )( )
5. 승부근성이 강하다. ·······( )( )( )
6. 자주 흥분해서 침착하지 못하다. ·······( )( )( )
7. 지금까지 살면서 타인에게 폐를 끼친 적이 없다. ·······( )( )( )
8. 소곤소곤 이야기하는 것을 보면 자기에 대해 험담하고 있는 것으로 생각된다. ·······( )( )( )
9. 무엇이든지 자기가 나쁘다고 생각하는 편이다. ·······( )( )( )
10. 자신을 변덕스러운 사람이라고 생각한다. ·······( )( )( )
11. 고독을 즐기는 편이다. ·······( )( )( )
12. 자존심이 강하다고 생각한다. ·······( )( )( )
13. 금방 흥분하는 성격이다. ·······( )( )( )
14. 거짓말을 한 적이 없다. ·······( )( )( )
15. 신경질적인 편이다. ·······( )( )( )
16. 끙끙대며 고민하는 타입이다. ·······( )( )( )
17. 감정적인 사람이라고 생각한다. ·······( )( )( )
18. 자신만의 신념을 가지고 있다. ·······( )( )( )
19. 다른 사람을 바보 같다고 생각한 적이 있다. ·······( )( )( )
20. 금방 말해버리는 편이다. ·······( )( )( )

21. 싫어하는 사람이 없다. ···( )( )( )

22. 대재앙이 오지 않을까 항상 걱정을 한다. ···( )( )( )

23. 쓸데없는 고생을 사서 하는 일이 많다. ···( )( )( )

24. 자주 생각이 바뀌는 편이다. ···( )( )( )

25. 문제점을 해결하기 위해 여러 사람과 상의한다. ·······························( )( )( )

26. 내 방식대로 일을 한다. ··( )( )( )

27. 영화를 보고 운 적이 많다. ···( )( )( )

28. 어떤 것에 대해서도 화낸 적이 없다. ···( )( )( )

29. 사소한 충고에도 걱정을 한다. ···( )( )( )

30. 자신은 도움이 안되는 사람이라고 생각한다. ····································( )( )( )

31. 금방 싫증을 내는 편이다. ···( )( )( )

32. 개성적인 사람이라고 생각한다. ···( )( )( )

33. 자기 주장이 강한 편이다. ···( )( )( )

34. 산만하다는 말을 들은 적이 있다. ··( )( )( )

35. 학교를 쉬고 싶다고 생각한 적이 한 번도 없다. ······························( )( )( )

36. 사람들과 관계맺는 것을 보면 잘하지 못한다. ··································( )( )( )

37. 사려깊은 편이다. ··( )( )( )

38. 몸을 움직이는 것을 좋아한다. ···( )( )( )

39. 끈기가 있는 편이다. ···( )( )( )

40. 신중한 편이라고 생각한다. ···( )( )( )

41. 인생의 목표는 큰 것이 좋다. ··( )( )( )

42. 어떤 일이라도 바로 시작하는 타입이다. ···( )( )( )

43. 낯가림을 하는 편이다. ··( )( )( )

44. 생각하고 나서 행동하는 편이다. ···( )( )( )

45. 쉬는 날은 밖으로 나가는 경우가 많다. ···( )( )( )

46. 시작한 일은 반드시 완성시킨다. ···( )( )( )

47. 면밀한 계획을 세운 여행을 좋아한다. ································( )( )( )

48. 야망이 있는 편이라고 생각한다. ································( )( )( )

49. 활동력이 있는 편이다. ································( )( )( )

50. 많은 사람들과 왁자지껄하게 식사하는 것을 좋아하지 않는다. ······( )( )( )

51. 돈을 허비한 적이 없다. ································( )( )( )

52. 운동회를 아주 좋아하고 기대했다. ································( )( )( )

53. 하나의 취미에 열중하는 타입이다. ································( )( )( )

54. 모임에서 회장에 어울린다고 생각한다. ································( )( )( )

55. 입신출세의 성공이야기를 좋아한다. ································( )( )( )

56. 어떠한 일도 의욕을 가지고 임하는 편이다. ·····················( )( )( )

57. 학급에서는 존재가 희미했다. ································( )( )( )

58. 항상 무언가를 생각하고 있다. ································( )( )( )

59. 스포츠는 보는 것보다 하는 게 좋다. ································( )( )( )

60. '참 잘했네요'라는 말을 듣는다. ································( )( )( )

61. 흐린 날은 반드시 우산을 가지고 간다. ································( )( )( )

62. 주연상을 받을 수 있는 배우를 좋아한다. ·······················( )( )( )

63. 공격하는 타입이라고 생각한다. ································( )( )( )

64. 리드를 받는 편이다. ································( )( )( )

65. 너무 신중해서 기회를 놓친 적이 있다. ································( )( )( )

66. 시원시원하게 움직이는 타입이다. ································( )( )( )

67. 야근을 해서라도 업무를 끝낸다. ································( )( )( )

68. 누군가를 방문할 때는 반드시 사전에 확인한다. ··················( )( )( )

69. 노력해도 결과가 따르지 않으면 의미가 없다. ·····················( )( )( )

70. 무조건 행동해야 한다. ································( )( )( )

71. 유행에 둔감하다고 생각한다. ································( )( )( )

72. 정해진 대로 움직이는 것은 시시하다. ································( )( )( )

73. 꿈을 계속 가지고 있고 싶다. ································( )( )( )

74. 질서보다 자유를 중요시하는 편이다. ……………………………………( )( )( )

75. 혼자서 취미에 몰두하는 것을 좋아한다. ………………………………( )( )( )

76. 직관적으로 판단하는 편이다. ……………………………………………( )( )( )

77. 영화나 드라마를 보면 등장인물의 감정에 이입된다. …………………( )( )( )

78. 시대의 흐름에 역행해서라도 자신을 관철하고 싶다. …………………( )( )( )

79. 다른 사람의 소문에 관심이 없다. ………………………………………( )( )( )

80. 창조적인 편이다. ……………………………………………………………( )( )( )

81. 비교적 눈물이 많은 편이다. ………………………………………………( )( )( )

82. 융통성이 있다고 생각한다. ………………………………………………( )( )( )

83. 친구의 휴대전화 번호를 잘 모른다. ……………………………………( )( )( )

84. 스스로 고안하는 것을 좋아한다. ………………………………………( )( )( )

85. 정이 두터운 사람으로 남고 싶다. ………………………………………( )( )( )

86. 조직의 일원으로 별로 안 어울린다. ……………………………………( )( )( )

87. 세상의 일에 별로 관심이 없다. …………………………………………( )( )( )

88. 변화를 추구하는 편이다. …………………………………………………( )( )( )

89. 업무는 인간관계로 선택한다. ……………………………………………( )( )( )

90. 환경이 변하는 것에 구애되지 않는다. …………………………………( )( )( )

91. 불안감이 강한 편이다. ……………………………………………………( )( )( )

92. 인생은 살 가치가 없다고 생각한다. ……………………………………( )( )( )

93. 의지가 약한 편이다. ………………………………………………………( )( )( )

94. 다른 사람이 하는 일에 별로 관심이 없다. ……………………………( )( )( )

95. 사람을 설득시키는 것은 어렵지 않다. …………………………………( )( )( )

96. 심심한 것을 못 참는다. ……………………………………………………( )( )( )

97. 다른 사람을 욕한 적이 한 번도 없다. …………………………………( )( )( )

98. 다른 사람에게 어떻게 보일지 신경을 쓴다. ……………………………( )( )( )

99. 금방 낙심하는 편이다. ……………………………………………………( )( )( )

100. 다른 사람에게 의존하는 경향이 있다. …………………………………( )( )( )

101. 그다지 융통성이 있는 편이 아니다. ·······················( )( )( )

102. 다른 사람이 내 의견에 간섭하는 것이 싫다. ·············( )( )( )

103. 낙천적인 편이다. ···( )( )( )

104. 숙제를 잊어버린 적이 한 번도 없다. ·····················( )( )( )

105. 밤길에는 발소리가 들리기만 해도 불안하다. ············( )( )( )

106. 상냥하다는 말을 들은 적이 있다. ·························( )( )( )

107. 자신은 유치한 사람이다. ·································( )( )( )

108. 잡담을 하는 것보다 책을 읽는 게 낫다. ··················( )( )( )

109. 나는 영업에 적합한 타입이라고 생각한다. ···············( )( )( )

110. 술자리에서 술을 마시지 않아도 흥을 돋울 수 있다. ·····( )( )( )

111. 한 번도 병원에 간 적이 없다. ·····························( )( )( )

112. 나쁜 일은 걱정이 되어서 어쩔 줄을 모른다. ············( )( )( )

113. 금세 무기력해지는 편이다. ·······························( )( )( )

114. 비교적 고분고분한 편이라고 생각한다. ··················( )( )( )

115. 독자적으로 행동하는 편이다. ·····························( )( )( )

116. 적극적으로 행동하는 편이다. ·····························( )( )( )

117. 금방 감격하는 편이다. ·····································( )( )( )

118. 어떤 것에 대해서는 불만을 가진 적이 없다. ············( )( )( )

119. 밤에 못 잘 때가 많다. ·····································( )( )( )

120. 자주 후회하는 편이다. ·····································( )( )( )

121. 뜨거워지기 쉽고 식기 쉽다. ·····························( )( )( )

122. 자신만의 세계를 가지고 있다. ···························( )( )( )

123. 많은 사람 앞에서도 긴장하는 일은 없다. ···············( )( )( )

124. 말하는 것을 아주 좋아한다. ·····························( )( )( )

125. 인생을 포기하는 마음을 가진 적이 한 번도 없다. ·······( )( )( )

126. 어두운 성격이다. ···( )( )( )

127. 금방 반성한다. ···( )( )( )

그렇다 보통 아니다

128. 활동범위가 넓은 편이다. ···( )( )( )

129. 자신을 끈기 있는 사람이라고 생각한다. ···············( )( )( )

130. 좋다고 생각하더라도 좀 더 검토하고 나서 실행한다. ···( )( )( )

131. 위대한 인물이 되고 싶다. ···( )( )( )

132. 한 번에 많은 일을 떠맡아도 힘들지 않다. ···············( )( )( )

133. 사람과 만날 약속은 부담스럽다. ·····························( )( )( )

134. 질문을 받으면 충분히 생각하고 나서 대답하는 편이다. ···( )( )( )

135. 머리를 쓰는 것보다 땀을 흘리는 일이 좋다. ···········( )( )( )

136. 결정한 것에는 철저히 구속받는다. ·····························( )( )( )

137. 외출 시 문을 잠갔는지 몇 번을 확인한다. ···············( )( )( )

138. 이왕 할 거라면 일등이 되고 싶다. ·····························( )( )( )

139. 과감하게 도전하는 타입이다. ·····························( )( )( )

140. 자신은 사교적이 아니라고 생각한다. ·····················( )( )( )

141. 무심코 도리에 대해서 말하고 싶어진다. ···············( )( )( )

142. '항상 건강하네요'라는 말을 듣는다. ·····················( )( )( )

143. 단념하면 끝이라고 생각한다. ·····························( )( )( )

144. 예상하지 못한 일은 하고 싶지 않다. ·····················( )( )( )

145. 파란만장하더라도 성공하는 인생을 걷고 싶다. ···········( )( )( )

146. 활기찬 편이라고 생각한다. ·····························( )( )( )

147. 소극적인 편이라고 생각한다. ·····························( )( )( )

148. 무심코 평론가가 되어 버린다. ·····························( )( )( )

149. 자신은 성급하다고 생각한다. ·····························( )( )( )

150. 꾸준히 노력하는 타입이라고 생각한다. ···············( )( )( )

PART

III

직무능력검사

1 다음은 업무 중 자주 작성하게 되는 '보고서'에 대한 작성요령을 설명한 글이다. 다음 작성요령을 참고하여 수정한 문구 중 적절하지 않은 것은 어느 것인가?

> ○ 간단명료하게 작성할 것.
> – 주로 쓰는 '~를 통해', '~하는 과정을 통해', '~에 관한', '~에 있어', '~지 여부', '~들', '~에 걸쳐' 등은 사족이 되는 경우가 많다.
> ○ 중복을 피한다.
> – 단어 중복, 구절 중복, 의미 중복, 겹말 피하기
> ○ 호응이 중요하다.
> – 주어와 서술어의 호응, 목적어와 서술어의 호응, 논리적 호응
> ○ 피동형으로 만들지 말 것.
> – 가급적 능동형으로 쓰기, 이중피동 피하기
> ○ 단어의 위치에 신경 쓸 것.
> – 수식어는 수식되는 말 가까이에, 주어와 서술어는 너무 멀지 않게, 의미파악이 쉽도록 위치 선정

① 시민들이 사고로 숨진 희생자들을 추모하기 위해 건물 앞 계단에 촛불을 늘어놓으며 애도를 표시하고 있다.
   → 사고로 숨진 희생자들을 추모하기 위해 시민들이 건물 앞 계단에 촛불을 늘어놓으며 애도를 표시하고 있다.
② 폭탄 테러를 막기 위해 건물 입구에 차량 진입 방지용 바리케이드를 이중 삼중으로 설치했다.
   → 폭탄 테러를 막기 위해 건물 입구에 차량 진입을 막기 위한 바리케이드를 이중 삼중으로 설치했다.
③ 투자자 보호에 관한 정책에 대해 신뢰하지 않는다.
   → 투자자를 보호하는 정책을 신뢰하지 않는다.
④ 인간에 의해 초래된 생태계의 인위적 변화
   → 인간이 초래한 생태계의 인위적 변화

2 다음 지문이 미세먼지 관련 공공기관의 대국민 안내문일 경우, 연결되어 설명될 내용으로 가장 적절한 것은?

> 미세먼지의 건강 유해성에 대한 경각심이 높아지고 있다. 미세먼지는 눈에 안 보이는 지름 $10\mu m$ 이하(머리카락 굵기의 최대 7~8분의 1)의 작은 먼지로, 황산염, 질산염 등과 같은 독성물질이 들어 있다. 국립환경과학원 자료에 따르면 만성질환자, 고령자, 어린이는 미세먼지 농도가 $30\mu g/$ m^3을 넘으면 기침, 안구 따가움, 피부 트러블 등의 증상이 나타난다. 미세먼지보다 입자가 작은 (지름 $2.5\mu m$ 이하) 초미세먼지는 인체에 더 잘 침투하고, 건강에도 더 해롭다. 2013년 기준 서울의 미세먼지 농도는 $45\mu g/m^3$, 초미세먼지는 $25\mu g/m^3$였다. 미세먼지는 인체 위해성이 있는 만큼, 미세먼지를 피하고 미세먼지의 발생을 줄이는 것이 절실하다.
>
> 미세먼지는 눈, 피부, 폐 등 호흡기에 직접적인 영향을 미친다. 미세 먼지가 안구에 붙으면 염증과 가려움증을 유발하고, 피부는 모공 속으로 들어가 모공을 확대하고 피부염을 일으킨다. 폐로 들어가면 폐포를 손상시키고 염증반응을 일으킨다. 이로 인해 기침이나 천식이 악화된다. 미세먼지는 혈관을 뚫고 들어가 심장이나 뇌도 망가뜨린다.
>
> 캐나다 토론토종합병원 심장내과 연구팀이 건강한 성인 25명을 선정, 고농도의 미세먼지(150 $\mu g/m^3$)를 주입한 밀폐 공간에 2시간 동안 머물게 한 뒤 심전도 검사를 한 결과, 심장박동이 불규칙해지는 것으로 나타났다. 세브란스 심장내과 연구팀이 쥐 110마리의 혈액 속에 고농도의 미세먼지($200\mu g/mL$)를 주입했더니 혈액 속 산화 스트레스 농도가 39% 증가했다. 이에 따라 세포 속에 칼슘이 과도하게 많아지는 등 칼슘 대사 장애가 발생, 부정맥(심장박동이 불규칙한 병)이 생겼다.
>
> 미세먼지는 뇌에도 영향을 미친다. 뇌는 미세먼지와 같은 유해물질이 침투하기 가장 어려운 곳으로 알려져 있다. 혈액이 뇌 조직으로 들어갈 때 유해물질을 걸러내는 장벽(혈액-뇌장벽·BBB)이 있기 때문이다. 하지만 미세먼지가 이 장벽을 뚫고 뇌로 직접 침투할 수 있다는 사실이 동물실험에서 밝혀졌다. 미세먼지가 뇌 속으로 들어가면 염증반응이 일어나고 혈전이 생겨 뇌졸중이 유발될 수 있다. 신경세포 손상으로 인지기능도 떨어진다. 미세먼지 농도가 높은 곳에 사는 사람일수록 뇌 인지기능 퇴화 속도가 빠르다는 연구도 있다.

① 미세먼지의 예방과 발생 시 행동요령
② 선진국의 미세먼지 대처 방법 소개
③ 최근 미세먼지 질환의 발병률과 사례
④ 국제사회의 공동 대응책 논의 현황

3 다음 글의 밑줄 친 ㉠~㉣의 어휘가 의미상 올바르게 대체되지 않은 것은 어느 것인가?

2019 문화체육관광부장관배 전국어울림마라톤대회가 오는 9월 29일 태화강 국가정원 ㉠<u>일원</u>에서 개최된다. 19일 울산시장애인체육회에 따르면, 울산시장애인체육회가 주최·주관하고 문화체육관광부 등에서 후원하는 이번 대회는 태화강 국가지정 기념사업 일환으로 울산에서 처음 개최되는 전국 어울림마라톤 대회다. 태화강 국가정원 일원에서 울산 최초로 10km 마라톤 코스 ㉡<u>인증</u>을 받아 실시된다.

10km 경쟁 마라톤과 5km 어울림부는 장애인과 비장애인이 함께 마라톤 코스를 달릴 예정이다. 참가비는 장애인은 무료이며, 비장애인은 종목별 10,000원이다. 참가자 전원에게는 기념셔츠와 메달, 간식이 제공된다.

울산시장애인체육회 사무처장은 "이번 대회가 장애인과 비장애인이 서로 이해하며 마음의 벽을 허무는 좋은 기회가 되고, ㉢<u>아울러</u> 산업도시 울산에 대한 이미지 제고에도 ㉣<u>기여</u>를 하게 될 것"이라며 기대감을 표했다.

① ㉠ 일대
② ㉡ 인거
③ ㉢ 더불어
④ ㉣ 이바지

4 다음 공공언어 바로 쓰기 규정을 참고할 때, 제시된 문장 중 규정에 맞게 사용된 것은 어느 것인가?

□ 단어 바로 쓰기
  1) 정확한 용어 선택
    ○ 정확한 개념을 표현한 용어
    ○ 이해하기 쉬운 용어
    ○ 혼동되거나 오해할 가능성이 적은 용어
    ○ 어문 규범에 맞는 용어
  2) 순화어 사용
    ○ 우리말 다듬기(국어 순화)의 의미 : 국민 정서에 맞지 않는 말, 지나치게
      어렵거나 생소한 말을 '쉽고 바르고 고운 말'로 다듬는 것
    ○ 국어 순화의 목적 : 국어의 소통 기능 향상, 국어 문화와 민족 문화 발전
    ○ 다듬은 말의 효용 : 쉽고 원활한 의사소통 도모, 경제적 손실 방지
  3) 어문 규범 준수
    ○ 표준어 사용 : 온 국민에게 통용될 수 있는 언어 사용
    ○ 표기 규범 준수 : 올바른 국어 표기를 위한 어문 규범 준수
    – 한글 맞춤법
    – 외래어 표기법
    – 국어의 로마자 표기법
□ 문장 바로 쓰기
  1) 간결하고 명료한 문장 사용
    가) 주어와 서술어의 호응
      ○ 주어와 서술어의 관계를 명확하게 표현함.
      ○ 능동과 피동 등 흔히 헷갈리기 쉬운 것에 유의
    나) 지나치게 긴 문장 삼가기
      ○ 여러 가지 정보는 여러 문장으로 나누어 작성함.
    다) 여러 뜻으로 해석되는 표현 삼가기
      ○ 하나의 뜻으로 해석되는 문장을 사용함.
    라) 명료한 수식어구 사용
      ○ 수식어구가 무엇을 수식하는지를 분명히 알 수 있는 표현을 사용함.
    마) 조사·어미 등 생략 시 어법 고려
      ○ 조사, 어미, '–하다' 등을 과도하게 생략하지 않음.
    바) 대등한 것끼리 접속
      ○ '–고/–며', '–와/–과' 등으로 접속되는 말에는 구조가 같은 표현을 사용함.

2) 외국어 번역 투 삼가기

　　우리말다운 문장이 가장 자연스러운 문장이며, 외국어 번역 투는 어순이나 문체 등이 자연스럽게 느껴지지 않을 수 있으므로 삼가야 함.

　가) 영어 번역 투 삼가기

　　○ 어색한 피동 표현(~에 의해 ~되다)

　　○ 스스로 움직이지 않는 사물이나 추상적 대상이 능동적 행위의 주어로 나오는 문장

　나) 일본어 번역 투 삼가기

　　○ ~에 있다 : '~이다'로 바꾸어 사용함.

　　○ ~에 있어서: '~에 대하여', '~에 관하여', '~에서' 등으로 바꾸어 사용함.

① 팀장은 직원들과 회사의 인사 정책에 대하여 자유토론을 실시하였다.

② 우리 동네 주변에는 아웃렛 매장이 두 군데나 있어 계절 옷을 사기가 정말 편하다.

③ 원래 그 동굴은 원주민들에 의해 발견된 것이 아니다.

④ 앞으로 치러질 선거에 있어서 금품 수수 행위가 적발되면 입후보 자격이 취소된다.

5 다음의 내용을 읽고 문맥상 괄호 안에 들어갈 말로 가장 적절한 것을 고르면?

'특정 종교의 행사'라는 이유로 전주역 광장에 기원 탑 설치를 불허했던 코레일 전북본부가 입장을 철회했다. 부처님 오신 날 봉축기간에 맞춰 기원 탑을 설치하려던 지역 불교계의 거센 반발에 부딪히자 긍정적 입장에서의 재검토를 약속한 것이다. 코레일 전북본부는 4월 18일 전라북도 부처님 오신 날 봉축위원회(이하 전북 봉축위)에 보낸 공문을 통해 '기원 탑 설치를 위한 전주역 광장 사용 요청에 관해 긍정적으로 승인을 재검토 하겠다'고 했다. 코레일 전북본부는 "전주역과 귀 위원회 간 '남북 평화통일 기원 탑' 설치와 관련 발생된 이견은 전주역과의 구두협의 과정에서 상호 이해가 부족했던 사항으로 판단된다"며 "다시 요청을 해주시면 긍정적으로 승인을 재검토 할 수 있다"고 전해왔다. 이어 "귀 위원회에서 추진 중인 '연등회' 행사는 국가무형문화재로서 전통문화와 민족정서를 계승하고 있다는 점에 공감하며 성공적으로 마칠 수 있기를 기원한다"고 전해왔다. 코레일 전북본부 관계자는 법보신문과의 통화에서 "전북 봉축위에서 보낸 공식 공문을 17일에야 접수했다. 전주역에서 코레일 전북본부 쪽으로 온 문의는 시설물 설치 안전에 관한 문의였고 '연등회' 행사라는 이야기도 없었다. 안전 등을 생각해 전주역에서 판단할 사항으로 결정했다"며 "공문 접수 후 전주역 광장 사용 허가를 긍정적으로 검토해 전북 봉축위에 전달했으나 현재 시일이 촉박하여 이미 다른 장소에 기원 탑을 설치하고 있는 만큼 안전에 문제가 없는 상황에서 내년부터는 전주역 광장을 사용하는 것으로 일단락 지었다"고 말했다. 이와 관련 전북 봉축위 이원일 사무국장은 "행사 일정상 올해에는 전주역에 기원 탑을 설치하는 것이 힘들어 내년부터 전주역 광장을 사용하도록 할 계획"이라며 "하지만 연등회 행사를 특정종교 행사로 인식하고 있는 관계기관의 인식을 바로잡고 잘못된 전례를 남기지 않기 위해서 코레일 전북본부의 명확한 답변을 받아냈다"고 말했다. 전북 불교연합대책위 등 지역불교 단체들은 코레일 전북본부의 ( )을/를 긍정적으로 평가하며 "이러한 사태에 엄중히 대응함으로써 후대에 오점을 남기는 일이 없도록 해야 한다"며 "이번 일을 계기로 연등회 준비를 더 빠르게 계획하고 추진해 더욱 내실 있는 행사로 발전시켜 나가겠다"고 입을 모았다.

① 면담(面談)

② 발송(發送)

③ 발전(發展)

④ 회신(回信)

6 다음 중 필자의 생각과 거리가 먼 것은?

> 감염성 질병이란 단지 감염을 초래하는 미생물이 환경에 존재한다고 발생하는 것이 아니다. 질병은 미생물의 활동과 인간 활동 간의 상호작용으로 초래된다. 병원균에 의한 대부분의 감염현상은 감염되는 개체의 밀도와 수에 의존한다. 문명의 발달로 인구밀도가 높아짐에 따라 이전에는 인간에게 거의 영향을 줄 수 없었던 병원균들이 인간사회의 주변에 생존하면서 질병을 일으키게 되었다. 인간 활동이 질병을 초래하는 매체들의 서식지 등에 영향을 주면서 이러한 현상이 발생하였다. 말라리아와 같은 질병은 인간이 정주생활과 농경을 위해 대규모로 토지를 개간함으로써 흐르지 않는 물이 늘어나 모기 등의 서식지를 확대시켰기 때문에 발생하였다.
>
> 인간의 정주생활은 특정 병원매체와 인간의 계속적인 접촉을 가능하게 하였다. 회충, 촌충과 같은 기생충은 일정기간을 인간의 신체 밖에서 성장하는데 인간이 정주생활을 함에 따라 병원체의 순환이 가능해졌다. 현대의 많은 질병은 인간이 식용 목적으로 동물을 사육함에 따라 동물의 질병이 인간에게 전파된 것들이다. 예를 들어 홍역은 개와 소에서, 독감은 돼지, 닭, 오리에서, 감기는 말에서 인간에게 전염되었다. 식생활의 변화, 위생관리상태 등도 영향을 주었는데 특히 무역과 교류의 확대는 질병을 확산시켰다. 예를 들어, 홍역, 천연두, 결핵, 페스트, 유행성 이하선염, 발진 티푸스 등은 콜럼버스나 이후의 탐험가들에 의해 유럽에서 신대륙으로 옮겨졌다.

① 인간의 정주생활은 특정 병원매체와 인간의 간헐적인 접촉을 가능하게 하였다.
② 이전에는 거의 영향을 줄 수 없었던 병원균들이 문명의 발달로 인간에게 질병을 일으키게 되었다.
③ 말라리아의 발생은 인간의 정주생활과 밀접한 관계가 있다.
④ 현대의 많은 질병은 인간이 동물을 사육함에 따라 동물의 질병이 인간에게 전파된 것들이다.

7 다음 글을 통해 추론할 수 있는 것으로 가장 적절한 것은?

> 많은 이들이 우리 사회 민주주의의 문제점들을 관계와 소통의 회복을 통해 극복하고자 노력하고 있다. 이들은 네트워크 시대가 만들어낸 시민들의 개인화·개별화 경향에 우려를 표하고 있다. 네트워크 시대의 개인은 복합적 네트워킹을 통해 다양하고 폭넓은 관계를 맺고 살고 있지만, 개인들 간의 유대감은 낮기 때문에 그 관계는 지속적이기보다는 매우 유동적이고, 관계를 맺고 있는 개인들 간에 합의되어 나오는 행동들도 매우 일시적인 경향을 띤다. 즉, 온라인 공론장은 개별 주체들의 모임으로서 그 개별화된 개인들의 선택에 의해 매우 유동적으로 움직이게 된다.
>
> 예를 들어, 같은 사이트들이라도 이슈에 따라 공론장이 형성될 수도 형성되지 않을 수도 있으며, 이 공론장 형성 여부는 멤버들의 개인적·사적 이해관계에 따라 결정되는 경우가 많다. 나와 내 자녀들이 먹을 먹거리이기 때문에 쇠고기 수입에는 지대한 관심을 가지던 사람들은 나와는 아무런 관련이 없어 보이는 계약직 근로자의 부당한 대우에는 관심을 가질 필요가 없기 때문에 대화의 장을 마련할 이유를 찾지 못한다. 즉, 온라인 공론장은 때로는 시민사회를 포획하려는 지배 권력과 정치적 세력 또는 사적 영역에 대한 대안적 채널로서 역할을 하지만 또 다른 경우에는 공공영역으로서의 역할을 전혀 하지 못하는 모습을 보일 수 있다는 것이다. 이러한 점에서 분절적이고 분산된 네트워크를 보다 유기적으로 조직화하여 공공영역으로서의 지속성을 가질 수 있도록 하는 시도들이 필요하다.

① 네트워크를 구성하는 개인들은 결속력이 매우 강한 모습을 보인다.
② 온라인상에서는 정보의 진위 여부를 떠나 집단 감성이 발현되기 어렵다.
③ 유대감 없이는 인터넷 공간의 자율성이나 공개성이 신뢰 받기 어렵다.
④ 지속성이 없으면 온라인 공간의 개인은 자신의 의견을 제대로 표출하지 못한다.

8 다음 ㉠~㉣을 고쳐 쓰기 위한 방안으로 적절하지 않은 것은?

> 매년 장마철이면 한강에서 ㉠수만 마리의 물고기가 떼죽음을 당합니다. 공장폐수와 생활하수를 흘려보내는 시민들의 탓만은 아닙니다. ㉡그래서 자연은 더 이상 인간의 무분별한 파괴를 너그럽게 ㉢묵인해주지 않습니다. ㉣또한 장마로 인한 호우 피해의 복구 또한 제대로 이뤄지지 않고 있습니다. 우리 모두가 사태의 심각성을 깨닫고, 자연과 조화하는 삶의 태도를 지녀야 하는 것입니다.

① ㉠의 '마리'는 수를 세는 단위이므로 붙여 써야겠어.
② ㉡은 접속어의 사용이 잘못되어 문장의 연결이 어색해. '하지만'으로 고치는 게 좋겠어.
③ ㉢은 '모르는 체하고 하려는 대로 내버려 둠으로써 슬며시 인정함'이라는 뜻으로 단어의 사용이 잘못되었어.
④ ㉣은 글의 통일성을 저해하니 삭제해야겠어.

9 다음 대화 중 주체 높임 표현이 쓰이지 않은 것은?

> 경미 : 원장 선생님께서는 어디 가셨나요?
> ㉠ 서윤 : 독감 때문에 병원에 가신다고 아까 나가셨어요.
> ㉡ 경미 : 맞다. 며칠 전부터 편찮으시다고 하셨지.
> ㉢ 서윤 : 연세가 많으셔서 더 힘드신가 봐요.
> ㉣ 경미 : 요즘은 약이 좋아져서 독감도 쉽게 낫는다고 하니 다행이지요.

① ㉠   ② ㉡
③ ㉢   ④ ㉣

10 다음 제시된 문장 (가)~(라)를 문맥에 맞는 순서로 올바르게 배열한 것은?

> (가) 과학과 기술의 발전으로 우리는 적어도 기아와 질병 등의 문제로부터 어느 정도 탈출했다.
>
> (나) 새롭게 다가올 것으로 예상되는 재앙으로부터 우리를 보호해 줄 과학 기술은 아직 존재하지 않는 것이다.
>
> (다) 많은 기후학자들은 이상 기상현상이 유례없이 빈번하게 발생하는 원인을 지구온난화 현상에서 찾고 있다.
>
> (라) 그러나 과학과 기술의 발전으로 이룬 산업발전은 지구온난화라는 부작용을 만들어냈다.

① (라) - (가) - (다) - (나)

② (나) - (라) - (다) - (가)

③ (가) - (다) - (라) - (나)

④ (가) - (라) - (다) - (나)

▌11~12 ▌ 다음은 어느 회사 홈페이지에서 안내하고 있는 사회보장의 정의에 대한 내용이다. 물음에 답하시오.

> • '사회보장'이라는 용어는 유럽에서 실시하고 있던 사회보험의 '사회'와 미국의 대공황 시기에 등장한 긴급경제보장위원회의 '보장'이란 용어가 합쳐져서 탄생한 것으로 알려져 있다. 1935년에 미국이 「사회보장법」을 제정하면서 법률명으로서 처음으로 사용되었고, 이후 사회보장이라는 용어는 전 세계적으로 ㉠통용되기 시작하였다.
>
> • 제2차 세계대전 후 국제노동기구(ILO)의 「사회보장의 길」과 영국의 베버리지가 작성한 보고서 「사회보험과 관련 서비스」 및 프랑스의 라로크가 ㉡책정한 「사회보장계획」의 영향으로 각국에서 구체적인 사회정책으로 제도화되기 시작하였다.
>
> • 우리나라는 1962년 제5차 개정헌법 제30조 제2항에서 처음으로 '국가는 사회보장의 증진에 노력하여야 한다'고 규정하여 국가적 의무로서 '사회보장'을 천명하였고, 이에 따라 1963년 11월 5일 법률 제1437호로 전문 7개조의 「사회보장에 관한 법률」을 제정하였다.
>
> • '사회보장'이라는 용어가 처음으로 사용된 시기에 대해서는 대체적으로 의견이 일치하고 있으며 해당 용어가 전 세계적으로 ㉢파급되어 사용하고 있음에도 불구하고, '사회보장'의 개념에 대해서는 개인적, 국가적, 시대적, 학문적 관점에 따라 매우 다양하게 인식되고 있다.
>
> • 국제노동기구는 「사회보장의 길」에서 '사회보장'은 사회구성원들에게 발생하는 일정한 위험에 대해서 사회가 적절하게 부여하는 보장이라고 정의하면서, 그 구성요소로 전제 국민을 대상으로 해야 하고, 최저생활이 보장되어야 하며 모든 위험과 사고가 보호되어야 할뿐만 아니라 공공의 기관을 통해서 보호나 보장이 이루어져야 한다고 하였다.

• 우리나라는 사회보장기본법 제3조 제1호에 의하여 "사회보장"이란 출산, ㉣양육, 실업, 노령, 장애, 질병, 빈곤 및 사망 등의 사회적 위험으로부터 모든 국민을 보호하고 국민 삶의 질을 향상 시키는데 필요한 소득·서비스를 보장하는 사회보험, 공공부조, 사회서비스를 말한다'라고 정의하고 있다.

11 사회보장에 대해 잘못 이해하고 있는 사람은?

① 영은 : '사회보장'이라는 용어가 법률명으로 처음 사용된 것은 1935년 미국에서였대.

② 원일 : 각국에서 사회보장을 구체적인 사회정책으로 제도화하기 시작한 것은 제2차 세계대전 이후구나.

③ 지민 : 사회보장의 개념은 어떤 관점에서 보느냐에 따라 매우 다양하게 인식될 수 있겠군.

④ 정현 : 국제노동기구의 입장에 따르면 개인에 대한 개인의 보호나 보장 또한 사회보장으로 볼 수 있어.

12 밑줄 친 단어가 한자로 바르게 표기된 것은?

① ㉠ 통용 – 通容

② ㉡ 책정 – 策正

③ ㉢ 파급 – 波及

④ ㉣ 양육 – 羊肉

13 다음은 ○○은행이 자사 홈페이지에 게시한 입찰 관련 안내문의 일부이다. 다음 입찰 안내문을 보고 알 수 있는 내용으로 적절하지 않은 것은?

가. 용역명 : 「○○은행 을지로 제13지구 도시환경정비사업 건축설계 및 인허가」 용역

나. 용역목적

　(1) 건축물 노후화에 따른 업무 환경개선과 시설 기능 개선 및 향상을 도모하고 미래 환경에 대한 최적의 지원 환경 구축과 효율적인 보유 자산 활용을 위해 을지로 제13지구 기존 건축물을 재건축하고자 함.

　(2) 을지로 제13지구 도시환경정비사업 건축설계 및 인허가 용역은 건축, 정비계획, 지하철 출입구, 관리처분 계획 등을 위한 설계에 대한 축적된 지식과 노하우를 보유한 최적의 설계회사를 선정하는데 목적이 있음.

다. 용역내용

구분		설계개요	
발주자		○○은행	
토지 등 소유자		○○은행, ㈜○○홀딩스	
위치		서울특별시 중구 을지로 xxx	
설계 규모	기간	건축물사용승인 완료 후 1개월까지(계약일로부터 약 67개월)	
	추정 공사비	약 430억 원(VAT포함) ※ 건축공사비 408억 원, 지하철연결 22억 원(변동가능)	
	사업 시행면적	2,169.7㎡(656평) ※ 당행(1,494.2㎡) + ㈜○○홀딩스(191.1㎡) + 기부채납(공원)부지(207.4㎡) + 서쪽 보행자도로 조성(271.9㎡) + 도로 xxx번지 일부 5.1㎡ 편입	
	대지면적	1,685.3㎡(509.8평) ※ 당행(1,494.2㎡ : 452평), ㈜○○홀딩스(191.1㎡ : 57.8평)	
	연면적	21,165㎡(6,402평) 내외	
	건물규모	지하 5층, 지상 18층 내외	
	주요시설	업무시설 및 부대시설	
	설계내용	설계	건축 계획 · 기본 · 실시설계, 지하철출입구 · 공공보행통로 설계 등 정비사업 시행에 필요한 설계
		인허가	건축허가, 정비계획 변경, 도시계획시설(철도) 변경, 실시계획인가, 사업시행인가, 관리처분계획인가 등 정비사업 시행에 필요한 인허가
		기타	서울교통공사 업무협약, 시후설계 관리업무, 설계 및 인허가를 위한 발주자 또는 인허가청 요청업무 등

① 건축 및 사업 시행에 필요한 인가, 허가 사항은 모두 낙찰업체의 이행 과제이다.

② 지상, 지하 총 23층 내외의 건축물 설계에 관한 입찰이며, 업무시설 이외의 시설도 포함된다.

③ 응찰 업체는 추정가격 430억 원을 기준으로 가장 근접한 합리적인 가격을 제시하여야 한다.

④ 입찰의 가장 근본적인 목적은 해당 건축물의 노후화에 있다.

14 다음은 ㈜한국에너지에 근무하는 甲이 작성한 에너지 사용량에 대한 보고서의 일부이다. 주어진 내용을 참고할 때, 이 보고서에 포함된 내용이라고 보기 어려운 것은 무엇인가?

> 에너지의 사용량을 결정하는 매우 중요한 핵심인자는 함께 거주하는 가구원의 수이다. 다음의 표에서 가구원수가 많아질수록 연료비 지출액 역시 함께 증가하는 것을 확인할 수 있다.
>
> ☐ 가구원수에 따른 연료비
>
> | 가구원수 | 비율 | 가구소득(천 원, %) | 연료비(원, %) | 연료비 비율 |
> |---|---|---|---|---|
> | 1명 | 17.0% | 1,466,381(100.0) | 59,360(100.0) | 8.18% |
> | 2명 | 26.8% | 2,645,290(180.4) | 96,433(162.5) | 6.67% |
> | 3명 | 23.4% | 3,877,247(264.4) | 117,963(198.7) | 4.36% |
> | 4명 | 25.3% | 4,470,861(304.9) | 129,287(217.8) | 3.73% |
> | 5명 이상 | 7.5% | 4,677,671(319.0) | 148,456(250.1) | 4.01% |
>
> 하지만 가구원수와 연료비는 비례하여 증가하는 것은 아니며, 특히 1인 가구의 지출액은 3인이나 4인 가구의 절반 수준, 2인 가구와 비교하여서도 61.5% 수준에 그친다. 연료비 지출액이 1인 가구에서 상대적으로 큰 폭으로 떨어지는 이유는 1인 가구의 가구유형에서 찾을 수 있다. 1인 가구의 40.8%가 노인가구이며, 노인가구의 낮은 소득수준이 연료비 지출을 더욱 압박하는 효과를 가져왔을 것이다. 하지만 1인 가구의 연료비 감소폭에 비해 가구소득의 감소폭이 훨씬 크며, 그 결과 1인 가구의 연료비 비율 역시 3인 이상인 가구들에 비해 두 배 가까이 높게 나타난다. 한편, 2인 가구 역시 노인가구의 비율이 21.7%로, 3인 이상 가구 6.8%에 비해 3배 이상 높게 나타난다.

① 가구 소득분위별 연료비 지출 현황

② 가구의 유형별 연료비 지출 현황

③ 가구주 연령대별 연료비 지출 내역

④ 과거 일정 기간 동안의 연료비 증감 내역

15 △△연금 신입사원 A가 작성한 홍보대사 모집 공고문 초안을 검토한 B 팀장은 다음 내용을 보고 몇 가지 누락된 사항이 있음을 지적하였다. 다음 중 B 팀장이 누락된 사항으로 지적한 항목으로 보기 어려운 것은?

제9기 △△연금 대학생 홍보대사 모집

○ 지원자격 : 국내 대학 재학생(휴학생 포함)
 - 타 기업(기관) 홍보대사 지원 불가
 - 2차 면접전형 시 재학증명서 제출 필수
○ 지원방법
 - △△연금 홈페이지(www.nps.co.kr)에서 지원서를 다운로드하여 작성 후 이메일 (npcb0000@nps.co.kr)로 제출
 - 접수마감일(1월 22일) 18:00 도착 분까지 유효
○ 모집 및 활동 일정
 - 지원기간 : 2019년 1월 16일(수)~1월 22일(화)
 - 1차 합격자 발표 : 2019년 2월 1일(금), 오후 3시(15시) 홈페이지 게시
 - 2차 면접전형일정 : 2019년 2월 7일(목)~8일(금) 중, 면접 기간 개별 안내
 - 최종 합격자 발표 : 2019년 2월 11일(월), 오후 3시(15시) 홈페이지 게시
 - 발대식(오리엔테이션) : 2019년 2월 20일(수)~21일(목), 1박 2일
 - 활동기간 : 2019년 3월~8월(약 6개월)
 - 정기회의 : 매월 마지막 또는 첫 주 금요일 오후 1시
 ※ 상기 일정은 내부 사정에 따라 변동될 수 있습니다.

---

① 선발인원
② 문의처
③ 활동비 지급 내역
④ 활동에 따른 혜택 및 우대사항

16 다음은 「보안업무규칙」의 일부이다. A연구원이 이 내용을 보고 알 수 있는 사항이 아닌 것은?

제3장 인원보안

제7조 인원보안에 관한 업무는 인사업무 담당부서에서 관장한다.

제8조

① 비밀취급인가 대상자는 별표 2에 해당하는 자로서 업무상 비밀을 항상 취급하는 자로 한다.

② 원장, 부원장, 보안담당관, 일반보안담당관, 정보통신보안담당관, 시설보안담당관, 보안심사위원회 위원, 분임보안담당관과 문서취급부서에서 비밀문서 취급담당자로 임용되는 자는 Ⅱ급 비밀의 취급권이 인가된 것으로 보며, 비밀취급이 불필요한 직위로 임용되는 때에는 해제된 것으로 본다.

제9조 각 부서장은 소속 직원 중 비밀취급인가가 필요하다고 인정되는 때에는 별지 제1호 서식에 의하여 보안담당관에게 제청하여야 한다.

제10조 보안담당관은 비밀취급인가대장을 작성·비치하고 인가 및 해제사유를 기록·유지한다.

제11조 다음 각 호의 어느 하나에 해당하는 자에 대하여는 비밀취급을 인가해서는 안 된다.

1. 국가안전보장, 연구원 활동 등에 유해로운 정보가 있음이 확인된 자
2. 3개월 이내 퇴직예정자
3. 기타 보안 사고를 일으킬 우려가 있는 자

제12조

① 비밀취급을 인가받은 자에게 규정한 사유가 발생한 경우에는 그 비밀취급인가를 해제하고 해제된 자의 비밀취급인가증은 그 소속 보안담당관이 회수하여 비밀취급인가권자에게 반납하여야 한다.

---

① 비밀취급인가 대상자에 관한 내용
② 취급인가 사항에 해당되는 비밀의 분류와 내용
③ 비밀취급인가의 절차
④ 비밀취급인가의 제한 조건 해당 사항

17 다음은 '에너지 절약과 조직 문화'와 관련하여 어느 건설회사 직원들이 나눈 대화이다. 대화의 흐름상 S씨가 했을 말로 가장 적절한 것은?

> 다양한 기술을 활용해 외부로부터 에너지 공급을 받지 않는 건물을 '순 제로 에너지 빌딩 (NZEB)'이라 한다. 이 건물은 단순한 재생에너지 사용에서 나아가 냉난방, 조명, 교통에 필요한 에너지 등의 소비를 획기적으로 줄여 빌딩의 유지비용을 줄일 뿐만 아니라, 내부 환경의 변화를 통해 새로운 기업 문화를 만드는 데도 영향을 미치고 있다.
>
> K씨 : 사무실 건물 내의 칸막이를 모두 제거하는 것도 효과적일 것 같아. 천장으로부터 들어오는 빛이 실내에 잘 전달되고 공기 흐름도 좋아져서 에너지를 효율적으로 사용할 수 있을 거야.
>
> J씨 : 그거 괜찮네. 그렇게 하면 조직 문화의 관점에서도 많은 이득이 있을 거라고 생각해.
>
> S씨 : 맞아, (   )
>
> P씨 : 그러네. 그러고 보면 칸막이 같은 사무실의 사소한 요소도 다방면으로 회사에 많은 영향을 미칠 수 있을 것 같아.

① 사무실이 밝아져 업무 효율성이 증가할 수 있어.

② 에너지의 효율적인 사용으로 비용절감이 가능해질 거야.

③ 칸막이가 없으니 소음 차단이 제대로 되지 못해 업무에 집중하기가 어렵겠지.

④ 각 조직 간의 물리적 장벽을 없애 소통과 협업이 잘 이루어지게 할 수 있을 것 같아.

18 다음에 해당하는 언어의 기능은?

> 이 기능은 우리가 세계를 이해하는 정도에 비례하여 수행된다. 그러면 세계를 이해한다는 것은 무엇인가? 그것은 이 세상에 존재하는 사물에 대하여 이름을 부여함으로써 발생하는 것이다. 여기 한 그루의 나무가 있다고 하자. 그런데 그것을 나무라는 이름으로 부르지 않는 한 그것은 나무로서의 행세를 못한다. 인류의 지식이라는 것은 인류가 깨달아 알게 되는 모든 대상에 대하여 이름을 붙이는 작업에서 형성되는 것이라고 말해도 좋다. 어떤 사물이건 거기에 이름이 붙으면 그 사물의 개념이 형성된다. 다시 말하면, 그 사물의 의미가 확정된다. 그러므로 우리가 쓰고 있는 언어는 모두가 사물을 대상화하여 그것에 의미를 부여하는 이름이라고 할 수 있다.

① 정보적 기능

③ 명령적 기능

② 친교적 기능

④ 관어적 기능

19 다음에 제시된 글의 목적에 대해 바르게 나타낸 것은?

제목 : 사내 신문의 발행

1. 우리 회사 직원들의 원만한 커뮤니케이션과 대외 이미지를 재고하기 위하여 사내 신문을 발간하고자 합니다.

2. 사내 신문은 홍보지와 달리 새로운 정보와 소식지로써의 역할이 기대되오니 아래의 사항을 검토하시고 재가해주시기 바랍니다.

-아래-

㉠ 제호 : We 서원인
㉡ 판형 : 140 × 210mm
㉢ 페이지 : 20쪽
㉣ 출간 예정일 : 2015. 1. 1

별첨 견적서 1부

① 회사에서 정부를 상대로 사업을 진행하려고 작성한 문서이다.
② 회사의 업무에 대한 협조를 구하기 위하여 작성한 문서이다.
③ 회사의 업무에 대한 현황이나 진행상황 등을 보고하고자 하는 문서이다.
④ 회사 상품의 특성을 소비자에게 설명하기 위하여 작성한 문서이다.

20 다음 글에서 가장 중요한 요점은 무엇인가?

부패방지위원회

수신자 : 수신자 참조
(경유)
제목 : 2015년 부패방지평가 보고대회 개최 알림

1. 귀 기관의 무궁한 발전을 기원합니다.
2. 지난 3년간의 부패방지 성과를 돌아보고 국가청렴도 향상을 위한 정책방안을 정립하기 위하여 2015년 부패방지평가 보고대회를 붙임(1)과 같이 개최하고자 합니다.
3. 동 보고대회의 원활한 진행을 위하여 붙임(2)의 협조사항을 2015년 1월 20일까지 행사준비팀 (전화 : 02-000-0000, 팩스 : 02-000-0001, E-mail : 0000@0000.co.kr)로 알려주시기 바랍니다.

※ 초정장은 추후 별도 송부 예정임

붙임(1) : 2015년 부패방지평가 보고대회 기본계획 1부
　　(2) : 행사준비관련 협조사항 1부. 끝.

부패방지위원회 회장
○ ○ ○

수신자　　부패방지공관　　부패방지시민모임　　기업홍보부　　정의실천모임

---

① 수신자의 기관에 무궁한 발전을 위하여
② 초청장의 발행 여부 확인을 위하여
③ 보고대회가 개최됨을 알리기 위하여
④ 기업홍보를 위한 스폰서를 모집하기 위하여

21 다음 글을 읽고 잘못된 부분을 바르게 설명한 것은?

> 기획사 편집부에 근무하는 박 대리는 중요 출판사로부터 출간기획서를 요청받았다. 그 출판사 대표는 박 대리가 근무하는 회사와 오랫동안 좋은 관계를 유지하며 큰 수익을 담당하던 사람이었다. 박 대리는 심혈을 기울인 끝에 출간기획서를 완성하였고 개인적인 안부와 함께 제안서 초안을 이메일로 송부하였다.
>
> 한편 그 대표의 비서는 여러 군데 기획사에 맡긴 출간기획서를 모두 취합하여 간부회의에 돌려볼 수 있도록 모두 출력하였다. 그러나 박 대리가 보낸 이메일 내용이 간부회의 때 큰 파장을 일으켰다. 이메일에는 이전 룸살롱 접대자리가 만족스러웠는지를 묻고 다음에는 더 좋은 곳으로 모시겠다는 지극히 개인적인 내용이 들어 있었던 것이었다.
>
> 며칠 후 박 대리는 그 대표로부터 제안서 탈락과 동시에 거래처 취소 통보를 받았다. 박 대리는 밀접한 인간관계를 믿고 이메일을 보냈다가 공과 사를 구분하지 못한다는 대표의 불만과 함께 거래처 개인적인 만남이고 모든 관계가 끝이 나 버리게 되었다.

① 이메일을 송부했다는 연락을 하지 못한 것이 실수이다.
② 출간기획서 초안을 보낸 것이 실수이다.
③ 공과 사를 엄격하게 구분하지 못한 것이 실수이다.
④ 대표의 요구사항을 반영하지 못한 기획서를 보낸 것이 실수이다.

22 다음 글을 통하여 추리할 때, 이 글 앞에 나왔을 내용으로 적합한 것은?

> 하지만 20~40대가 목 디스크의 발병률이 급증해 전체적인 증가세를 이끌었다. 'PC나 스마트폰, 태블릿 PC 등을 오래 사용하는 사무직 종사자나 젊은 층에서 발병률이 높다.'고 분석했다.

① 목 디스크의 예방법
② 50대 이상 목 디스크 환자의 감소
③ 목 디스크에 걸리기 쉬운 20~40대의 문제점
④ 스마트폰의 사용과 목 디스크의 연관성

23 다음의 글을 읽고 박 대리가 저지른 실수를 바르게 이해한 것은?

> 직장인 박 대리는 매주 열리는 기획회의에서 처음으로 발표를 할 기회를 얻었다. 박 대리는 자신이 할 수 있는 문장실력을 총 동원하여 4페이지의 기획안을 작성하였다. 기획회의가 열리고 박 대리는 기획안을 당당하게 읽기 시작하였다. 2페이지를 막 읽으려던 때, 부장이 한 마디를 했다. "박 대리, 그걸 전부 읽을 셈인가? 결론이 무엇인지만 말하지." 그러자 박 대리는 자신이 작성한 기획안을 전부 발표하지 못하고 중도에 대충 결론을 맺어 발표를 마무리하게 되었다.

① 박 대리의 기획안에는 첨부파일이 없었다.
② 박 대리의 발표는 너무 시간이 길었다.
③ 박 대리의 기획안에는 참신한 아이디어가 없었다.
④ 박 대리의 발표는 간결하지 못하고 시각적인 부분이 부족했다.

┃24~26┃ 다음 글을 읽고 물음에 답하시오.

활자로 된 책을 통해 정보를 얻으려면, 그것을 읽고 그 개념적 의미를 능동적으로 이해해야 한다. 그만큼 지적 긴장과 시간이 필요하고 따라서 비경제적이다. 그러나 전통적 매체에 의한 정보 전달에 치르는 대가는 충분히 보상된다. 책을 구성하고 있는 문자 기호의 의미는 영상 매체를 구성하는 기호인 이미지보다 정확할 수 있으며, 영상 매체의 기호들이 언제나 제한된 공간과 시간에 구속되어 단편적이고 순간적인 파악을 요청하는 데 반해, 하나의 책에 기록된 기호들은 공식적으로 전체적인 입장에서 포괄적으로 해석될 수 있으며, 시간의 제약 없이 반복적이면서도 반성적으로 해석될 수 있고, 따라서 그만큼 깊은 차원의 정보 전달이 가능하다. 책의 기호적 의미와 그러한 의미에 의한 정보 전달 기능은 그 성격상 어떤 상황에서도 영상 매체를 통한 정보 전달 기능으로 완전히 대체될 수 없다.

영상 매체가 지배하는 문명은 피상적이고, 피상적 문명의 의미는 공허하며, 공허한 문명은 곧 문명의 죽음을 가져오게 된다. 깊은 의미를 지닌 문명과, 인간적으로 보다 충족된 삶을 위해서 영상 매체의 완전한 지배에 저항해야 할 것이다. 아무리 영상 매체가 발달되더라도 의미 있는 문명이 살아 있는 한 인쇄 매체는 어떤 형태로든 살아남을 것이다.

그러나 우리의 문명과 삶이 공허한 것이 되지 않도록 하기 위해서 보다 더 긋극긋으로 없어서는 안 될 책의 기능을 외식하고, 보다 나은 책을 더 많이 창조하고, 책에 낚시 품요롭고 깊은 가치를 발견하고 음미하는 습관을 잊지 않는 노력이 한결 더 요청된다.

– 박이문, 「영상 매체 시대의 책」 –

24 주어진 글의 특성으로 알맞은 것은?

① 상상력을 바탕으로 한 허구의 이야기이다.

② 개인의 감정과 정서가 운율로 압축된 글이다.

③ 객관적인 정보 전달을 목적으로 하는 글이다.

④ 근거를 바탕으로 자신의 의견을 주장하는 글이다.

25 주어진 글에 나타난 '책의 가치'로 알맞은 것은?

① 메시지를 순간적으로 파악할 수 있다.

② 반복적이고 반성적인 해석이 가능하다.

③ 책의 기호가 영상 매체의 기호보다 즉각적이다.

④ 짧은 시간에 의미를 이해할 수 있어 경제적이다.

26 주어진 글에서 사용된 주된 내용 전개 방식으로 적절한 것은?

① 대상의 개념을 풀이하고 있다.

② 특정 대상에 대한 묘사를 하고 있다.

③ 진행 과정을 순서대로 제시하고 있다.

④ 두 대상의 차이점을 견주어 대조하고 있다.

┃27~28┃ 다음 글을 읽고 물음에 답하시오.

(가) 바야흐로 "21세기는 문화의 세기가 될 것이다."라는 전망과 주장은 단순한 바람의 차원을 넘어서 보편적 현상으로 인식되고 있다. 이러한 현상은 세계 질서가 유형의 자원이 힘이 되었던 산업사회에서 눈에 보이지 않는 무형의 지식과 정보가 경쟁력의 원천이 되는 지식 정보 사회로 재편되는 것과 맥을 같이 한다.

(나) 지금까지의 산업사회에서 문화와 경제는 각각 독자적인 영역을 유지해 왔다. 그러나 지식정보사회에서는 경제성장에 따라 소득 수준이 향상되고 교육 기회가 확대되면서 물질적 풍요를 뛰어넘는 삶의 질을 고민하게 되었고, 모든 재화와 서비스를 선택할 때 기능성을 능가하는 문화적, 미적 가치를 고려하게 되었다.

(다) 이제 문화는 배부른 자나 유한계급의 전유물이 아니라 생활 그 자체가 되었다. 고급문화와 대중문화의 경계가 무너지고 장르 간 구분이 모호해지면서 서로 다른 문화가 뒤섞여 새로운 문화가 생겨나고 있다. 이렇게 해서 나타나는 퓨전 문화가 대중적 관심을 끌고 있는 가운데 이율배반적인 것처럼 보였던 문화와 경제의 공생 시대가 열린 것이다. 특히 경제적 측면에서 문화는 고전 경제학에서 말하는 생산의 3대 요소인 토지 · 노동 · 자본을 대체하는 생산 요소가 되었을 뿐만 아니라 경제적 자본 이상의 주요한 자본이 되고 있다.

27 주어진 글의 내용과 일치하지 않는 것은?

① 문화와 경제가 서로 도움이 되는 보완적 기능을 하는 공생 시대가 열렸다.

② 산업사회에서 문화와 경제는 각각 독자적인 영역을 유지해 왔다.

③ 이제 문화는 부유층의 전유물이 아니라 생활 그 자체가 되었다.

④ 고급문화와 대중문화가 각자의 영역을 확고히 굳히며 그 깊이를 더하고 있다.

28 주어진 글의 흐름에서 볼 때 아래의 글이 들어갈 적절한 곳은?

> 뿐만 아니라 정보통신이 급격하게 발달함에 따라 세계 각국의 다양한 문화를 보다 빠르게 수용하면서 문화적 욕구와 소비를 가속화시켰고, 그 상황 속에서 문화와 경제는 서로 도움이 되는 보완적 기능을 하게 되었다.

① (가) 앞 ② (가)와 (나) 사이

③ (나)와 (다) 사이 ④ (다) 다음

오랫동안 인류는 동물들의 희생이 수반된 육식을 당연하게 여겨왔으며 이는 지금도 진행 중이다. 그런데 이에 대해 윤리적 문제를 제기하며 채식을 선택하는 경향이 생겨났다. 이러한 경향을 취향이나 종교, 건강 등의 이유로 채식하는 입장과 구별하여 '윤리적 채식주의'라고 한다. 그렇다면 윤리적 채식주의 관점에서 볼 때, 육식의 윤리적 문제점은 무엇인가?

육식의 윤리적 문제점은 크게 개체론적 관점과 생태론적 관점으로 나누어 살펴볼 수 있다. 개체론적 관점에서 볼 때, 인간과 동물은 모두 존중받아야 할 '독립적 개체'이다. 동물도 인간처럼 주체적인 생명을 영위해야 할 권리가 있는 존재이다. 또한 동물도 쾌락과 고통을 느끼는 개별 생명체이므로 그들에게 고통을 주어서도, 생명을 침해해서도 안 된다. 요컨대 동물도 고유한 권리를 가진 존재이기 때문에 동물을 단순히 음식 재료로 여기는 인간 중심주의적인 시각은 윤리적으로 문제가 있다.

한편 ㉠생태론적 관점에서 볼 때, 지구의 모든 생명체들은 개별적으로 존재하는 것이 아니라 서로 유기적으로 연결되어 존재한다. 따라서 각 개체로서의 생명체가 아니라 유기체로서의 지구 생명체에 대한 유익성 여부가 인간 행위의 도덕성을 판단하는 기준이 되어야 한다. 그러므로 육식의 윤리성도 지구 생명체에 미치는 영향에 따라 재고되어야 한다. 예를 들어 대량 사육을 바탕으로 한 공장제 축산업은 인간에게 풍부한 음식 재료를 제공한다. 하지만 토양, 수질, 대기 등의 환경을 오염시켜 지구 생명체를 위협하므로 윤리적으로 문제가 있다.

결국 우리의 육식이 동물에게든 지구 생명체에든 위해를 가한다면 이는 윤리적이지 않기 때문에 문제가 있다. 인류의 생존을 위한 육식은 누군가에게는 필수불가결한 면이 없지 않다. 그러나 인간이 세상의 중심이라는 시각에 젖어 그동안 우리는 인간 이외의 생명에 대해서는 윤리적으로 무감각하게 살아왔다. 육식의 윤리적 문제점은 인간을 둘러싼 환경과 생명을 새로운 시각으로 바라볼 것을 요구하고 있다.

29 윗글의 중심 내용으로 가장 적절한 것은?

① 윤리적 채식의 기원

② 육식의 윤리적 문제점

③ 지구 환경 오염의 실상

④ 윤리적 채식주의자의 권리

30 ㉠을 지닌 사람들이 다음에 대해 보일 반응으로 가장 적절한 것은?

> 옥수수, 사탕수수 등을 원료로 하는 바이오 연료는 화석 연료에 비해 에너지 효율은 낮지만 기존의 화석 연료를 대체하는 신재생 에너지로 주목받고 있다. 브라질에서는 넓은 면적의 열대우림을 농경지로 개간하여 바이오 연료를 생산함으로써 막대한 경제적 이익을 올리고 있다. 하지만 바이오 연료는 생산과정에서 화학비료나 농약 등을 과도하게 사용하여 여러 환경문제를 발생시켰다. 또한 식량자원을 연료로 사용함으로써 저개발국의 식량보급에 문제를 발생시켰다.

① 바이오 연료 생산으로 열대우림이 파괴되는 것도 인간에게 이익이 되는 일이라면 가치가 있다.

② 바이오 연료는 화석 연료에 비해 에너지 효율이 낮지만, 대체 에너지 자원으로 적극 활용해야 한다.

③ 바이오 연료가 식량 문제를 발생시켰지만, 신재생 에너지이므로 환경 문제를 해결하는 데에는 긍정적이다.

④ 바이오 연료는 친환경 에너지원으로 보이지만, 그 생산 과정을 고려하면 지구 생명체에 유해한 것으로 보아야 한다.

1 백 대리는 독일 출장을 앞두고 원화 50만 원을 찾아 300달러와 100유로를 환전하였고, 출장 중 250달러와 80유로를 사용하였다. 백 대리는 출장에서 돌아온 후 잔액을 다시 모두 원화로 환전하였다. 다음 환율을 참고할 때, 백 대리가 가지고 있게 될 원화의 총액은 얼마인가가?

	현금 살 때	현금 팔 때
유로화	1,250원	1,220원
달러화	1,085원	1,050원

① 135,500원

② 130,400원

③ 127,800원

④ 126,400원

┃2~3┃ 다음 상황을 보고 이어지는 물음에 답하시오.

    K사는 직원들의 업무역량 강화를 위해 NCS 기반 교육을 실시하기로 하였다. 교육 분야를 결정하기 위한 내부 회의를 통해 다음과 같은 4개의 영역이 상정되었고, 이에 대하여 3명의 경영진이 각각 자신의 선호도를 결정하였다.

선호도 \ 경영진	영업본부장	관리본부장	기술본부장
1순위	의사소통영역	조직이해영역	의사소통영역
2순위	자원관리영역	의사소통영역	자원관리영역
3순위	문제해결영역	문제해결영역	조직이해영역
4순위	조직이해영역	자원관리영역	문제해결영역

* 4개의 영역 중 사내 전 직원의 투표에 의해 2개의 영역이 선정되며, 선정된 안건에 대한 경영진의 선호도 다수결에 따라 한 개의 최종 교육 영역이 채택된다.

2 다음 중 직원들의 투표 결과에 의한 2개 영역 중 하나로 조직이해영역이 선정되었을 경우에 일어날 수 있는 일로 올바른 것은 어느 것인가?

① 나머지 하나로 자원관리영역이 선정되면 조직이해영역이 선정된다.

② 나머지 하나로 의사소통영역이 선정되면 선정된 안건의 심사위원 선호 결과가 같아지게 된다.

③ 나머지 안건과 관계없이 조직이해영역은 반드시 최종 채택된다.

④ 조직이해영역이 최종 채택이 되는 경우는 한 가지 밖에 없다.

3 만일 1~4순위별로 각각 4점, 3점, 2점, 1점의 가중치를 부여한다면, 자원관리영역이 투표 결과에 의한 2개 영역 중 하나로 선정되었을 경우에 대한 설명으로 올바른 것은 어느 것인가? (동일 점수가 나오면 해당 영역만으로 재투표를 실시하여 순위를 가린다)

① 의사소통영역이 나머지 하나의 영역일 경우, 재투표를 실시할 수 있다.

② 어떤 다른 영역과 함께 선정되어도 자원관리영역은 채택될 수 없다.

③ 조직이해영역이 나머지 하나의 영역일 경우, 재투표를 실시할 수 있다.

④ 문제해결영역이 나머지 하나의 영역일 경우, 문제해결영역이 채택된다.

4 자원을 관리하는 기본 과정을 설명한 다음의 단락 ㈎~㈐를 효율적인 자원관리를 위한 순서에 맞게 나열한 것은 어느 것인가?

> ㈎ 확보된 자원을 활용하여 계획에 맞는 업무를 수행해 나가야 한다. 물론 계획에 얽매일 필요는 없지만 최대한 계획대로 수행하는 것이 바람직하다. 불가피하게 수정해야 하는 경우는 전체 계획에 미칠 수 있는 영향을 고려하여야 할 것이다.
>
> ㈏ 자원을 실제 필요한 업무에 할당하여 계획을 세워야 한다. 여기에서 중요한 것은 업무나 활동의 우선순위를 고려하는 것이다. 최종적인 목적을 이루는데 가장 핵심이 되는 것에 우선순위를 두고 계획을 세울 필요가 있다. 만약, 확보한 자원이 실제 활동 추진에 비해 부족할 경우 우선순위가 높은 것에 중심을 두고 계획하는 것이 바람직하다.
>
> ㈐ 실제 상황에서 그 자원을 확보하여야 한다. 수집 시 가능하다면 필요한 양보다 좀 더 여유있게 확보할 필요가 있다. 실제 준비나 활동을 하는데 있어서 계획과 차이를 보이는 경우가 빈번하기 때문에 여유 있게 확보하는 것이 안전할 것이다.
>
> ㈑ 업무를 추진하는데 있어서 어떤 자원이 필요하며, 또 얼마만큼 필요한지를 파악하는 단계이다. 자원의 종류에는 크게 시간, 예산, 물적자원, 인적자원으로 나누어지지만 실제 업무 수행에서는 이보다 더 구체적으로 나눌 필요가 있다. 구체적으로 어떤 활동을 할것이며, 이 활동에 어느 정도의 시간, 돈, 물적·인적자원이 필요한지를 파악한다.

① ㈐ – ㈑ – ㈏ – ㈎
② ㈑ – ㈐ – ㈎ – ㈏
③ ㈎ – ㈐ – ㈏ – ㈑
④ ㈑ – ㈐ – ㈏ – ㈎

5 아래의 도표가 〈보기〉와 같은 내용의 근거 자료로 제시되었을 경우, 밑줄 친 ㉠~㉢ 중 도표의 내용에 비추어 올바르지 않은 설명은 어느 것인가?

〈미국 멕시코 만에서 각 경로별 수송 거리〉

(단위 : 해리)

		파나마 운하	수에즈 운하	희망봉	케이프 혼
아시아	일본(도쿄만)	9,141	14,441	15,646	16,687
	한국(통영)	9,954	–	15,375	–
	중국(광동)	10,645	13,020	14,297	17,109
	싱가포르	11,955	11,569	12,972	16,878
	인도	14,529	9,633	12,079	–
남미	칠레	4,098	–	–	8,965

〈보기〉

㉠미국 멕시코만-파나마 운하-아시아로 LNG를 운송할 경우, 수송거리 단축에 따라 수송시간도 단축될 것으로 보인다. 특히, 전 세계 LNG 수입 시장의 75%를 차지하는 중국, 한국, 일본, 대만 등 아시아 시장으로의 수송 시간 단축은 자명하다. 예를 들어, ㉡미국 멕시코만-파나마-일본으로 LNG 수송 시간은 대략 20일 정도 소요되는 반면, 수에즈 운하 통과 시 약 31일 소요되고, 아프리카의 남쪽 이용 시 약 34일 정도 소요된다. 같은 아시아 시장이라고 할지라도 인도, 파키스탄의 경우는 수에즈 운하나 남아프리카 희망봉을 통과하는 것이 수송시간 단축에 유리하며, ㉢싱가포르의 경우는 수에즈 운하나 희망봉을 경유하는 것이 파나마 운하를 이용하는 것보다 적은 수송시간이 소요된다. 또한, 미국 멕시코만-남미 수송시간도 단축될 것으로 예상되는데, 콜롬비아 및 에콰도르의 터미널까지는 20일이 단축이 되어 기존 25일에서 5일이 걸리고, ㉣칠레의 기화 터미널까지는 기존 20일에서 8~9일로 약 12일이 단축이 된다.

① ㉠

② ㉡

③ ㉢

④ ㉣

▌6~7▐ 다음 렌터카 업체의 안내문을 읽고 이어지는 물음에 답하시오.

〈대여 및 반납 절차〉

■ 대여절차
1. 예약하신 대여지점에서 A렌터카 직원 안내에 따라 예약번호, 예약자명 확인하기
2. 예약자 확인을 위해 면허증 제시 후, 차량 임대차 계약서 작성하기
3. 예약하셨던 차종 및 대여기간에 따라 차량 대여료 결제
4. 준비되어 있는 차량 외관, 작동상태 확인하고 차량 인수인계서 서명하기
5. 차량 계약서, 인수인계서 사본과 대여하신 차량 KEY 수령

■ 반납절차
1. 예약 시 지정한 반납지점에서 차량 주차 후, 차량 KEY와 소지품 챙기기
2. A렌터카 직원에게 차량 KEY 반납하기
3. A렌터카 직원과 함께 차량의 내/외관 및 Full Tank (일부지점 예외) 확인하기
4. 반납시간 초과, 차량의 손실, 유류 잔량 및 범칙금 확인하여 추가 비용 정산하기

〈대여 자격기준〉

1. 승용차, 9인승 승합차 : 2종 보통면허 이상
2. 11인승 이상 승합차 : 1종 보통면허 이상
3. 외국인의 경우에는 국제 운전 면허증과 로컬면허증 동시 소지자에 한함
   (로컬 면허증 – 해당 국가에서 발급된 면허증)
4. 운전자 등록 : 실 운전자 포함 제2운전자까지 등록 가능

〈요금 안내〉

차종	일 요금(원)			초과시간당 요금(원)		
	1일 요금	3~6일	7일+	+6시간	+9시간	+12시간
M(4인승)	190,000	171,000	152,000	114,000	140,600	166,800
N(6인승)	219,000	197,000	175,000	131,400	162,100	192,300
V9(9인승)	270,000	243,000	216,000	162,000	199,800	237,100
V11(11인승)						
T9(9인승)	317,000	285,000	254,000	190,200	234,600	278,300
T11(11인승)						
리무진	384,000	346,000	307,000	230,400	284,200	337,200

※ 사전 예약 없이 12시간 이상 초과할 경우 추가 1일 요금이 더해짐

6 다음 중 A렌터카를 대여하려는 일행이 알아야 할 사항으로 적절하지 않은 것은?

① 차량 대여를 위해서 서명해야 할 서류는 두 가지이다.

② 2종 보통 면허로 A렌터카 업체의 모든 차량을 이용할 수 있다.

③ 대여지점과 반납지점은 미리 예약한 곳으로 지정이 가능하다.

④ 유류비는 대여 시와 동일한 정도의 연료가 남았으면 별도로 지불하지 않는다.

7 A렌터카 업체의 요금 현황을 살펴본 일행의 반응으로 적절하지 않은 것은?

① "우린 4인 가족이니 M차종을 3일 대여하면 2일 대여하는 것보다 일 요금이 19,000원 싸구나."

② "우리 일행이 11명이니 하루만 쓸 거면 V11이 가장 적당하겠다."

③ "2시간이 초과되는 것과 6시간이 초과되는 것은 어차피 똑같은 요금이구나."

④ "여보, 길이 막혀 초과시간이 12시간보다 한두 시간 넘으면 6시간 초과 요금을 더 내야하니 염두에 두세요."

8 다음은 A사의 지출 비용에 대한 자료이다. 업무상 비용을 직접비와 간접비로 구분할 때, 직접비의 합과 간접비의 합으로 적절한 것은?

(단위 : 만 원)

	보험료	광고비	시설비	재료비	통신비	공과금	자동차 보험료	인건비	건물 관리비
지출	40	50	30	60	40	100	80	110	80

    직접비의 합(만 원)   간접비의 합(만 원)

①   200   390

②   190   380

③   180   370

④   170   360

9 다음에서 제시되는 인적자원개발의 의미를 참고할 때, 올바른 설명으로 볼 수 없는 것은 어느 것인가?

> 인적자원개발은 행동의 변화를 통해 개인의 능력과 조직성과 향상을 통해 조직목표 달성 등의 다양한 목적이 제시되고 있다. 현행 「인적자원개발기본법」에서는 국가, 지방자치단체, 교육기관, 연구기관, 기업 등이 인적자원의 양성과 활용 및 배분을 통해 사회적 규범과 네트워크를 형성하는 모든 제반 활동으로 정의하고 있다. 이는 생산성 증대뿐만 아니라 직업준비교육, 직업능력개발을 위한 지속적인 교육에서 더 나아가 평생교육을 통한 국민들의 질적 생활을 향상시키는 데 그 목적을 두고 있다고 할 수 있다. 인적자원정책이라는 것은 미시적으로는 개인차원에서부터 거시적으로는 세계적으로 중요한 정책이며, 그 대상도 개인차원(학습자, 근로자, 중고령자 등), 기업차원, 지역차원 등으로 구분하여 볼 수 있다. 인력자원의 양성정책은 학교 및 교육훈련 기관 등의 교육기관을 통해 학습 받은 학습자를 기업이나 기타 조직에서 활용하는 것을 말한다.

① 인적자원개발의 개념은 교육, 개발훈련 등과 같이 추상적이고 복합적이다.
② 인적자원개발의 방법은 개인의 경력개발을 중심으로 전개되고 있다.
③ 인적자원개발은 가정, 학교, 기업, 국가 등 모든 조직에 확대 적용되고 있다.
④ 인적자원개발의 수혜자는 다양한 영역으로 구성되어 있다.

▌10~11▐ 甲과 乙은 산양우유를 생산하여 판매하는 ○○목장에서 일한다. 다음을 바탕으로 물음에 답하시오.

- ○○목장은 A~D의 4개 구역으로 이루어져 있으며 산양들은 자유롭게 다른 구역을 넘나들 수 있지만 목장을 벗어나지 않는다.
- 甲과 乙은 산양을 잘 관리하기 위해 구역별 산양의 수를 파악하고 있어야 하는데, 산양들이 계속 구역을 넘나들기 때문에 산양의 수를 정확히 헤아리는 데 어려움을 겪고 있다.
- 고민 끝에 甲과 乙은 시간별로 산양의 수를 기록하되, 甲은 특정 시간 특정 구역의 산양의 수만을 기록하고, 乙은 산양이 구역을 넘나들 때마다 그 시간과 그때 이동한 산양의 수를 기록하기로 하였다.
- 甲과 乙이 같은 날 오전 9시부터 오전 10시 15분까지 작성한 기록표는 다음과 같으며, ㉠~㉣을 제외한 모든 기록은 정확하다.

甲의 기록표			乙의 기록표		
시간	구역	산양 수	시간	구역 이동	산양 수
09:10	A	17마리	09:08	B→A	3마리
09:22	D	21마리	09:15	B→D	2마리
09:30	B	8마리	09:18	C→A	5마리
09:45	C	11마리	09:32	D→C	1마리
09:58	D	㉠21마리	09:48	A→C	4마리
10:04	A	㉡18마리	09:50	D→B	1마리
10:10	B	㉢12마리	09:52	C→D	3마리
10:15	C	㉣10마리	10:05	C→B	2마리

- 구역 이동 외의 산양의 수 변화는 고려하지 않는다.

10 ㉠~㉣ 중 옳게 기록된 것만을 고른 것은?

① ㉠, ㉡
② ㉠, ㉢
③ ㉡, ㉢
④ ㉡, ㉣

11 ○○목장에서 키우는 산양의 총 마리 수는?

① 58마리   ② 59마리

③ 60마리   ④ 61마리

12 A씨와 B씨는 함께 내일 있을 시장동향 설명회에 발표할 준비를 함께하게 되었다. 우선 오전 동안 자료를 수집하고 오후 1시에 함께 회의하여 PPT작업과 도표로 작성해야 할 자료 등을 정리하고 각자 다음과 같은 업무를 나눠서 하려고 한다. 회의를 제외한 모든 업무는 혼자서 할 수 있는 일이고, 발표원고 작성은 PPT가 모두 작성되어야 시작할 수 있다. 각 영역당 소요시간이 다음과 같을 때 옳지 않은 것은? (단, 두 사람은 가장 빨리 작업을 끝낼 수 있는 방법을 선택한다)

업무	소요시간
회의	1시간
PPT 작성	2시간
PPT 검토	2시간
발표원고 작성	3시간
도표 작성	3시간

① 7시까지 발표 준비를 마칠 수 있다.

② 두 사람은 같은 시간에 준비를 마칠 수 있다.

③ A가 도표작성 능력이 떨어지고 두 사람의 PPT 활용 능력이 비슷하다면 발표원고는 A가 작성하게 된다.

④ 도표를 작성한 사람이 발표원고를 작성한다.

┃13~14┃ 다음은 G사 영업본부 직원들의 담당 업무와 다음 달 주요 업무 일정표이다. 다음을 참고하여 이어지는 물음에 답하시오.

〈다음 달 주요 업무 일정〉

일	월	화	수	목	금	토
		1 사업계획 초안 작성(2)	2	3	4 사옥 이동 계획 수립(2)	5
6	7	8 인트라넷 요청 사항 정리(2)	9 전 직원 월간회의	10	11 TF팀 회의(1)	12
13	14 법무실무 교육 담당자 회의(3)	15	16	17 신제품 진행 과정 보고(1)	18	19
20	21 매출 부진 원인 분석(2)	22	23 홍보자료 작성(3)	24 인사고과(2)	25	26
27	28 매출 집계(2)	29 부서 경비 정리(2)	30	31		

※ ( )안의 숫자는 해당 업무 소요 일수

〈담당자별 업무〉

담당자	담당 업무
갑	부서 인사고과, 사옥 이동 관련 이사 계획 수립, 내년 사업계획 초안 작성
을	매출 부진 원인 분석, 신제품 개발 진행과정 보고
병	자원개발 프로젝트 TF팀 회의 참석, 부서 법무실무 교육 담당자 회의
정	사내 인트라넷 구축 관련 요청사항 정리, 대외 홍보자료 작성
무	월말 부서 경비 집행 내역 정리 및 보고, 매출 집계 및 전산 입력

13 위의 일정과 담당 업무를 참고할 때, 다음 달 월차 휴가를 사용하기에 적절한 날짜를 선택한 직원이 아닌 것은?

① 갑 – 23일

② 을 – 8일

③ 병 – 4일

④ 정 – 25일

14 갑작스런 해외 거래처의 일정 변경으로 인해 다음 달 넷째 주에 영업본부에서 2명이 일주일 간 해외 출장을 가야 한다. 따라서 위에 제시된 5명의 직원 중 담당 업무에 지장이 없는 2명을 뽑아 출장을 보내야 한다면 출장자로 적절한 직원은 누구인가?

① 갑, 병

② 정, 무

③ 을, 병

④ 병, 무

15 다음의 설명은 물적 자원 활용 방해요인 중 무엇에 해당하는가?

> 물적 자원은 계속해서 사용할 수 있는 것이 아니다. 사용할 수 있는 기간이 정해져 있기 때문에 보유하고 있는 물건을 적절히 관리하여 고장이 나거나 훼손되지 않도록 하여야 한다. 물적 자원은 관리를 제대로 하지 못하면 훼손이 되어 활용할 수 없게 되고 또 그렇게 되면 새로 구입하여야 한다. 관리를 제대로 하였다면 사용할 수 있는 자원을 새로 구입하면 경제적 손실도 가져오게 되는 것이다.

① 보관 장소를 파악하지 못한 경우

② 훼손 및 파손된 경우

③ 분실한 경우

④ 구입하지 않은 경우

┃16～17┃ 다음은 A병동 11월 근무 일정표 초안이다. A병동은 1~4조로 구성되어 있으며 3교대로 돌아간다. 주어진 정보를 보고 물음에 답하시오.

구분	일	월	화	수	목	금	토
	1	2	3	4	5	6	7
오전	1조	1조	1조	1조	1조	2조	2조
오후	2조	2조	2조	3조	3조	3조	3조
야간	3조	4조	4조	4조	4조	4조	1조
	8	9	10	11	12	13	14
오전	2조	2조	2조	3조	3조	3조	3조
오후	3조	4조	4조	4조	4조	4조	1조
야간	1조	1조	1조	1조	2조	2조	2조
	15	16	17	18	19	20	21
오전	3조	4조	4조	4조	4조	4조	1조
오후	1조	1조	1조	1조	2조	2조	2조
야간	2조	2조	3조	3조	3조	3조	3조
	22	23	24	25	26	27	28
오전	1조	1조	1조	1조	2조	2조	2조
오후	2조	2조	3조	3조	3조	3조	3조
야간	4조	4조	4조	4조	4조	1조	1조
	29	30					
오전	2조	2조					
오후	4조	4조					
야간	1조	1조					

• 1조 : 나경원(조장), 임채민, 조은혜, 이가희, 김가은
• 2조 : 김태희(조장), 이샘물, 이가야, 정민지, 김민경
• 3조 : 우채원(조장), 황보경, 최희경, 김희원, 노혜은
• 4조 : 전혜민(조장), 고명원, 박수진, 김경민, 탁정은

※ 한 조의 일원이 개인 사유로 근무가 어려울 경우 당일 오프인 조의 일원(조장 제외) 중 1인이 대체 근무를 한다.

※ 대체근무의 경우 오전근무 직후 오후근무 또는 오후근무 직후 야간근무는 가능하나 야간근무 직후 오전근무는 불가능하다.

※ 대체근무가 어려운 경우 휴무자가 포함된 조의 조장이 휴무자의 업무를 대행한다.

16 다음은 직원들의 휴무 일정이다. 배정된 대체 근무자로 적절하지 못한 사람은?

휴무일자	휴무 예정자	대체 근무 예정자
11월 3일	임채민	① 노혜은
11월 12일	황보경	② 이가희
11월 17일	우채원	③ 이샘물
11월 30일	고명원	④ 최희경

17 다음은 직원들의 휴무 일정이다. 배정된 대체 근무자로 적절하지 못한 사람은?

휴무일자	휴무 예정자	대체 근무 예정자
11월 7일	노혜은	① 탁정은
11월 10일	이샘물	② 최희경
11월 20일	김희원	③ 임채민
11월 29일	탁정은	④ 김희원

18 물적 자원 관리의 과정 중 반복 작업의 방지 및 물품활용의 편리성을 위한 단계는 무엇인가?

① 사용물품과 보관물품의 구분
② 동일 및 유사물품의 분류
③ 물품의 특성에 맞는 보관장소의 선정
④ 회전 대응 보관의 법칙 적용

19 다음 중 인적 자원의 특성으로 옳지 않은 것은?

① 능동성   ② 개발가능성

③ 전략적 자원   ④ 정보성

20 다음 운송비 표를 참고할 때, 박스의 규격이 28×10×10(inch)인 실제 무게 18파운드짜리 솜 인형을 배송할 경우, A배송사에서 적용하는 운송비는 얼마인가? (1inch=2.54cm이며, 물품의 무게는 반올림하여 정수로 표시한다. 물품의 무게 이외의 다른 사항은 고려하지 않는다.)

> 항공 배송의 경우, 비행기 안에 많은 공간을 차지하게 되는 물품은 그렇지 않은 물품을 적재할 때보다 비용 면에서 항공사 측에 손해가 발생하게 된다. 비행기 안에 스티로폼 200박스를 적재하는 것과 스마트폰 2000개를 적재하는 것을 생각해 보면 쉽게 이해할 수 있다. 이 경우 항공사 측에서는 당연히 스마트폰 2000개를 적재하는 것이 더 경제적일 것이다. 이와 같은 문제로 거의 모든 항공 배송사에서 제품의 무게에 비해 부피가 큰 제품들은 '부피 무게'를 따로 정해서 운송비를 계산하게 된다. 이 때 사용하는 부피 무게 측정 방식은 다음과 같다.
>
> 부피 무게(파운드)=가로(inch)×세로(inch)×높이(inch)÷166
>
> A배송사는 물건의 무게에 다음과 같은 규정을 적용하여 운송비를 결정한다.
> 1. 실제 무게<부피 무게 → 부피 무게
> 2. 실제 무게>부피 무게이지만 박스의 어느 한 변의 길이가 50cm 이상인 경우 → (실제 무게 +부피 무게)×60%
>
> | 17파운드 미만 | 14,000원 | 19~20파운드 미만 | 17,000원 |
> |---|---|---|---|
> | 17~18파운드 미만 | 15,000원 | 20~21파운드 미만 | 18,000원 |
> | 18~19파운드 미만 | 16,000원 | 21~22파운드 미만 | 19,000원 |

① 16,000원

② 17,000원

③ 18,000원

④ 19,000원

21 다음 중 조직에서 개인의 목표 및 조직의 목표가 조화되도록 하는 인적자원관리제도를 무엇이라고 하는가?

① 경력교육
② 경력개발
③ 경력계획
④ 경력관리

22 서원각 경영진은 최근 경기 침체로 인한 이익감소를 극복하기 위하여 신규사업을 검토 중이다. 현재 회사는 기존 사업에서 평균 투자액 기준으로 12%의 회계적 이익률을 보이고 있으며, 신규사업에서 예상되는 당기순이익은 다음과 같다.

구분	신규사업으로 인한 당기순이익
1	200,000
2	300,000
3	400,000

회사는 신규사업을 위해 2,240,000을 투자해야 하며 3년 후의 잔존가치는 260,000원으로 예상된다. 최초투자액을 기준으로 하여 신규사업의 회계적 이익률을 구하면? (회사는 정액법에 의해 감가상각한다. 또한 회계적 이익률은 소수점 둘째 자리에서 반올림한다.)

① 약 11.4%
② 약 12.4%
③ 약 13.4%
④ 약 14.4%

┃23~24┃ 다음은 서원물류담당자 J씨가 회사와 인접한 파주, 인천, 철원, 구리 4개 지점 중 최적의 물류거점을 세우려고 한다. 지점 간 거리와 물동량을 보고 물음에 답하시오.

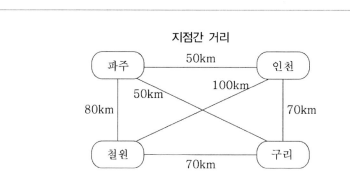

지점간 거리

지점의 물동량

지점	물동량
파주	500
인천	800
철원	400
구리	300

23 지점간 거리를 고려한 최적의 물류거점은 어디가 되는가?

① 파주   ② 인천

③ 철원   ④ 구리

24 지점간 거리와 물동량을 모두 고려한 최적의 물류거점은 어디가 되는가?

① 파주   ② 인천

③ 철원   ④ 구리

25 다음 그래프는 교통수단별 국내 화물 수송에 관한 것이다. A ~ D 교통수단에 대한 설명으로 옳은 것은?

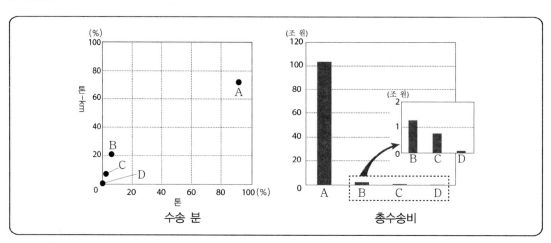

① A는 B보다 톤당 운송비가 저렴하다.

② A는 C보다 평균 수송 거리가 길다.

③ A는 D보다 기종점 비용이 비싸다.

④ D는 C보다 운행 시 기상 조건의 제약을 많이 받는다.

26 다음 자료에 대한 분석으로 옳지 않은 것은?

어느 마을에 20가구가 살고 있으며, 가로등 총 설치비용과 마을 전체 가구가 누리는 총 만족감을 돈으로 환산한 값은 표와 같다. (단, 가로등으로부터 각 가구가 누리는 만족감의 크기는 동일하며, 설치비용은 모든 가구가 똑같이 부담한다.)

가로등 수(개)	총 설치비용(만 원)	총 만족감(만 원)
1	50	100
2	100	180
3	150	240
4	200	280
5	250	300

① 가로등이 2개 설치되었을 때는 더 늘리는 것이 합리적이다.

② 가로등 1개를 더 설치할 때마다 추가되는 비용은 일정하다.

③ 가로등을 4개 설치할 경우 각 가구가 부담해야 할 설치비용은 10만 원이다.

④ 가로등이 최적으로 설치되었을 때 마을 전체 가구가 누리는 총 만족감은 300만 원이다.

27 다음 상황에서 J씨에게는 합리적, K씨에게는 비합리적 선택이 되기 위한 은행 예금의 연간 이자율 범위에 포함되는 이자율은? (단, 다른 상황은 고려하지 않는다.)

- J씨와 K씨는 각각 1억 원, 1억 5천만 원의 연봉을 받고 있는 요리사이다.
- 10억 원의 보증금만 지불하면 인수할 수 있는 A 식당이 매물로 나왔는데, 연간 2억 5천만 원의 이익(식당 운영에 따른 총수입에서 실제 지불되는 비용을 뺀 값)이 예상된다. 단, 보증금은 1년 후 식당을 그만 두면 돌려받을 수 있다.
- J씨와 K씨는 각각 은행에 10억 원을 예금하고 있으며, A 식당을 인수하기 위해 경쟁하고 있다. A 식당을 인수할 경우 현재의 직장을 그만두고 예금한 돈을 인출하여 보증금을 지불할 예정이다.

① 4%

② 8%

③ 12%

④ 16%

다음에서 주어진 내용만을 고려할 때, 그림의 기점에서 (가), (나) 각 지점까지의 총 운송비가 가장 저렴한 교통수단을 바르게 고른 것은?

- 교통수단별 기종점 비용과 주행 비용은 아래와 같음.

비용 \ 교통수단	A	B	C
기종점 비용(원)	1,000	2,000	4,000
단위 거리당 주행 비용(원/km)	400	300	250

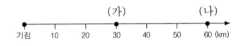

	(가)	(나)
①	A	A
②	A	B
③	A	C
④	B	C

29 다음은 주식회사 서원각의 회의 장면이다. 밑줄 친 (가), (나)에 들어갈 내용으로 옳은 것은? (단, 주어진 내용만 고려한다)

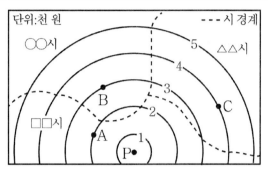

* 동심원은 제품 1단위당 등총운송비선이며 숫자는 비용임.

사장 : 현재 P 지점에 입지한 공장을 다음 그림의 A ~ C 지점 중 어디로 이전해야 할 지 논의해 봅시다.

김 부장 : A 지점으로 공장을 이전하면 제품 1단위당 2,300원의 집적 이익을 얻게 됩니다.

이 부장 : B 지점으로 공장을 이전하면 ○○시는 제품 1단위당 3,500원의 보조금을 지원하겠다고 하였습니다.

박 부장 : C 지점으로 공장을 이전하면 △△시는 제품 1단위당 5,000원의 세금을 감면해 주겠다고 하였습니다.

사장 : 그렇다면 공장을 __(가)__ 지점으로 이전하여 제품 1단위당 총 생산비를 __(나)__ 원 절감하는 것이 가장 이익이겠군요.

	(가)	(나)
①	A	300
②	B	500
③	B	1,000
④	C	1,000

30 다음 사례에 대한 분석으로 가장 옳은 것은?

> L씨는 한가한 주말을 이용하여 식당에서 아르바이트를 하고 있다. 수입은 시간당 5천 원이고, 일의 양에 따라 피곤함이라는 비용이 든다. L씨가 하루에 일할 수 있는 시간과 이에 따른 수입(편익) 및 피곤함(비용)의 정도를 각각 화폐 단위로 환산하면 아래와 같다.
>
> (단위 : 원)
>
> | 시간 | 1 | 2 | 3 | 4 | 5 |
> |------|-----|------|------|------|------|
> | 총편익 | 5,000 | 10,000 | 15,000 | 20,000 | 25,000 |
> | 총비용 | 2,000 | 5,000 | 11,000 | 20,000 | 30,000 |
>
> * 순편익=편익-비용

① L씨는 하루에 4시간 일하는 것이 합리적이다.

② L씨가 1시간 더 일할 때, 추가로 얻게되는 편익은 증가한다.

③ L씨가 1시간 더 일할 때, 추가로 발생하는 비용은 일정하다.

④ L씨는 아르바이트로 하루에 최대로 얻을 수 있는 순편익은 5,000원이다.

▌1~2 ▌ 다음 S사의 업무분장표를 보고 이어지는 물음에 답하시오.

	주요 업무	필요 자질
영업관리	영업전략 수립, 단위조직 손익관리, 영업인력 관리 및 지원	마케팅/유통/회계지식, 대외 섭외력, 분석력
생산관리	원가/재고/외주 관리, 생산계획 수립	제조공정/회계/통계/제품 지식, 분석력, 계산력
생산기술	공정/시설 관리, 품질 안정화, 생산 검증, 생산력 향상	기계/전기 지식, 창의력, 논리력, 분석력
연구개발	신제품 개발, 제품 개선, 원재료 분석 및 기초 연구	연구 분야 전문지식, 외국어 능력, 기획력, 시장분석력, 창의/집중력
기획	중장기 경영전략 수립, 경영정보 수집 및 분석, 투자사 관리, 손익 분석	재무/회계/경제/경영 지식, 창의력, 분석력, 전략적 사고
영업 (국내/해외)	신시장 및 신규고객 발굴, 네트워크 구축, 거래선 관리	제품지식, 협상력, 프리젠테이션능력, 정보력, 도전정신
마케팅	시장조사, 마케팅 전략수립, 성과 관리, 브랜드 관리	마케팅/제품/통계지식, 분석력, 통찰력, 의사결정력
총무	자산관리, 문서관리, 의전 및 비서, 행사 업무, 환경 등 위생관리	책임감, 협조성, 대외 섭외력, 부동산 및 보험 등 일반지식
인사/교육	채용, 승진, 평가, 보상, 교육, 인재개발	조직구성 및 노사 이해력, 교육학 지식, 객관성, 사회성
홍보/광고	홍보, 광고, 언론/사내 PR, 커뮤니케이션	창의력, 문장력, 기획력, 매체의 이해

1 위의 업무분장표를 참고할 때, 창의력과 분석력을 겸비한 경영학도인 신입사원이 배치되기에 가장 적합한 팀은 다음 중 어느 것인가?

① 홍보/광고팀   ② 마케팅팀

③ 영업관리팀   ④ 기획팀

2 다음 중 해당 팀 자체의 업무보다 타 팀 및 전사적인 업무 활동에 도움을 주는 업무가 주된 역할인 팀으로 묶인 것은 어느 것인가

① 생산기술팀, 영업팀
② 홍보/광고팀, 연구개발팀
③ 인사/교육팀, 생산관리팀
④ 홍보/광고팀, 총무팀

3 다음 설명을 참고할 때, '차별화 전략'의 단점으로 가장 거리가 먼 것은 어느 것인가?

> 조직의 경영전략은 경영자의 경영이념이나 조직의 특성에 따라 다양하다. 이 중 대표적인 경영전략으로 마이클 포터(Michael E. Porter)의 본원적 경쟁전략이 있다. 본원적 경쟁전략은 해당 사업에서 경쟁우위를 확보하기 위한 전략이며 차별화 전략, 집중화 전략, 원가우위 전략이 이에 속한다.
> 차별화 전략은 조직이 생산품이나 서비스를 차별화하여 고객에게 가치가 있고 독특하게 인식되도록 하는 전략이다. 이러한 전략을 활용하기 위해서는 연구개발이나 광고를 통하여 기술, 품질, 서비스, 브랜드 이미지를 개선할 필요가 있다.

① 비차별화 전략에 비해 시장을 세분화해야 하는 어려움이 있다.
② 다양한 상품 개발에 따라 상품 원가가 높아질 수 있다.
③ 유통경로 관리와 촉진에 추가적인 노력이 필요하다.
④ 과도한 가격경쟁력 확보를 추진할 경우 수익구조에 악영향을 끼칠 수 있다.

4 다음 글에서 언급된 노동시장 개선을 위한 제도가 안고 있는 문제점을 올바르게 지적하지 못한 것은 어느 것인가?

> 바람직한 노동시장과 노동사회의 미래 시나리오가 선택되었다면 이를 실현하기 위한 전략과 세부 실행 계획을 수립하여야 한다. 사회적 대화나 공론조사 등의 과정을 거쳐서 바람직한 미래 시나리오가 선택되었다고 하더라도 전략과 세부실행계획을 수립하는 것은 쉽지 않다. 예를 들어 높은 수준의 고용안정성과 소득안정성이 보장되지만 노동력 활용의 유연성을 원천적으로 금지하지는 않는 스웨덴 모델이 선택되었다고 가정해 보자. 하지만 스웨덴 모델의 핵심 요소들 중에는 노사가 합의하기 매우 힘든 제도적 요소가 있다.
>
> 사업장 단위에서의 경영참가제도나 산업별 단위에서의 단체교섭이 그것이다. 이들 제도나 관행은 국가가 이를 법률로 강제하거나 촉진한다고 하더라도 실질적으로 기능하지 않을 것이다. 노사의 상호 신뢰를 기반으로 한 협력이 먼저 있고 이를 국가가 법제도적으로 뒷받침할 수 있을 뿐이다.

① 경영능력이 부족한 근로자가 경영에 참여할 경우, 의사결정이 늦어질 수 있다.
② 대표로 참여하는 근로자가 모든 근로자들의 권익을 지속적으로 보장할 수 있는지의 문제가 있다.
③ 경영자의 고유 권리인 경영권을 약화시킬 우려가 있다.
④ 의사결정에 관한 사항에만 국한되어 이윤분배에 있어서는 유명무실한 장치가 될 수 있다.

5 다음 글에 나타난 집단의사결정의 특징으로 올바른 것은?

> 건축설계사인 A와 B는 의견 차이로 이틀째 안방 창 크기를 늘렸다가 줄였다하는 웃지 못할 경우를 반복한다. 공사 중이라도 더 좋은 아이디어가 나오면 약간의 변경은 있을 수 있겠지만, 이런 일이 반복되다 보면 큰 낭비가 된다. 일당 15만 원을 받는 목수 한명의 일급은 숙식비를 합하면 18만 원 정도이다. 일일 8시간 작업한다고 했을 때 시간당 22,500원인데, 만약 일하는 현장에서 의사결정 지연으로 작업을 중지하고 대기한다면 시간당 112,500원의 손실이 생기는 셈이다. 이런 일은 현장에서 빈번히 발생한다. 만약, 했던 작업이 변경되어 재작업하는 경우라면 시공에 낭비한 시간, 철거하는 시간, 재시공하는 시간이 누적되어 3배의 손실이 발생한다.

① 의견이 불일치하는 경우 의사결정을 내리는데 시간이 많이 소요된다.
② 지식과 정보가 더 많아 효과적인 결정을 할 수 있다.
③ 특정 구성원에 의해 의사결정이 독점될 가능성이 있다.
④ 집단구성원은 참여를 통해 구성원의 만족과 결정에 대한 지지를 확보할 수 있다.

6 다음은 P사의 경력평정에 관한 규정의 일부이다. 다음 중 규정을 올바르게 이해하지 못한 설명은 어느 것인가?

제15조(평정기준)
직원의 경력평정은 회사의 근무경력으로 평정한다.

제16조(경력평정 방법)
① 평정기준일 현재 근무경력이 6개월 이상인 직원에 대하여 별첨 서식에 의거 기본경력과 초과경력으로 구분하여 평정한다.
② 경력평정은 당해 직급에 한하되 기본경력과 초과경력으로 구분하여 평정한다.
③ 기본경력은 3년으로 하고, 초과경력은 기본경력을 초과한 경력으로 한다.
④ 당해 직급에 해당하는 휴직, 직위해제, 정직기간은 경력기간에 산입하지 아니한다.
⑤ 경력은 1개월 단위로 평정하되, 15일 이상은 1개월로 계산하고, 15일 미만은 산입하지 아니한다.

제17조(경력평정 점수)
평가에 의한 경력평정 총점은 30점으로 하며, 다음 각 호의 기준으로 평정한다.
① 기본경력은 월 0.5점씩 가산하여 총 18점을 만점으로 한다.
② 초과경력은 월 0.4점씩 가산하여 총 12점을 만점으로 한다.

제18조(가산점)
① 가산점은 5점을 만점으로 한다.
 • 정부포상 및 자체 포상 등(대통령 이상 3점, 총리 2점, 장관 및 시장 1점, 사장 1점, 기타 0.5점)
 • 회사가 장려하는 분야에 자격증을 취득한 자(자격증의 범위와 가점은 사장이 정하여 고시한다)
② 가산점은 당해 직급에 적용한다.

① 휴직과 가산점 등의 요인 없이 해당 직급에서 4년간 근무한 직원은 경력평정 점수 23점이 될 수 없다.
② 대리 직급으로 2년간 근무한 자가 국무총리 상을 수상한 경우, 경력평정 점수는 14점이다.
③ 대리 직급 시 휴직 1개월을 하였으며 사장 포상을 받은 자가 과장 근무 1년을 마친 경우, 경력평정 점수는 6.5점이다.
④ 회사가 장려하는 분야 자격증을 취득한 자는 경력평정 점수가 30점을 넘을 수 있다.

7   다음 빈칸에 들어갈 용어로 적절한 것끼리 짝지어진 것은?

> - 조직은 ㉠＿＿에 따라 공식 조직과 비공식 조직으로 나뉘어진다.
> - 조직은 ㉡＿＿에 따라 영리 조직과 비영리 조직으로 나뉘어진다.
> - 조직은 ㉢＿＿에 따라 소규모 조직과 대규모 조직으로 나뉘어진다.

	㉠	㉡	㉢
①	대표성	조직규모	공식성
②	공식성	영리성	조직규모
③	영리성	대표성	공식성
④	조직규모	공식성	영리성

8   다음 빈칸에 들어갈 개념은 무엇인가?

> ＿＿＿은 개인이 영리 등을 목적으로 하여 운영하는 사기업과 국가 또는 공공단체가 공공의 목적을 위하여 운영하는 공기업으로 크게 구분할 수 있다. 우리나라의 경우는 개인 상인, 민법상의 조합과 상법상의 특수조합, 합명회사·합자회사·주식회사 등으로 분류하고 있다. 일반적으로 기업은 주식회사 형태의 사기업이 대표적이다.

① 자금
③ 조직
② 경영
④ 기업

9 다음은 Q기업의 조직도와 팀장님의 지시사항이다. 다음 중 J씨가 해야 할 행동으로 가장 적절한 것은?

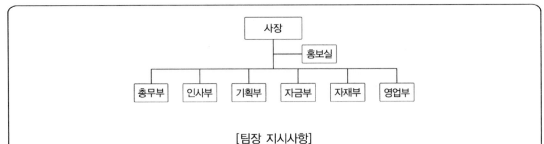

[팀장 지시사항]

J씨, 다음 주에 신규직원 공채시작이지? 실무자에게 부탁해서 공고문 확인하고 지난번에 우리 부서에서 제출한 자료랑 맞게 제대로 들어갔는지 확인해주고 공채 절차하고 채용 후에 신입직원 교육이 어떻게 진행되는지 정확한 자료를 좀 받아와요.

① 홍보실에서 신규직원 공채 공고문을 받고, 인사부에서 신입직원 교육 자료를 받아온다.
② 인사부에서 신규직원 공채 공고문을 받고, 총무부에서 신입직원 교육 자료를 받아온다.
③ 인사부에서 신규직원 공채 공고문과 신입직원 교육 자료를 받아온다.
④ 총무부에서 신규직원 공채 공고문과 신입직원 교육 자료를 받아온다.

▮10~11▮ 다음 설명을 읽고 분석결과에 대응하는 전략을 바르게 고르시오.

SWOT전략은 강점(Strength), 약점(Weakness), 기회(Opportunity), 위협(Threat)의 머리글자를 모아 만든 단어로 경영전략을 수립하기 위한 분석도구이다. SWOT 분석을 통해 도출된 조직의 내부, 외부 환경을 분석 결과를 통해 대응하는 전략을 도출하게 된다.

SO전략은 기회를 활용하면서 강점을 더욱 강화하는 공격적인 전략이고, WO전략은 외부환경의 기회를 활용하면서 자신의 약점을 보완하는 전략으로 이를 통해 기업이 처한 국면의 전환을 가능하게 할 수 있다. ST전략은 외부환경의 위험요소를 회피하면서 강점을 활용하는 것이며, WT전략은 외부환경의 위험요소를 회피하고 자사의 약점을 보완하는 전략으로 방어적 성격을 갖는다.

내부환경 외부환경	강점	약점
기회	강점-기회 전략	약점-기회 전략
위협	강점-위협 전략	약점-위협 전략

10 다음 환경 분석결과에 대응하는 가장 적절한 전략은?

강점	• 탁월한 수준의 영어 실력 • 탁월한 수준의 인터넷 실력
약점	• 비명문대 출신 • 대학원진학에 대한 부모의 경제적 후원 어려움
기회	• 외국 기업의 국내 진출 활성화 • 능력 위주의 인사
위협	• 국내 대기업의 신입사원 채용 기피 • 명문대 출신 우대 및 사내 파벌화

내부환경 외부환경	강점	약점
기회	① 국내 기업에 입사	② 명문대 대우해주는 대기업에 입사
위협	③ 대기업 포기, 영어와 인터넷 실력 원하는 중소기업 입사	④ 명문대 출신이 많은 기업에 입사

11 다음 환경 분석결과는 ○○학회의 문제를 제시한 것이다. 조직성과를 올리기 위한 전략을 도출하려고 할 때 이에 대응하는 가장 적절한 전략은?

강점	마케팅 수업과 스터디, 교수님과의 연계로 타 학생보다 높은 퀄리티를 가지고 있다.
약점	• 정해진 커리큘럼 없이 조직원들의 혼란이 있다. • 결속력이 약하고 조직원 간 커뮤니케이션의 부재와 조직 사기 저하가 일어났다.
기회	• 공모전이 취업에 높은 비중을 차지한다. • 공모전 증가로 참여 기회가 많아졌다.
위협	• 외부 동아리, 연합 동아리 등이 증가하고 있다. • 학생들의 가입과 참여가 줄어들고 있다.

내부환경 외부환경	강점	약점
기회	① 지도 교수의 지도로 최신 이론을 통해 수준 높은 퀄리티로 공모전에 참여한다.	② 목표를 설정하고 세분화하여 경쟁자를 줄인다.
위협	③ 조직원 간의 결속력을 높여 외부 동아리와의 경쟁력을 갖춘다.	④ 공모전을 목표로 학회의 방향을 명확히 한다.

〈결재규정〉

- 결재를 받으려면 업무에 대해서는 최고결재권자(대표이사)를 포함한 이하 직책자의 결재를 받아야 한다.
- '전결'이라 함은 회사의 경영활동이나 관리활동을 수행함에 있어 의사결정이나 판단을 요하는 일에 대하여 최고결재권자의 결재를 생략하고, 자신의 책임 하에 최종적으로 의사결정이나 판단을 하는 행위를 말한다.
- 전결사항에 대해서도 위임 받은 자를 포함한 이하 직책자의 결재를 받아야 한다.
- 표시내용 : 결재를 올리는 자는 최고결재권자로부터 전결사항을 위임 받은 자가 있는 경우 결재란에 전결이라고 표시하고 최종 결재권자에 위임 받은 자를 표시한다. 다만, 결재가 불필요한 직책자의 결재란은 상황대각선으로 표시한다.
- 최고결재권자의 결재사항 및 최고결재권자로부터 위임된 전결사항은 다음의 표에 따른다.

구분	내용	금액기준	결재서류	팀장	본부장	대표이사
접대비	거래처 식대, 경조사비 등	20만 원 이하	접대비지출품의서 지출결의서	● ■		
		30만 원 이하			● ■	
		30만 원 초과				● ■
교통비	국내 출장비	30만 원 이하	출장계획서 출장비신청서	● ■		
		50만 원 이하		●	■	
		50만 원 초과		●		■
	해외 출장비			●		■
소모품비	사무용품		지출결의서	■		
	문서, 전산소모품					■
	기타 소모품	20만 원 이하		■		
		30만 원 이하			■	
		30만 원 초과				■
교육 훈련비	사내외 교육		기안서 지출결의서	●		■
법인카드	법인카드 사용	50만 원 이하	법인카드신청서	■		
		100만 원 이하			■	
		100만 원 초과				■

● : 기안서, 출장계획서, 접대비지출품의서
■ : 지출결의서, 세금계산서, 발행요청서, 각종 신청서

12 영업부 사원 L씨는 편집부 K씨의 부친상에 부조금 50만 원을 회사 명의로 지급하기로 하였다. L씨가 작성한 결재 방식은?

①

접대비지출품의서			
결재 담당	팀장	본부장	최종 결재
L			팀장

②

접대비지출품의서			
결재 담당	팀장	본부장	최종 결재
L		전결	본부장

③

지출결의서			
결재 담당	팀장	본부장	최종 결재
L	전결		대표이사

④

지출결의서			
결재 담당	팀장	본부장	최종 결재
L			대표이사

13 영업부 사원 I씨는 거래업체 직원들과 저녁 식사를 위해 270,000원을 지불하였다. I씨가 작성해야 하는 결재 방식으로 옳은 것은?

①

접대비지출품의서			
결재	담당	팀장	본부장	최종 결재

결 재	담당	팀장	본부장	최종 결재
	I			전결

②

접대비지출품의서			

결 재	담당	팀장	본부장	최종 결재
	I	전결		본부장

③

지출결의서			

결 재	담당	팀장	본부장	최종 결재
	I	전결		본부장

④

접대비지출품의서			

결 재	담당	팀장	본부장	최종 결재
	I		전결	본부장

14 다음에서 설명하고 있는 마케팅 기법을 일컫는 말로 적절한 것은?

- 앨빈 토플러 등 미래학자들이 예견한 상품 개발 주체에 관한 개념
- 소비자의 아이디어가 신제품 개발에 직접 관여
- 기업이 소비자의 아이디어를 수용해 고객만족을 최대화시키는 전략
- 국내에서도 컴퓨터, 가구, 의류회사 등에서 공모 작품을 통해 적극적 수용

① 니치 마케팅　　　　　　　② 플래그십 마케팅
③ 노이즈 마케팅　　　　　　④ 프로슈머 마케팅

15 다음은 조직의 유형에 대한 설명이다. 옳은 것을 모두 고른 것은?

> ㉠ 조직은 영리성을 기준으로 공식조직과 비공식조직으로 구분할 수 있다.
> ㉡ 조직은 비공식조직으로부터 공식조직으로 발전해왔다.
> ㉢ 정부조직은 비영리조직에 속한다.
> ㉣ 비공식조직 내에서 인간관계를 지향하면서 공식조직이 생성되기도 한다.
> ㉤ 기업과 같이 이윤을 목적으로 하는 조직을 공식조직이라 한다.

① ㉠㉣ ② ㉡㉢
③ ㉡㉤ ④ ㉢㉣

16 중소기업 구매과에 근무하는 K씨는 ○○기업으로부터 부품을 구매하는 역할을 담당하고 있다. K씨가 다니는 기업은 늘 ○○기업으로부터 가장 중요한 부품인 트랜스미션을 개당 2,000원에 구입해오고 있었다. 그러던 어느 날 ○○기업이 개당 가격을 3,000원으로 올린다는 결정문을 팩스로 통보하였다. 이에 K씨는 단기적으로는 우리가 손해를 보더라도 장기적으로 ○○기업과의 관계로 보아 받아들이는 것이 낫다고 결정하였다. 다음에서 K씨가 사용한 협상전략은?

① 회피전략 ② 강압전략
③ 유화전략 ④ 협력전략

17 다음 중 조직변화의 유형에 대한 설명으로 옳지 않은 것은?

① 조직변화는 서비스, 제품, 전략, 구조, 기술, 문화 등에서 이루어질 수 있다.
② 기존 제품이나 서비스의 문제점을 인식하고 고객의 요구에 부응하기 위한 변화를 제품·서비스 변화라 한다.
③ 새로운 기술이 도입되는 것으로 신기술이 발명되었을 때나 생산성을 높이기 위해 이루어지는 것을 전략변화라 한다.
④ 문화변화는 구성원들의 사고방식이나 가치체계를 변화시키는 것을 말한다.

18 다음 ( ) 안에 들어갈 알맞은 말이 바르게 짝지어진 것은?

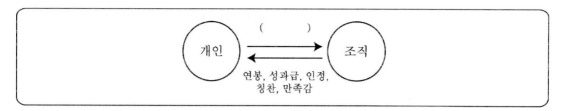

① 지식, 경험, 세금

② 지식, 경험, 기술

③ 경영, 체제, 업무

④ 성과, 수행, 선발

19 다음 중 경영의 구성요소로 보기 어려운 것은?

① 자금

② 경영목적

③ 전략

④ 평가

20 집단의사결정과정의 하나인 브레인스토밍에 대한 설명으로 옳지 않은 것은?

① 다른 사람이 아이디어를 제시할 때에는 비판을 하지 않아야 한다.

② 문제에 대한 제안은 자유롭게 이루어질 수 있다.

③ 아이디어는 적을수록 결정이 빨라져 좋다.

④ 모든 아이디어들이 제안되고 나면 이를 결합하여 해결책을 마련한다.

21 다음은 L씨가 경영하는 스위치 생산 공장의 문제점과 대안을 나타낸 것이다. 이에 대한 설명으로 옳지 않은 것은?

> • 문제점 : 불량률의 증가
> • 해결방법 : 신기술의 도입
> • 가능한 대안
> −신기술의 도입
> −업무시간의 단축
> −생산라인의 변경

① 신기술을 도입할 경우 신제품의 출시가 가능하다.
② 업무시간을 단축할 경우 직원 채용에 대한 시간이 감소한다.
③ 생산라인을 변경하면 새로운 라인에 익숙해지는 데 시간이 소요된다.
④ 업무시간을 단축하면 구성원들의 직무만족도를 증가시킬 수 있다.

22 조직 내 의사결정의 단점으로 볼 수 있는 것은?

① 여러 사람이 모여 자유롭게 논의가 이루어진다.
② 다양한 시각에서 문제를 바라볼 수 있다.
③ 상하간의 의사소통이 활발해진다.
④ 의사결정을 내리는 데 시간이 오래 소요된다.

23 조직문화의 중요성에 대한 내용으로 옳지 않은 것은?

① 조직문화는 기업의 전략수행에 영향을 미친다.
② 조직구성원을 사회화하는 데 영향을 미친다.
③ 신기술을 도입하거나 통합하는 경우에 영향을 미친다.
④ 조직 내 집단 간 갈등에 영향을 미치지 않는다.

24 조직목표에 대한 설명으로 옳지 않은 것은?

① 조직목표는 조직이 존재하는 이유와 관련된 조직의 사명과 사명을 달성하기 위한 세부목표를 가진다.
② 조직구성원들의 수행을 평가할 수 있는 기준이 된다.
③ 조직목표는 조직의 구조, 조직의 전략, 조직의 문화 등과 같은 조직체계의 다양한 구성요소들과 상호관계를 가진다.
④ 조직목표에 영향을 미치는 외적요인으로는 조직리더의 태도변화, 조직 내 권력구조 변화, 목표형성 과정 변화 등이 있다.

25 조직구조의 유형과 그 특징에 대한 설명으로 옳지 않은 것은?

① 조직구조는 의사결정 권한의 집중 정도, 명령계통, 최고경영자의 통제, 규칙과 규제의 정도 등에 따라 기계적 조직과 유기적 조직으로 구분할 수 있다.
② 기계적 조직은 구성원들의 업무가 분명하게 정의되고 많은 규칙과 규제들이 있으며, 상하간 의사소통이 공식적인 경로를 통해 이루어진다.
③ 유기적 조직은 의사결정권한이 조직의 하부구성원들에게 많이 위임되어 있으며 업무 또한 고정되지 않고 공유 가능한 조직이다.
④ 유기적 조직은 비공식적인 상호의사소통이 원활히 이루어지며, 규제나 통제의 정도가 높아 엄격한 위계질서가 존재한다.

26 다음 중 팀에 대한 설명으로 옳지 않은 것은?

① 구성원들이 공동의 목표를 성취하기 위하여 서로 기술을 공유하고 공동으로 책임을 지는 집단을 말한다.
② 다른 집단에 비해 구성원들이 개인적 기여를 강조하고, 개인적 책임뿐 아니라 상호 공동책임을 중요시한다.
③ 다른 집단에 비해 위계질서가 강하며, 목표 추구를 위해 헌신한다는 자세를 가지고 있다.
④ 생산성을 높이고 의사결정을 신속하게 내리며 구성원들의 다양한 창의성 향상을 도모하기 위하여 조직된다.

27 조직 내에서 조직기구의 개편 및 조정, 업무분장 및 조정, 인력수급계획 및 관리, 직무 및 정원의 조정, 노사관리, 평가관리, 상벌관리, 인사발령, 교육체계 수립 및 관리, 임금제도, 복리후생제도, 퇴직관리 등의 업무를 하는 부서는?

① 총무부
② 기획부
③ 인사부
④ 영업부

28 업무에 대한 설명으로 옳지 않은 것은?

① 상품이나 서비스를 창출하기 위한 생산적인 활동을 업무라 한다.
② 자신이 속한 조직의 다양한 업무를 통해 조직의 체제를 이해할 수 있다.
③ 개별적인 업무에는 지식, 기술, 도구의 종류가 다르고 이들 간 다양성도 차이가 있다.
④ 모든 업무는 구매에서 출고와 같이 일련의 과정을 거치게 된다.

29 다음 조직몰입에 관련한 내용으로 가장 거리가 먼 것은?

① 정서적 몰입은 현재의 조직을 떠나 타 조직으로 이동할 때 발생하는 비용 때문에 현 조직에서의 구성원으로서 자격을 지속적으로 유지하려는 심리적 상태에 따른 몰입의 차원이다.
② 조직몰입은 직무만족과 같이 주관적 개념이다.
③ 개인의 조직에 대한 태도가 조직몰입이며 직무만족에 의해 조직몰입이 증대된다.
④ 조직몰입은 조직에 대해 원하는 것과 실제 얻는 것과의 비교로 나타난다.

30 다음 중 조직의 성격 및 특성에 관한 설명으로 가장 옳지 않은 것은?

① 직분으로서의 목적과 이의 달성을 위한 직위에 의하여 뒷받침되고 있는 의식적으로 조정된 직능의 체계이다.

② 투입, 산출, 피드백을 통해 외부환경과 상호작용을 하는 개방체계이다.

③ 성장과 변화에 대응하지 않는 정태적 균형을 추구한다.

④ 공동의 목적을 위해 정립된 체계화된 구조이다.

04 문제해결능력

정답 및 해설 p.310

1 A, B, C 세 나라는 서로 수출과 수입을 하고 있으며, 모든 나라가 수입품에 대해 10%의 관세를 부과하고 있다. 만일, A국과 B국이 자유무역협정(FTA)을 맺는다면, 이 때 발생하는 변화로 적절한 것을 〈보기〉에서 모두 고른 것은 어느 것인가?

> ㉠ A국과 B국간의 교역규모가 증가한다.
> ㉡ A국과 B국의 모든 생산자는 관세 철폐로 인해 혜택을 누리게 된다.
> ㉢ A국과 B국의 모든 소비자는 관세 철폐로 인해 혜택을 누리게 된다.
> ㉣ C국은 종전과 같은 수준의 관세를 유지하고 있어 수출과 수입에 변화가 없다.

① ㉠, ㉡

② ㉠, ㉢

③ ㉡, ㉢

④ ㉡, ㉣

2 각기 번호가 다른 다섯 친구는 저마다 좋아하는 색상과 과일을 선택한다. 다음을 참고하여 병의 번호와 선택한 과일 및 색상을 올바르게 연결한 것을 고르면? (단, 번호, 과일, 색상은 중복되지 않는다)

> ㉠ 다섯 학생은 갑, 을, 병, 정, 무이다.
> ㉡ 선택 가능한 과일은 포도, 망고, 키위, 바나나, 수박이 있다.
> ㉢ 선택 가능한 색상은 노랑, 파랑, 빨강, 주황, 보라가 있다.
> ㉣ 노랑을 택한 친구는 수박을 좋아하고 5번이 아니다.
> ㉤ 정은 3번이고, 을은 주황을 좋아한다.
> ㉥ 갑은 4번이고 노랑을 좋아하지만 망고는 싫어한다.
> ㉦ 1번 친구는 파랑을 좋아하고, 무는 포도를 좋아한다.
> ㉧ 주황을 좋아하는 친구는 2번이다.
> ㉨ 병은 키위를 좋아하지만 보라는 싫어한다.
> ㉩ 바나나를 좋아하는 친구는 주황도 좋아한다.
> ㉪ 포도를 좋아하는 친구는 빨강도 좋아한다.

① 1번 – 키위 – 파랑
② 4번 – 바나나 – 노랑
③ 3번 – 포도 – 보라
④ 2번 – 망고 – 주황

▌3~4▐ 다음은 탄력근무제에 대한 사내 규정의 일부이다. 물음에 답하시오.

제17조(탄력근무 유형 등)

① 탄력근무의 유형은 시차출퇴근제와 시간선택제로 구분한다.

② 시차출퇴근제는 근무시간을 기준으로 다음 각 호와 같이 구분한다. 이 경우 시차출퇴근 C형은 12세 이하이거나 초등학교에 재학 중인 자녀를 양육하는 직원만 사용할 수 있다.

  1. 시차출퇴근 A형 : 8:00~17:00

  2. 시차출퇴근 B형 : 10:00~19:00

  3. 시차출퇴근 C형 : 9:30~18:30

③ 시간선택제는 다음 각 호의 어느 하나에 해당하는 직원이 근무시간을 1시간부터 3시간까지 단축하는 근무형태로서 그 근무유형 및 근무시간은 별도로 정한 바와 같다.

  1. 「임금피크제 운영규정」 제4조에 따라 임금피크제의 적용을 받는 직원

  2. 「인사규정 시행규칙」 제34조의2 제1항 제1호 또는 제2호에 해당되는 근무 직원

  3. 일·가정 양립, 자기계발 등 업무 내·외적으로 조화로운 직장생활을 위하여 월 2회의 범위 안에서 조기퇴근(이하 "조기퇴근"이라 한다)을 하려는 직원

제18조(시간선택제 근무시간 정산)

① 시간선택제 근무 직원은 그 단축 근무로 통상근무에 비해 부족해진 근무시간을 시간선택제 근무를 실시한 날이 속하는 달이 끝나기 전까지 정산하여야 한다.

② 제1항에 따른 정산은 다음 각 호에 따른 방법으로 실시한다. 이 경우 정산근무시간은 10분 단위로 인정한다.

  1. 조기퇴근을 제외한 시간선택제 근무시간 정산: 해당 시간선택제 근무로 근무시간이 단축되는 날을 포함하여 08:00부터 09:00까지 또는 18:00부터 21:00까지 사이에 근무

  2. 조기퇴근 근무시간 정산: 다음 각 목의 방법으로 실시. 이 경우 사전에 미리 근무시간 정산을 할 것을 신청하여야 한다.

    가. 근무시작시간 전에 정산하는 경우 : 각 근무유형별 근무시작시간 전까지 근무

    나. 근무시간 이후에 정산하는 경우 : 각 근무유형별 근무종료시간부터 22:00까지 근무

③ 시간선택제 근무 직원은 휴가·교육 등으로 제1항에 따른 정산을 실시하지 못함에 따른 임금손실을 방지하기 위하여 사전에 정산근무를 실시하는 등 적정한 조치를 하여야 한다.

제19조(신청 및 승인)

① 탄력근무를 하려는 직원은 그 근무시작 예정일의 5일 전까지 탄력근무 신청서를 그 소속 부서의 장에게 제출하여야 한다.

② 제20조 제2항에 따라 탄력근무가 직권해지(같은 항 제2호 또는 제3호의 사유로 인한 것에 한정한다)된 날부터 6개월이 지나지 아니한 경우에는 탄력근무를 신청할 수 없다.

③ 다음 각 호의 직원은 제17조 제3항 제3호의 조기퇴근을 신청할 수 없다.

1. 임신부
2. 제17조 제3항 제1호 및 제2호에 해당하여 시간선택제를 이용하고 있는 직원
3. 제8조 및 제9조의 단시간근무자
4. 육아 및 모성보호 시간 이용 직원

④ 부서의 장은 제1항에 따라 신청서를 제출받으면 다음 각 호의 어느 하나에 해당하는 경우 외에는 그 신청에 대하여 승인하여야 한다.

1. 업무공백 최소화 등 원활한 업무진행을 위하여 승인인원의 조정이 필요한 경우
2. 민원인에게 불편을 초래하는 등 정상적인 사업운영이 어렵다고 판단되는 경우

⑤ 탄력근무는 매월 1일을 근무 시작일로 하여 1개월 단위로 승인한다.

⑥ 제17조 제3항 제3호에 따른 조기퇴근의 신청, 취소 및 조기퇴근일의 변경은 별지 제4호의2 서식에 따라 개인이 신청한다. 이 경우 조기퇴근 신청에 관하여 승인권자는 월 2회의 범위에서 승인한다.

3 다음 중 위의 탄력근무제에 대한 올바른 설명이 아닌 것은 어느 것인가?

① 조기퇴근은 매월 2회까지만 실시할 수 있다.
② 시간선택제 근무제를 사용하려는 직원은 신청 전에 정산근무를 먼저 해 둘 수 있다.
③ 규정에 맞는 경우라 하더라도 탄력근무제를 신청하여 승인이 되지 않을 수도 있다.
④ 시차출퇴근제와 시간선택제의 다른 점 중 하나는 해당 월의 총 근무 시간의 차이이다.

4 탄력근무제를 실시하였거나 실시하려고 계획하는 공단 직원의 다음과 같은 판단 중, 규정에 어긋나는 것은 어느 것인가?

① 놀이방에 아이를 맡겨 둔 K씨는 시차출퇴근 C형을 신청하려고 한다.
② 7월 2일 조기퇴근을 실시한 H씨는 7월 말일 이전 근무일에 저녁 9시경까지 정산근무를 하려고 한다.
③ 6월 3일에 조기퇴근을 실시하고 한 달 후인 7월 3일에 재차 사용한 M씨는 7월 4일부터 8월 4일까지의 기간 동안 2회의 조기퇴근을 신청하려고 한다.
④ 7월 15일에 탄력근무제를 사용하고자 하는 R씨는 7월 7일에 팀장에게 신청서를 제출하였다.

┃5~6┃ 다음은 휴양콘도 이용 안내문이다. 물음에 답하시오.

▲ 휴양콘도 이용대상

• 주말, 성수기 : 월평균소득이 243만 원 이하 근로자

• 평일 : 모든 근로자(월평균소득이 243만 원 초과자 포함), 특수형태근로종사자

• 이용희망일 2개월 전부터 신청 가능

• 이용희망일이 주말, 성수기인 경우 최초 선정일 전날 23시 59분까지 접수 요망. 이후에 접수할 경우 잔여객실 선정일정에 따라 처리

▲ 휴양콘도 이용우선순위

① 주말, 성수기

 • 주말·성수기 선정 박수가 적은 근로자

 • 이용가능 점수가 높은 근로자

 • 월평균소득이 낮은 근로자

  ※ 위 기준 순서대로 적용되며, 근로자 신혼여행의 경우 최우선 선정

② 평일 : 선착순

▲ 이용·변경·신청취소

• 선정결과 통보 : 이용대상자 콘도 이용권 이메일 발송

• 이용대상자로 선정된 후에는 변경 불가 → 변경을 원할 경우 신청 취소 후 재신청

• 신청취소는 「근로복지서비스 〉 신청결과확인」 메뉴에서 이용일 10일 전까지 취소 (9일전~1일전 취소는 이용점수가 차감되며, 이용당일 취소 또는 취소 신청 없이 이용하지 않는 경우 (No-Show) 1년 동안 이용 불가)

• 선정 후 취소 시 선정 박수에는 포함되므로 이용우선순위에 유의(평일 제외) (기준년도 내 선정 박수가 적은 근로자 우선으로 자동선발하고, 차순위로 점수가 높은 근로자 순으로 선발하므로 선정 후 취소 시 차후 이용우선순위에 영향을 미치니 유의하시기 바람)

• 이용대상자로 선정된 후 타인에게 양도 등 부정사용 시 신청일 부터 5년간 이용 제한

▲ 기본점수 부여 및 차감방법 안내

• 매년(년 1회) 연령에 따른 기본점수 부여

[월평균소득 243만 원 이하 근로자]

연령대	50세 이상	40~49세	30~39세	20~29세	19세 이하
점수	100점	90점	80점	70점	60점

(월평균소득 243만 원 초과 근로자, 특수형태근로종사자, 고용·산재보험 가입사업장 : 0점)

- 기 부여된 점수에서 연중 이용점수 및 벌점에 따라 점수 차감

구분	이용점수(1박당)			벌점	
	성수기	주말	평일	이용취소 (9~1일전 취소)	No-show (당일취소, 미이용)
차감점수	20점	10점	0점	50점	1년 사용제한

▲ 벌점(이용취소, No-show)부과 예외

- 이용자의 배우자 · 직계존비속 또는 배우자의 직계존비속이 사망한 경우
- 이용자 본인 · 배우자 · 직계존비속 또는 배우자의 직계존비속이 신체이상으로 3일 이상 의료기관에 입원하여 콘도 이용이 곤란한 경우
- 운송기관의 파업 · 휴업 · 결항 등으로 운송수단을 이용할 수 없어 콘도 이용이 곤란한 경우
  (벌점부과 예외 사유에 의한 취소 시에도 선정박수에는 포함되므로 이용우선순위에 유의)

5 다음 중 위의 안내문을 보고 올바른 콘도 이용계획을 세운 사람은 누구인가?

① "난 이용가능 점수도 높아 거의 1순위인 것 같은데, 올 해엔 시간이 없으니 내년 여름휴가 때 이용할 콘도나 미리 예약해 둬야겠군."

② "경태 씨, 우리 신혼여행 때 휴양 콘도 이용 일정을 넣고 싶은데 이용가능점수도 낮고 소득도 좀 높은 편이라 어려울 것 같네요."

③ "여보, 지난 번 신청한 휴양콘도 이용자 선정 결과가 아직 안 나왔나요? 신청할 때 제 전화번호를 기재했다고 해서 계속 기다리고 있는데 전화가 안 오네요."

④ "영업팀 최 부장님은 50세 이상이라서 기본점수가 높지만 지난 번 성수기에 2박 이용을 하셨으니 아직 미사용 중인 20대 엄 대리가 점수 상으로는 좀 더 선정 가능성이 높겠군."

6 다음 〈보기〉의 신청인 중 올해 말 이전 휴양콘도 이용 순위가 높은 사람부터 순서대로 올바르게 나열한 것은 어느 것인가?

> 〈보기〉
> • A씨 : 30대, 월 소득 200만 원, 주말 2박 선정 후 3일 전 취소(무벌점)
> • B씨 : 20대, 월 소득 180만 원, 신혼여행 시 이용 예정
> • C씨 : 40대, 월 소득 220만 원, 성수기 2박 기 사용
> • D씨 : 50대, 월 소득 235만 원, 올 초 선정 후 5일 전 취소, 평일 1박 기 사용

① D씨 – B씨 – A씨 – C씨

② B씨 – D씨 – C씨 – A씨

③ C씨 – D씨 – A씨 – B씨

④ B씨 – D씨 – A씨 – C씨

7 전력 설비 수리를 하기 위해 본사에서 파견된 8명의 기술자들이 출장지에서 하룻밤을 묵게 되었다. 1개 층에 4개의 객실(101~104호, 201~204호, 301~304호, 401~404호)이 있는 3층으로 된 조그만 여인숙에 1인당 객실 1개씩을 잡고 투숙하였고 다음과 같은 조건을 만족할 경우, 12개의 객실 중 8명이 묵고 있지 않은 객실 4개를 모두 알기 위하여 필요한 사실이 될 수 있는 것은 다음 보기 중 어느 것인가? (출장자 일행 외의 다른 투숙객은 없는 것으로 가정한다)

> • 출장자들은 1, 2, 3층에 각각 객실 2개, 3개, 3개에 투숙하였다.
> • 출장자들은 1, 2, 3, 4호 라인에 각각 2개, 2개, 1개, 3개 객실에 투숙하였다.

① 302호에 출장자가 투숙하고 있다.

② 203호에 출장자가 투숙하고 있지 않다.

③ 102호에 출장자가 투숙하고 있다.

④ 103호에 출장자가 투숙하고 있다.

8 은행, 식당, 편의점, 부동산, 커피 전문점, 통신사 6개의 상점이 아래에 제시된 조건을 모두 만족하며 위치할 때, 오른쪽에서 세 번째 상점은 어느 것인가?

> ㉠ 모든 상점은 옆으로 나란히 연이어 위치하고 있으며, 사이에 다른 상점은 없다.
> ㉡ 편의점과 식당과의 거리는 두 번째로 멀다.
> ㉢ 커피 전문점과 편의점 사이에는 한 개의 상점이 있다.
> ㉣ 왼쪽에서 두 번째 상점은 통신사이다.
> ㉤ 식당의 바로 오른쪽 상점은 부동산이다.

① 식당

② 통신사

③ 은행

④ 편의점

9 사내 체육대회에서 영업1팀~4팀, 생산1팀~3팀의 7개 팀이 다음과 같은 대진표에 맞춰 경기를 펼치게 되었다. 7개의 팀은 대진표에서 1번부터 7번까지의 번호를 선택하여 대결을 하게 된다. 이 때, 영업1팀과 생산1팀이 두 번째 경기에서 만나게 될 확률은 얼마인가? (단, 각 팀이 이길 확률은 모두 50%로 같고, 무승부는 없다.)

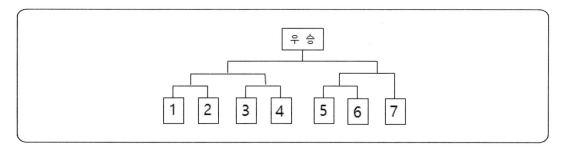

① $\dfrac{2}{21}$

② $\dfrac{3}{17}$

③ $\dfrac{4}{15}$

④ $\dfrac{5}{22}$

10 R공사에서는 신입사원 2명을 채용하기 위하여 서류와 필기 전형을 통과한 갑, 을, 병, 정 네 명의 최종 면접을 실시하려고 한다. 아래 표와 같이 네 개 부서의 팀장이 각각 네 명을 모두 면접하여 최종 선정 우선순위를 결정하였다. 면접 결과에 대한 〈보기〉와 같은 설명 중 적절한 것을 모두 고른 것은?

	A팀장	B팀장	C팀장	D팀장
최종 선정자 (1/2/3/4순위)	을 / 정 / 갑 / 병	갑 / 을 / 정 / 병	을 / 병 / 정 / 갑	병 / 정 / 갑 / 을

* 우선순위가 높은 사람 순으로 2명을 채용하며, 동점자는 A, B, C, D팀장 순으로 부여한 고순위자로 결정함.

* 팀장별 순위에 대한 가중치는 모두 동일하다.

〈보기〉
(가) '을' 또는 '정' 중 한 명이 입사를 포기하면 '갑'이 채용된다.
(나) A팀장이 '을'과 '정'의 순위를 바꿨다면 '갑'이 채용된다.
(다) B팀장이 '갑'과 '병'의 순위를 바꿨다면 '정'은 채용되지 못한다.

① (가)　　　　　　　　　　　　　② (가), (다)
③ (나), (다)　　　　　　　　　　　④ (가), (나)

11 다음 제시된 전제에 따라 결론을 바르게 추론한 것은?

• 어떤 천재는 수학자이다.
• 피타고라스는 수학자이다.
• 그러므로 (　　　　　　　　　　　)

① 피타고라스는 천재이다.
② 피타고라스는 천재가 아니다.
③ 피타고라스는 과학자이다.
④ 피타고라스가 천재인지 아닌지는 알 수 없다.

12 다음에 제시된 사실이 모두 참일 때 이를 통해 얻은 결론의 참, 거짓, 알 수 없음을 판단하면?

> [사실]
> • 모든 변호사는 논리적이다.
> • 어떤 작가도 논리적이지 않다.
>
> [결론]
> A : 모든 변호사는 작가가 아니다.
> B : 모든 작가는 변호사이다.

① A만 옳다.
② B만 옳다.
③ A와 B 모두 옳다.
④ A와 B 모두 그르다.

13 다음의 논증이 타당하려면 반드시 보충되어야 할 전제는?

> M방송국이 월드컵 중계방송을 하지 않는다면 K방송국이 월드컵 중계방송을 한다. K방송국과 S방송국이 동시에 월드컵 중계방송을 하는 일은 있을 수 없다. 그러므로 M방송국은 월드컵 중계방송을 한다.

① S방송국이 월드컵 중계방송을 한다.
② K방송국이 월드컵 중계방송을 한다.
③ K방송국이나 S방송국이 월드컵 중계방송을 한다.
④ S방송국이 월드컵 중계방송을 하지 않으면 K방송국이 월드컵 중계방송을 한다.

14 표는 A씨의 금융 상품별 투자 보유 비중 변화를 나타낸 것이다. (가)에서 (나)로 변경된 내용으로 옳은 설명을 고르면?

금융 상품		(가) 보유 비중(%)	(나) 보유 비중(%)
주식	○○(주)	30	20
주식	△△(주)	20	0
저축	보통예금	10	20
저축	정기적금	20	20
채권	국·공채	20	40

ⓐ 직접금융 종류에 해당하는 상품 투자 보유 비중이 낮아졌다.
ⓑ 수익성보다 안정성이 높은 상품 투자 보유 비중이 높아졌다.
ⓒ 배당 수익을 받을 수 있는 자본 증권 투자 보유 비중이 높아졌다.
ⓓ 일정 기간 동안 일정 금액을 예치하는 예금 보유 비중이 낮아졌다.

① ⓐⓑ
② ⓐⓒ
③ ⓑⓒ
④ ⓑⓓ

도서출판 서원각에 근무하는 K씨는 고객으로부터 9급 건축직 공무원 추천도서를 요청받았다. K씨는 도서를 추천하기 위해 다음과 같은 9급 건축직 발행도서의 종류와 특성을 참고하였다.

K씨 : 감사합니다. 도서출판 서원각입니다.

고객 : 9급 공무원 건축직 관련 도서 추천을 좀 받고 싶습니다.

K씨 : 네, 어떤 종류의 도서를 원하십니까?

고객 : 저는 기본적으로 이론은 대학에서 전공을 했습니다. 그래서 많은 예상문제를 풀 수 있는 것이 좋습니다.

K씨 : 아. 문제가 많은 것이라면 딱 잘라서 말씀드리기가 어렵습니다.

고객 : 알아요. 그래도 적당히 가격도 그리 높지 않고 예상문제가 많이 들어 있는 것이면 됩니다.

K씨 : 네. 알겠습니다. 많은 예상문제풀이가 가능한 것 외에는 다른 필요한 사항은 없으십니까?

고객 : 가급적이면 20,000원 이하가 좋을 듯 합니다.

도서명	예상문제 문항 수	기출문제 수	이론 유무	가격
실력평가모의고사	400	120	무	18,000
전공문제집	500	160	유	25,000
문제완성	600	40	무	20,000
합격선언	300	200	유	24,000

15 다음 중 K씨가 고객의 요구에 맞는 도서를 추천해 주기 위해 가장 우선적으로 고려해야 하는 특성은 무엇인가?

① 기출문제 수　　　　　　　　　② 이론 유무

③ 가격　　　　　　　　　　　　　④ 예상문제 문항 수

16 고객의 요구를 종합적으로 반영하였을 때 많은 문제와 가격을 맞춘 가장 적당한 도서는?

① 실력평가모의고사　　　　　　　② 전공문제집

③ 문제완성　　　　　　　　　　　④ 합격선언

┃17~18┃ 다음 내용을 보고 유추할 수 없는 내용을 고르시오.

17

> '사일로 효과'란 곡식을 저장해두는 굴뚝 모양의 창고인 사일로(silo)에서 유래된 말로 다른 부서와의 협력과 교류 없이 자신이 속한 부서의 이익만을 추구하는 조직 장벽과 부서 이기주의를 뜻한다. 최근 성과주의가 심화되면서 기업의 부서 내에 지나친 경쟁 심리가 조직 이기주의라는 문화적 병리 현상을 유발하고 있어서 사일로 현상은 더욱 고착화되는 경향이 짙다. 하지만 기업 전체 목표에서 살펴본다면 이러한 부서 간의 갈등은 당연히 기업이나 조직의 발전에 위험이 될 수 있음을 유의해야 할 것이다.

① 사일로 효과란 조직의 부서들이 서로 다른 부서와 담을 쌓고 내부 이익만을 추구하는 현상을 뜻한다.

② 고객의 니즈에 대하여 고민하고, 기업의 발전을 위해 노력해야 할 시간에 내부 직원들 간의 갈등은 기업 전체의 경쟁력에 있어 소모적일 뿐이다.

③ 나, 우리 부서만을 생각할 것이 아니라 조직의 전체목표를 바라볼 수 있어야 한다.

④ 성과주의의 심화는 사일로 효과를 약화시킬 것이다.

18

> 요즘 소비자들은 이야기를 재구성해 퍼뜨리기를 좋아하는 '호모나랜스(homonarrans)'의 성격이 강하다. 호모나랜스의 특징은 다음과 같다.
>
> 첫째, 수동적으로 정보를 받기보다 관심 있는 정보를 적극적으로 찾아다닌다. 둘째, 상품 정보를 동료 소비자들과 소통하는 공간(We media)에서 찾는다. 셋째, 흥미로운 이야기를 자신만의 방식으로 재구성하는 데 능하고, 그 과정 자체를 즐긴다. 넷째, 인터넷 콘텐츠를 만들어 온라인에 게재하고, 자신의 취향과 관심사를 표현하는 것을 매우 중요하게 생각한다.

① 최근 소비자들은 홈페이지의 상품 정보보다 다른 소비자들의 상품평을 더 신뢰한다.

② 최근 소비자들은 재구성한 이야기를 다시 다른 사람들과 공유한다.

③ 최근 소비자들은 정보를 독식하고 타인과 공유하기를 꺼려한다.

④ 최근 소비자들은 온라인 콘텐츠를 적극적으로 활용하여 자신들의 소비생활에 활용한다.

19 다음은 주식회사 서원각의 팀별 성과급 지급 기준이다. Y팀의 성과평가결과가 다음과 같다면 지급되는 성과급의 1년 총액은?

〈성과급 지급 방법〉
(가) 성과급 지급은 성과평가 결과와 연계함.
(나) 성과평가는 유용성, 안전성, 서비스 만족도의 총합으로 평가함. 단, 유용성, 안전성, 서비스 만족도의 가중치를 각각 0.4, 0.4, 0.2로 부여함.
(다) 성과평가 결과를 활용한 성과급 지급 기준

성과평가 점수	성과평가 등급	분기별 성과급 지급액	비고
9.0 이상	A	100만 원	성과평가 등급이 A이면 직전분기 차감액의 50%를 가산하여 지급
8.0 이상 9.0 미만	B	90만 원 (10만 원 차감)	
7.0 이상 8.0 미만	C	80만 원 (20만 원 차감)	
7.0 미만	D	40만 원 (60만 원 차감)	

구분	1/4 분기	2/4 분기	3/4 분기	4/4 분기
유용성	8	8	10	8
안전성	8	6	8	8
서비스 만족도	6	8	10	8

① 350만 원
② 360만 원
③ 370만 원
④ 380만 원

20 다음은 이○○씨가 A지점에서 B지점을 거쳐 C지점으로 출근을 할 때 각 경로의 거리와 주행속도를 나타낸 것이다. 이○○씨가 오전 8시 정각에 A지점을 출발해서 B지점을 거쳐 C지점으로 갈 때, 이에 대한 설명 중 옳은 것을 고르면?

구간	경로	주행속도(km/h)		거리(km)
		출근 시간대	기타 시간대	
A→B	경로 1	30	45	30
	경로 2	60	90	
B→C	경로 3	40	60	40
	경로 4	80	120	

※ 출근 시간대는 오전 8시부터 오전 9시까지이며, 그 이외의 시간은 기타 시간대임.

① C지점에 가장 빨리 도착하는 시각은 오전 9시 10분이다.

② C지점에 가장 늦게 도착하는 시각은 오전 9시 20분이다.

③ B지점에 가장 빨리 도착하는 시각은 오전 8시 40분이다.

④ 경로 2와 경로 3을 이용하는 경우와, 경로 1과 경로 4를 이용하는 경우 C지점에 도착하는 시각은 동일하다.

21 함께 여가를 보내려는 A, B, C, D, E 다섯 사람의 자리를 원형 탁자에 배정하려고 한다. 다음 글을 보고 옳은 것을 고르면?

> • A 옆에는 반드시 C가 앉아야 된다.
> • D의 맞은편에는 A가 앉아야 된다.
> • 여가시간을 보내는 방법은 책읽기, 수영, 영화 관람이다.
> • C와 E는 취미생활을 둘이서 같이 해야 한다.
> • B와 C는 취미가 같다.

① A의 오른편에는 B가 앉아야 한다.

② B가 책읽기를 좋아한다면 E도 여가 시간을 책읽기로 보낸다.

③ B는 E의 옆에 앉아야 한다.

④ A와 D 사이에 C가 앉아있다.

22 다음 글을 통해서 볼 때, 그림을 그린 사람(들)은 누구인가?

> 송화, 진수, 경주, 상민, 정란은 대학교 회화학과에 입학하기 위해 △△미술학원에서 그림을 그린다. 이들은 특이한 버릇을 가지고 있다. 송화, 경주, 정란은 항상 그림이 마무리되면 자신의 작품 밑에 거짓을 쓰고, 진수와 상민은 자신의 그림에 언제나 참말을 써넣는다. 우연히 다음과 같은 글귀가 적힌 그림이 발견되었다.
> "이 그림은 진수가 그린 것이 아님"

① 진수

② 상민

③ 송화, 경주

④ 경주, 정란

23 A, B, C, D, E는 4시에 만나서 영화를 보기로 약속했다. 이들이 도착한 것이 다음과 같다면 옳은 것은?

> • A 다음으로 바로 B가 도착했다.
> • B는 D보다 늦게 도착했다.
> • B보다 늦게 온 사람은 한 명뿐이다.
> • D는 가장 먼저 도착하지 못했다.
> • 동시에 도착한 사람은 없다.
> • E는 C보다 일찍 도착했다.

① D는 두 번째로 약속장소에 도착했다.

② C는 약속시간에 늦었다.

③ A는 가장 먼저 약속장소에 도착했다.

④ E는 제일 먼저 도착하지 못했다.

|24~25| 다음은 '니하오 중국어 어학원'의 강의 시간표와 관련된 자료이다. 다음 자료를 읽고 이어지는 물음에 답하시오.

화동 씨는 3~4월 시간표를 참고해서 오는 5~6월 수업 시간표를 작성하려 한다. 니하오 중국어 어학원은 입문-초급-중급-고급의 4단계로 이루어져 있으며 5~6월 시간표는 3~4월 강좌보다 한 단계 높은 수준을 개설할 계획이다. 예를 들어 3~4월에 입문반이 있었으면 초급반으로, 초급반이 있었으면 이번에는 중급반으로 개설하는 것이다. 단, 고급반의 경우 다시 입문반으로 개설한다. 그리고 종합반은 2개 차시로 묶어서 개설해야 한다. 시간대는 종합반은 3~4월 시간표 그대로 하고, 직장인 대상 비즈니스반은 밤 8시 이후여야 하며, 모든 강좌는 꼭 주 2회 이상 있어야 한다.

〈5~6월 강좌 예상 일정〉

강좌명	개설 가능 요일	비고
종합반	매일	학생 대상
성조반	수, 금	
회화반A	매일	
회화반B	화, 목, 금	
독해반	매일	
문법반	월, 화, 목	
청취반	화, 목	
비즈니스반	월, 목	직장인 대상
한자반	월, 수, 금	학생 대상

〈3~4월 시간표〉

	월	화	수	목	금
16:00~16:50	종합반 (초급)	회화반A 고급	종합반 (초급)	회화반A 고급	종합반 (초급)
17:00~17:50		한자반 초급		한자반 초급	
19:00~19:50	회화반B 초급	성조반 중급	회화반B 초급	성조반 중급	회화반B 초급
20:00~20:50	문법반 중급	독해반 고급	문법반 중급	독해반 고급	문법반 중급
21:00~21:50	청취반 입문	비즈니스반 입문	청취반 입문	비즈니스반 입문	청취반 입문

24 다음은 화동 씨가 5~6월 시간표를 작성하기 전에 강좌 예상 일정을 참고하여 각 강좌의 개설 가능 요일을 표로 정리한 것이다. 다음 중 요일 분배가 적절하지 않은 것은?

	월	화	수	목	금
성조반	x	x	o	x	o
회화반B	x	o	x	o	o
문법반	x	o	x	o	x
한자반	o	x	o	x	o
회화반A	o	o	o	o	o

① 성조반

② 회화반B

③ 문법반

④ 한자반

25 다음은 화동 씨가 작성한 5~6월 시간표이다. 시간표를 보고 잘못 기재된 것을 올바르게 지적한 것은?

	월	화	수	목	금
16:00~16:50	종합반(중급)	회화반B / 중급	종합반(중급)	회화반B / 중급	종합반(중급)
17:00~17:50		독해반 / 입문		독해반 / 입문	
19:00~19:50	한자반 / 중급	청취반 / 초급	한자반 / 중급	청취반 / 초급	한자반 / 중급
20:00~20:50	비즈니스반 / 초급	회화반A / 입문	회화반A / 입문	비즈니스반 / 초급	회화반A / 입문
21:00~21:50	문법반 / 초급	문법반 / 초급	성조반 / 고급	문법반 / 초급	성조반 / 고급

① 독해반은 중급반으로 수정되어야 한다.

② 한자반의 요일과 단계가 모두 수정되어야 한다.

③ 비즈니스반과 회화반A의 요일이 서로 뒤바뀌었다.

④ 밤 9시에 열리는 문법반은 고급반으로 수정되어야 한다.

26 A, B, C, D는 영업, 사무, 전산, 관리의 일을 각각 맡아서 하기로 하였다. A는 영업과 사무 분야의 업무를 싫어하고, B는 관리 업무를 싫어하며, C는 영업 분야 일을 하고 싶어하고, D는 전산 분야 일을 하고 싶어한다. 인사부에서 각자의 선호에 따라 일을 시킬 때 옳게 짝지은 것은?

① A − 관리
② B − 영업
③ C − 전산
④ D − 사무

27 서울 출신 두 명과 강원도 출신 두 명, 충청도, 전라도, 경상도 출신 각 1명이 다음의 조건대로 줄을 선다. 앞에서 네 번째에 서는 사람의 출신지역은 어디인가?

- 충청도 사람은 맨 앞 또는 맨 뒤에 선다.
- 서울 사람은 서로 붙어 서있어야 한다.
- 강원도 사람 사이에는 다른 지역 사람 1명이 서있다.
- 경상도 사람은 앞에서 세 번째에 선다.

① 서울
② 강원도
③ 충청도
④ 전라도

|28~29| 2층짜리 주택에 부모와 미혼인 자식으로 이루어진 두 가구, ㈎, ㈏, ㈐, ㈑, ㈒, ㈓, ㈔ 총 7명이 살고 있다. 아래의 조건을 보고 물음에 답하시오.

- 1층에는 4명이 산다.
- 혈액형이 O형인 사람은 3명, A형인 사람은 1명, B형인 사람은 1명이다.
- ㈎는 기혼남이며, 혈액형은 A형이다.
- ㈏와 ㈔는 부부이며, 둘 다 O형이다.
- ㈐는 미혼 남성이다.
- ㈑는 1층에 산다.
- ㈒의 혈액형은 B형이다.
- ㈓의 혈액형은 O형이 아니다.

---

28 ㈐의 혈액형으로 옳은 것은?

① A형   ② AB형

③ O형   ④ 알 수 없다.

29 1층에 사는 사람은 누구인가?

① ㈎㈐㈑㈓   ② ㈎㈑㈒㈓

③ ㈏㈑㈓㈔   ④ 알 수 없다.

30 다음과 같은 구조를 가진 어느 호텔에 A~H 8명이 투숙하고 있고, 알 수 있는 정보가 다음과 같다. B의 방이 204호일 때, D의 방은? (단, 한 방에는 한 명씩 투숙한다)

a라인	201	202	203	204	205
복도					
b라인	210	209	208	207	206

- 비어있는 방은 한 라인에 한 개씩 있고, A, B, F, H는 a라인에, C, D, E, G는 b라인에 투숙하고 있다.
- A와 C의 방은 복도를 사이에 두고 마주보고 있다.
- F의 방은 203호이고, 맞은 편 방은 비어있다.
- C의 오른쪽 옆방은 비어있고 그 옆방에는 E가 투숙하고 있다.
- B의 옆방은 비어있다.
- H와 D는 누구보다 멀리 떨어진 방에 투숙하고 있다.

① 202호
② 205호
③ 206호
④ 207호

05 수리능력

정답 및 해설 p.318

│1~4│ 다음 숫자들의 배열 규칙을 찾아 빈칸에 들어갈 알맞은 숫자를 고르시오.

1

| 2, 5, 11, 23　　2, 7, 22, 67　　1, 5, 21, 85　　1, 6, 31, 156　　1, 7, 43, (　) |

① 245
② 252
③ 259
④ 264

2

| 22, 4, 2　　19, 3, 1　　37, 5, 2　　5, 3, 2　　54, 6, (　) |

① 0
② 1
③ 2
④ 3

3

| 53　　63　　62　　41 → 82　　93　　84　　(　) |

① 72
② 74
③ 53
④ 93

4

| 2　　4　　0　　6　　-2　　8　　(　) |

① -1
② -2
③ -3
④ -4

5 4%의 소금물과 10%의 소금물을 섞은 후 물을 더 부어 4.5%의 소금물 200g을 만들었다. 10%의 소금물의 양과 더 부은 물의 양이 같다고 할 때, 4% 소금물의 양은 몇 g인가?

① 100g ② 105g

③ 110g ④ 120g

6 A와 B가 둘레가 400m인 호수를 따라 산책을 하려고 한다. 한 지점에서 서로 같은 방향으로 출발하면 10분 후에 A가 B를 한 바퀴 앞서고, 다른 방향으로 출발하면 5분 후에 만난다고 할 때, A와 B가 각각 1분 동안 움직이는 거리는?

① A : 50m, B : 10m ② A : 60m, B : 10m

③ A : 40m, B : 20m ④ A : 60m, B : 20m

7 물탱크에 물을 채우는데 A호스를 사용하면 8시간이 걸리고, B호스를 사용하면 12시간이 걸린다고 한다. 처음부터 일을 마치기 전 3시간까지는 A호스와 B호스를 동시에 사용하고, 나머지 3시간은 A호스만 사용하여 물을 다 채웠다. 물을 다 채우는데 걸린 시간은?

① 4시간 ② 5시간

③ 6시간 ④ 7시간

8 어떤 종이에 색깔을 칠하는데, 녹색은 종이 전체의 3분의 1을 칠하고 분홍색은 종이 전체의 45%만큼 칠하며 어떤 색도 칠하지 않은 넓이는 전체의 32%가 되었다. 녹색과 분홍색이 겹치게 칠해진 부분이 27.9cm²일 때, 전체 종이의 넓이는?

① 260cm² ② 270cm²

③ 310cm² ④ 330cm²

9 바구니에 4개의 당첨 제비를 포함한 10개의 제비가 들어있다. 이 중에서 갑이 먼저 한 개를 뽑고, 다음에 을이 한 개의 제비를 뽑는다고 할 때, 을이 당첨제비를 뽑을 확률은? (단, 한 번 뽑은 제비는 바구니에 다시 넣지 않는다.)

① 0.2　　　　　　　　　　　　② 0.3

③ 0.4　　　　　　　　　　　　④ 0.5

10 열차가 출발하기 전까지 1시간의 여유가 있어서 그 사이에 상점에 들러 물건을 사려고 한다. 걷는 속력이 시속 3km이고, 상점에서 물건을 사는 데 10분이 걸린다고 할 때, 역에서 몇 km 이내의 상점을 이용해야 하는가?

① 1km　　　　　　　　　　　　② 1.25km

③ 1.5km　　　　　　　　　　　　④ 2km

11 A와 B 두 식품이 있는데 A에는 단백질이 20%, 지방이 30% 들어 있고, B에는 단백질이 40%, 지방이 10% 들어 있다고 한다. 두 식품만 먹어 단백질 30g, 지방 10g을 섭취하려면 A와 B를 각각 몇 g씩 먹어야 하는가?

① A : 10g, B : 70g　　　　　　② A : 40g, B : 40g

③ A : 30g, B : 20g　　　　　　④ A : 50g, B : 20g

12 어떤 학교의 운동장은 둘레의 길이가 200m이다. 경석이는 자전거를 타고, 나영이는 뛰어서 이 운동장을 돌고 있다. 두 사람이 같은 지점에서 동시에 출발하여 같은 방향으로 운동장을 돌면 1분 40초 뒤에 처음으로 다시 만나고, 서로 반대 방향으로 돌면 40초 뒤에 처음으로 다시 만난다. 경석이의 속력은 나영이의 속력의 몇 배인가?

① $\frac{3}{7}$ 배　　　　　　　　　　② $\frac{1}{2}$ 배

③ $\frac{7}{3}$ 배　　　　　　　　　　④ $\frac{8}{3}$ 배

13 다음은 전년 동분기 대비 시·도별 서비스업 생산 및 소매 판매 증감률을 비교한 그래프이다. 다음 그래프에 대한 올바른 설명을 〈보기〉에서 모두 고른 것은?

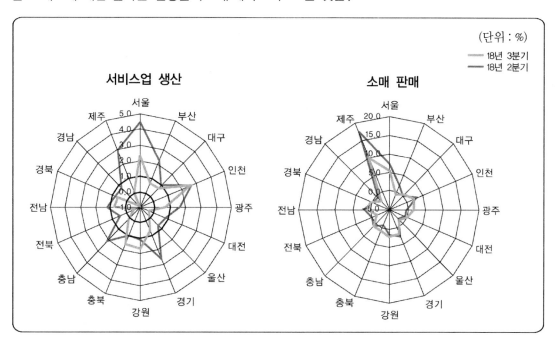

〈보기〉

㈎ 서비스업 생산의 18년 2분기 증감률이 2%를 넘는 지역은 모두 2곳이다.

㈏ 18년 2분기 증감률과 18년 3분기 증감률의 차이가 서비스업 생산과 소매 판매에서 모두 가장 큰 곳은 제주이다.

㈐ 18년 2분기 소매 판매의 증감률이 5%를 넘는 지역은 제주가 유일하다.

㈑ 경남, 제주, 서울, 부산은 18년 2분기에 비해 18년 3분기에 서비스업 생산과 소매 판매에서 모두 증감률이 더 낮아진 지역이다.

① ㈎, ㈐

② ㈏, ㈑

③ ㈐, ㈑

④ ㈏, ㈐

14 다음은 연도별 1인 가구의 변동 추이를 나타낸 자료이다. 다음 자료를 바탕으로 한 올바른 설명이 아닌 것은?

〈가구원 수별 가구〉

(단위 : 천 가구, %)

	일반가구	1인	비율	2인	3인	4인 이상
2005	15,887	3,171	20.0	3,521	3,325	5,871
2010	17,339	4,142	23.9	4,205	3,696	5,296
2015	19,111	5,203	27.2	4,994	4,101	4,813
2016	19,368	5,398	27.9	5,067	4,152	4,751
2017	19,524	5,562	28.5	5,261	4,173	4,528
2018	19,752	5,739	29.1	5,411	4,212	4,389

〈1인 가구〉

(단위 : 천 가구, %)

	총 1인 가구	여 성	구성비	남 성	구성비
2005	3,171	1,753	55.3	1,418	44.7
2010	4,142	2,218	53.5	1,924	46.5
2015	5,203	2,610	50.2	2,593	49.8
2016	5,398	2,722	50.4	2,676	49.6
2017	5,562	2,766	49.7	2,797	50.3
2018	5,739	2,843	49.5	2,896	50.5

① 1인 가구의 남녀 비중은 2017년부터 남성이 더 많아지기 시작하였다.

② 가구원 수가 1인인 가구의 비중이 가장 큰 것은 2015년부터 계속 나타나는 현상이다.

③ 2018년에는 2인~4인의 가구원 수를 가진 여성 가구의 수가 전년보다 소폭 감소하였다.

④ 2018년 1인 여성 가구 수가 전체 일반가구 수에서 차지하는 비중은 15%에 미치지 못 한다.

15 다음은 A백화점의 판매비율 증가를 나타낸 것으로 전체 평균 판매증가비율과 할인기간의 판매증가비율을 구분하여 표시한 것이다. 주어진 조건을 고려할 때 A~F에 해당하는 순서대로 차례로 나열한 것은?

구분 월별	A 전체	A 할인판매	B 전체	B 할인판매	C 전체	C 할인판매	D 전체	D 할인판매	E 전체	E 할인판매	F 전체	F 할인판매
1	20.5	30.9	15.1	21.3	32.1	45.3	25.6	48.6	33.2	22.5	31.7	22.5
2	19.3	30.2	17.2	22.1	31.5	41.2	23.2	33.8	34.5	27.5	30.5	22.9
3	17.2	28.7	17.5	12.5	29.7	39.7	21.3	32.9	35.6	29.7	30.2	27.5
4	16.9	27.8	18.3	18.9	26.5	38.6	20.5	31.7	36.2	30.5	29.8	28.3
5	15.3	27.7	19.7	21.3	23.2	36.5	20.3	30.5	37.3	31.3	27.5	27.2
6	14.7	26.5	20.5	23.5	20.5	33.2	19.5	30.2	38.1	39.5	26.5	25.5

㉠ 의류, 냉장고, 보석, 핸드백, TV, 가구에 대한 표이다.
㉡ 가구는 1월에 비해 6월에 전체 평균 판매증가비율이 높아졌다.
㉢ 냉장고는 3월을 제외하고는 할인기간의 판매증가비율이 전체 평균 판매증가비율보다 크다.
㉣ 핸드백은 할인기간의 판매증가비율보다 전체 평균 판매증가비율이 더 크다.
㉤ 1월과 6월을 비교할 때 의류는 전체 평균 판매증가비율의 감소가 가장 크다.
㉥ 보석은 1월에 전체 평균 판매증가비율과 할인기간의 판매증가비율의 차이가 가장 크다.

① TV − 의류 − 보석 − 핸드백 − 가구 − 냉장고
② TV − 냉장고 − 의류 − 보석 − 가구 − 핸드백
③ 의류 − 보석 − 가구 − 냉장고 − 핸드백 − TV
④ 의류 − 냉장고 − 보석 − 가구 − 핸드백 − TV

16 다음 표는 4개 고등학교의 대학진학 희망자의 학과별 비율(상단)과 그중 희망대로 진학한 학생의 비율(하단)을 나타낸 것이다. 이 표를 보고 추론한 내용으로 올바른 것은?

고등학교	국문학과	경제학과	법학과	기타	진학 희망자수
A	(60%)20%	(10%)10%	(20%)30%	(10%)40%	700명
B	(50%)10%	(20%)30%	(40%)30%	(20%)30%	500명
C	(20%)35%	(50%)40%	(40%)15%	(60%)10%	300명
D	(5%)30%	(25%)25%	(80%)20%	(30%)20%	400명

가. B고와 D고 중에서 경제학과에 합격한 학생은 D고가 많다.

나. A고에서 법학과에 합격한 학생은 40명보다 많고, C고에서 국문학과에 합격한 학생은 20명보다 많다.

다. 국문학과에 진학한 학생들이 많은 순서대로 세우면 A고→B고→D고→C고 순서가 나온다.

① 가   ② 나
③ 다   ④ 가, 나

17 다음은 문화산업부문 예산에 관한 자료이다. 다음 중 (개)와 (래)의 합을 구하면?

분야	예산(억 원)	비율(%)
출판	(개)	(대)
영상	40.85	19
게임	51.6	24
광고	(내)	31
저작권	23.65	11
총합	(래)	100

	(개)	(래)
①	30.25	195
②	31.25	205
③	32.25	215
④	33.25	225

18 다음은 1999~2007년 서울시 거주 외국인의 국적별 인구 분포 자료이다. 이에 대한 설명 중 옳지 않은 것을 고르면?

(단위 : 명)

국적 \ 연도	1999	2000	2001	2002	2003	2004	2005	2006	2007
대만	3,011	2,318	1,371	2,975	8,908	8,899	8,923	8,974	8,953
독일	1,003	984	937	997	696	681	753	805	790
러시아	825	1,019	1,302	1,449	1,073	927	948	979	939
미국	18,763	16,658	15,814	16,342	11,484	10,959	11,487	11,890	11,810
베트남	841	1,083	1,109	1,072	2,052	2,216	2,385	3,011	3,213
영국	836	854	977	1,057	828	848	1,001	1,133	1,160
인도	491	574	574	630	836	828	975	1,136	1,173
일본	6,332	6,703	7,793	7,559	6,139	6,271	6,710	6,864	6,732
중국	12,283	17,432	21,259	22,535	52,572	64,762	77,881	119,300	124,597
캐나다	1,809	1,795	1,909	2,262	1,723	1,893	2,084	2,300	2,374
프랑스	1,180	1,223	1,257	1,360	1,076	1,015	1,001	1,002	984
필리핀	2,005	2,432	2,665	2,741	3,894	3,740	3,646	4,038	4,055
호주	838	837	868	997	716	656	674	709	737
서울시 전체	57,189	61,920	67,908	73,228	102,882	114,685	129,660	175,036	180,857

※ 2개 이상 국적을 보유한 자는 없는 것으로 가정함

① 서울시 거주 인도국적 외국인 수는 2004~2007년 사이에 매년 증가하였다.
② 2006년 서울시 거주 전체 외국인 중 중국국적 외국인이 차지하는 비중은 60% 이상이다.
③ 제시된 국적 중 2000~2007년 사이에 서울시 거주 외국인 수가 매년 증가한 국적은 3개이다.
④ 1999년 서울시 거주 전체 외국인 중 일본국적 외국인과 캐나다국적 외국인의 합이 차지하는 비중은 2006년 서울시 거주 전체 외국인 중 대만국적 외국인과 미국국적 외국인의 합이 차지하는 비중보다 크다.

19 다음은 A 도시와 다른 도시들 간의 인구 이동량과 거리를 나타낸 것이다. 인구가 많은 도시부터 적은 도시 순으로 바르게 나열한 것은?

(단위 : 천 명, km)

도시 간	인구 이동량	거리
A⇋B	60	2
A⇋C	30	4.5
A⇋D	25	7.5
A⇋E	55	4

※ 두 도시 간 인구 이동량 $= k \times \dfrac{\text{두 도시 인구의 곱}}{\text{두 도시 간의 거리}}$, (k는 양의 상수임)

① E - D - C - B
② D - E - C - B
③ B - C - D - E
④ D - C - E - B

20 다음은 식재료 관련 수입 현황이다. 식재료 수입 현황에서 중국산 구성비가 세 번째로 높은 것은?

〈표 1〉 식재료 수출입 실적

(단위 : 톤)

구분	2002년	2003년	2004년	2005년	2006년
수출량	29,124	31,451	24,645	45,751	35,643
수입량	1,026	22,125	945	36,154	26,654

〈표 2〉 김장 재료 수입 현황

(단위 : 톤)

구분	곡물류	채소류	과일류	생선류	육류
전체	64,456	62,484	97,456	21,464	26,440
중국	62,454	60,564	83,213	15,446	25,950

① 곡물류　　　　　　　② 채소류
③ 과일류　　　　　　　④ 육류

21 다음은 영 · 유아 수별 1인당 양육비 현황에 대한 표이다. 이를 보고 바르게 해석하지 못한 것은?

구분＼가구	영 · 유아 1인 가구	영 · 유아 2인 가구	영 · 유아 3인 가구
소비 지출액	2,141,000원	2,268,000원	2,360,000원
1인당 양육비	852,000원	662,000원	529,000원
총양육비	852,000원	1,324,000원	1,587,000원
소비 지출액 대비 총양육비 비율	39.8%	55.5%	69.0%

① 영 · 유아 수가 많은 가구일수록 1인당 양육비가 감소한다.
② 1인당 양육비는 영 · 유아가 3인 가구인 경우에 가장 많다.
③ 소비 지출액 대비 총양육비 비율은 영 · 유아 1인 가구인 경우에 가장 낮다.
④ 영 · 유아 1인 가구의 총 양육비는 영 · 유아 3인 가구의 총양육비의 절반을 넘는다.

22 다음은 2005년 말 납김치 파동 전후 가정의 김치 조달경로에 대한 설문 조사 자료이다. 이 표를 분석한 것으로 옳지 않은 것은?

납김치 파동 전후 가정의 김치 조달경로

(단위 : %)

파동 전＼파동 후	담가먹음	얻어먹음	사먹음
담가먹음	56.5	1.4	0.7
얻어먹음	7.4	27.2	0.7
사먹음	2.8	0.9	2.4

※ 김치 조달경로는 담가먹음, 얻어먹음, 사먹음으로 분류되며, 각 가정은 3가지 조달경로 중 1가지만을 선택함

① 조사대상 가정 중 13.9%는 납김치 파동 전후의 김치 조달경로가 변하였다.
② 납김치 파동 후 사먹는 가정의 비율은 파동 전에 비해 증가하였다.
③ 납김치 파동 전 담가먹던 가정 중에서 김치파동 후에 얻어먹게 된 가정의 비율은 전체의 약 0.8%이다.
④ 납김치 파동 전 사먹던 가정 중 파동 후 얻어먹는 가정으로 변화한 비율은 파동 전 사먹던 가정 중 파동 후 담가먹는 가정으로 변화한 비율보다 작다.

23 다음 자료는 2017년 10월의 자동차 매출에 관한 자료이다. 다음 중 옳은 것을 고르면?

〈표〉 2017년 10월 월매출액 상위 10개 자동차의 매출 현황

(단위 : 억 원, %)

순위	자동차		월매출액	
			시장점유율	전월대비 증가율
1	A	1,139	34.3	60
2	B	1,097	33.0	40
3	C	285	8.6	50
4	D	196	5.9	50
5	E	154	4.6	40
6	F	150	4.5	20
7	G	138	4.2	50
8	H	40	1.2	30
9	I	30	0.9	150
10	J	27	0.8	40

① 2017년 10월 전체 자동차 매출액 총액은 3,500억 원 이하이다.

② 2017년 10월 시장점유율과 월매출액은 반비례한다.

③ 2017년 9월 F 자동차의 월매출액은 200억 원 이상이다.

④ 2017년 10월 월매출액 최댓값은 최솟값의 40배 이하이다.

24 각 부서에 표준 업무시간이 100시간인 업무를 할당하였다. 다음 중 업무효율이 가장 낮은 부서와 가장 높은 부서를 바르게 연결한 것은?

부서별 업무시간 분석결과

부서명	투입인원(명)	개인별 업무시간(시간)	회의	
			횟수(회)	소요시간(시간/회)
A	2	41	3	1
B	3	30	2	2
C	4	22	1	4
D	3	27	2	1

※ 1) 업무효율 = $\dfrac{\text{표준 업무시간}}{\text{총 투입시간}}$

2) 총 투입시간은 개인별 투입시간의 합임

개인별 투입시간 = 개인별 업무시간 + 회의 소요시간

3) 투입인원은 개인별 업무와 회의에 동일하게 적용된다.

① B부서 − D부서 　　　② A부서 − C부서

③ C부서 − D부서 　　　④ A부서 − D부서

25 다음은 지하가 없는 동일한 바닥면적을 가진 건물들에 관한 사항이다. 이 중 층수가 가장 높은 건물은?

건물	대지면적(m^2)	연면적(m^2)	건폐율(%)
A	400	1,200	50
B	300	840	70
C	300	1,260	60
D	400	1,440	60

※ 건축면적 = $\dfrac{\text{건폐율} \times \text{대지면적}}{100}$

※ 층수 = $\dfrac{\text{연면적}}{\text{건축면적}}$

① A 　　　② B

③ C 　　　④ D

┃26~27┃ 아래 두 표는 A, B 두 목격자의 도주자 성별에 대한 판정의 정확성을 정리한 것이다. 다음 물음에 답하시오.

A 목격자

실제성별 \ A의 결정	여자	남자	합
여자	35	15	50
남자	25	25	50
합	60	40	100

B 목격자

실제성별 \ B의 결정	여자	남자	합
여자	20	30	50
남자	5	45	50
합	25	75	100

26 B 목격자의 여성 도주자에 대한 판정성공률은?

① 20% ② 30%

③ 40% ④ 80%

27 다음 기술 중 옳은 것을 모두 고르면?

> ㉠ 전체 판정성공률은 B가 A보다 높다.
> ㉡ 실제 도주자가 여성일 때 판정성공률은 B가 A보다 높다.
> ㉢ 실제 도주자가 남성일 때 판정성공률은 B가 A보다 높다.
> ㉣ A, B 모두 여성 도주자에 대한 판정성공률이 남성 도주자에 대한 판정성공률보다 높다.

① ㉠ ② ㉠㉢

③ ㉠㉡㉢ ④ ㉡㉢㉣

28 다음은 A시의 교육여건 현황을 나타낸 자료이다. 이에 대한 설명 중 옳지 않은 것을 고르면?

교육여건 / 학교급	전체 학교 수	학교당 학급 수	학급당 주간 수업시수(시간)	학급당 학생 수	학급당 교원 수	교원당 학생 수
초등학교	150	30	28	32	1.3	25
중학교	70	36	34	35	1.8	19
고등학교	60	33	35	32	2.1	15

① 모든 초등학교와 중학교의 학생 수 차이는 모든 중학교와 고등학교의 학생 수 차이보다 크다.

② 모든 초등학교의 교원 수는 모든 중학교와 고등학교의 교원 수의 합보다 크다.

③ 모든 초등학교의 주간 수업시수는 모든 중학교의 주간 수업시수보다 많다.

④ 모든 중학교의 교원당 학생 수는 80,000명 이상이다.

29 4차 산업혁명 관련 기술을 개발 또는 활용하고 있는 기업에 대한 다음 자료를 올바르게 해석한 설명은 어느 것인가?

〈표1〉

(단위 : 개, %)

		산업 대분류											
	기업수	농림어업	광업제조업	제조업	전기가스업	건설업	도소매업	운수·창고업	숙박음식업	정보통신업	부동산업	기타서비스업	금융보험업
조사대상 기업 수	12,579	26	6,119	6,106	59	543	1,401	715	323	1,047	246	1,773	327
구성비	100.0	0.2	48.6	48.5	0.5	4.3	11.1	5.7	2.6	8.3	2.0	14.1	2.6
4차 산업 기술 개발·활용 기업 수	1,014	–	408	408	9	28	94	22	19	265	3	114	52
구성비	100.0	–	40.2	40.2	0.9	2.8	9.3	2.2	1.9	26.1	0.3	11.2	5.1

〈표2〉

(단위 : 개, %)

4차 산업 기술 개발·활용 기업 수	계	분야(복수응답)								
		사물인터넷	클라우드	빅데이터	모바일(5G)	인공지능	블록체인	3D프린팅	로봇공학	가상증강현실
1,014	1,993	288	332	346	438	174	95	119	96	105
	100.0	14.5	16.7	17.4	22.0	8.7	4.8	6.0	4.8	5.3

※ 단, 계산 값은 소수점 둘째 자리에서 반올림한다.

① 조사대상 기업체 중 4차 산업 기술을 활용하는 기업의 비중은 금융보험업이 전기가스업보다 더 높다.

② 전체 조사대상 기업 중 4차 산업 기술을 활용하는 기업의 수는 1,993개이다.

③ 가장 많이 활용되고 있는 3가지 4차 산업 기술은 5G 모바일, 빅데이터, 사물인터넷이다.

④ 조사대상 기업체 중 4차 산업 기술 활용 비중이 가장 낮은 업종은 운수·창고업이다.

30 다음 자료를 올바르게 판단한 의견을 〈보기〉에서 모두 고른 것은 어느 것인가?

종사자 규모별	사업체 수				종사자 수			
	2016년	2017년	증감률		2016년	2017년	증감률	
				기여율				기여율
합계	3,950,192 (100.0)	4,020,477 (100.0)	1.8	100.0	21,259,243 (100.0)	21,591,398 (100.0)	1.6	100.0
1~4인	3,173,203 (80.3)	3,224,683 (80.2)	1.6 (-0.1)	73.2	5,705,551 (26.8)	5,834,290 (27.0)	2.3 (0.2)	38.8
5~99인	758,333 (19.2)	776,922 (19.3)	2.5 (0.1)	26.4	10,211,699 (48.0)	10,281,826 (47.6)	0.7 (-0.4)	21.1
100~299인	14,710 (0.4)	14,846 (0.4)	0.9 (0.0)	0.2	2,292,599 (10.8)	2,318,203 (10.7)	1.1 (-0.1)	7.7
300인 이상	3,946 (0.1)	4,026 (0.1)	2.0 (0.0)	0.1	3,049,394 (14.3)	3,157,079 (14.6)	3.5 (0.3)	32.4

〈보기〉

㉮ "종사자 규모 변동에 따른 사업체 수와 종사자 수의 증감 내역이 연도별로 다르네."

㉯ "기여율은 '구성비'와 같은 개념의 수치로군."

㉰ "사업체 1개당 평균 종사자 수는 사업체 규모가 커질수록 더 많네."

㉱ "2016년보다 종사자 수가 더 적어진 사업체는 없군."

① ㉰, ㉱

② ㉮, ㉰

③ ㉯, ㉱

④ ㉮, ㉯, ㉰

정보능력

1 다음에 제시된 네트워크 관련 명령어들 중, 그 의미가 올바르게 설명되어 있지 않은 것은 어느 것인가?

㉠ netstat	활성 TCP 연결 상태, 컴퓨터 수신 포트, 이더넷 통계 등을 표시한다.
㉡ finger	원격 컴퓨터의 사용자 정보를 알아보기 위해 사용되는 서비스이다.
㉢ ipconfig	현재 컴퓨터의 IP 주소, 서브넷 마스크, 기본 게이트웨이 등을 확인할 수 있다.
㉣ ping	인터넷 서버까지의 경로 추적으로 IP 주소, 목적지까지 거치는 경로의 수 등을 파악할 수 있도록 한다.

① ㉠
③ ㉢

② ㉡
④ ㉣

2 컴퓨터 관련 용어에 대한 설명으로 옳은 것은?

> – 인터넷 상에 존재하는 각종 자원들의 위치를 같은 형식으로 나타내기 위한 표준 주소 체계이다.
> – 인터넷에 존재하는 정보나 서비스에 대해 접근 방법, 존재 위치, 자료 파일명 등의 요소를 표시한다.
> – 형식은 '프롤토콜://서버 주소[:포트 번호]/파일 경로/파일명'으로 표시된다.

① DNS
② IP Address
③ URL
④ HTML

3 데이터 마이닝(data mining)에 대한 설명으로 옳지 않은 것은?

① 대량의 데이터에서 유용한 정보를 추출하는 것을 말한다.

② 통계적 기법, 수학적 기법과 인공지능을 활용한 패턴인식 기술 등을 이용한다.

③ 데이터 마이닝은 고객의 소비패턴이나 성향을 분석하여 상품을 추천하는 데 사용된다.

④ 데이터 마이닝 → 데이터 선별과 변환 → 데이터 크리닝의 과정을 거친다.

4 다음 표에 제시된 통계함수와 함수의 기능이 서로 잘못 짝지어진 것은 어느 것인가?

함수명	기능
㉠ AVERAGEA	텍스트로 나타낸 숫자, 논리값 등을 포함, 인수의 평균을 구함
㉡ COUNT	인수 목록에서 공백이 아닌 셀과 값의 개수를 구함
㉢ COUNTIFS	범위에서 여러 조건을 만족하는 셀의 개수를 구함
㉣ LARGE(범위, k번째)	범위에서 k번째로 큰 값을 구함

① ㉠

② ㉡

③ ㉢

④ ㉣

5 엑셀 사용 시 발견할 수 있는 다음과 같은 오류 메시지 중 설명이 올바르지 않은 것은 어느 것인가?

① #DIV/0! – 수식에서 어떤 값을 0으로 나누었을 때 표시되는 오류 메시지

② #N/A – 함수나 수식에 사용할 수 없는 데이터를 사용했을 경우 발생하는 오류 메시지

③ #NULL! – 잘못된 인수나 피연산자를 사용했을 경우 발생하는 오류 메시지

④ #NUM! – 수식이나 함수에 잘못된 숫자 값이 포함되어 있을 경우 발생하는 오류 메시지

6 다음 중 엑셀 사용 시의 원본 데이터와 서식에 의한 결과 데이터가 올바르게 연결되지 않은 것은 어느 것인가?

원본 데이터	서식	결과 데이터
① 1234.5	###	1235
② 2018-06-17	yyyy-mm-ddd	2018-06-Sun
③ 2017/5/2	yy.m.d	17.5.2
④ 대출	@주택담보	주택담보대출

7 다음 자료는 '발전량' 필드를 기준으로 발전량과 발전량이 많은 순위를 엑셀로 나타낸 표이다. 태양광의 발전량 순위를 구하기 위한 함수식으로 'C3'셀에 들어가야 할 알맞은 것은 어느 것인가?

	A	B	C
1	<에너지원별 발전량(단위: Mwh)>		
2	에너지원	발전량	순위
3	태양광	88	2
4	풍력	100	1
5	수력	70	4
6	바이오	75	3
7	양수	65	5

① =ROUND(B3,$B$3:$B$7,0)

② =ROUND(B3,$B$3:$B$7,1)

③ =RANK(B3,$B$3:$B$7,1)

④ =RANK(B3,$B$3:$B$7,0)

8 다음 중 컴퓨터 보안 위협의 형태와 그 내용에 대한 설명이 올바르게 연결되지 않은 것은 어느 것인가?

① 피싱(Phishing) – 유명 기업이나 금융기관을 사칭한 가짜 웹 사이트나 이메일 등으로 개인의 금융정보와 비밀번호를 입력하도록 유도하여 예금 인출 및 다른 범죄에 이용하는 수법

② 스푸핑(Spoofing) – 악의적인 목적으로 임의로 웹 사이트를 구축해 일반 사용자의 방문을 유도한 후 시스템 권한을 획득하여 정보를 빼가거나 암호와 기타 정보를 입력하도록 속이는 해킹 수법

③ 디도스(DDoS) – 시스템에 불법적인 행위를 수행하기 위하여 다른 프로그램으로 위장하여 특정 프로그램을 침투시키는 행위

④ 스니핑(Sniffing) – 네트워크 주변을 지나다니는 패킷을 엿보면서 아이디와 패스워드를 알아내는 행위

9~10 다음은 H사의 물품 재고 창고에 적재되어 있는 제품 보관 코드 체계이다. 다음 표를 보고 이어지는 질문에 답하시오.

생산연월	공급처			제품 분류		입고량
	원산지 코드		제조사 코드	용품 코드	제품별 코드	
• 1209 – 2012년 9월 • 1011 – 2010년 11월	1	중국	A All-8	01 캐주얼	001 청바지	00001 부터 5자리 시리얼 넘버 부여
			B 2 Stars		002 셔츠	
			C Facai		003 원피스	
	2	베트남	D Nuyen	02 여성	004 바지	
			E N-sky		005 니트	
	3	멕시코	F Bratos		006 블라우스	
			G Fama		007 점퍼	
	4	한국	H 혁진사	03 남성	008 카디건	
			I K상사		009 모자	
			J 영스타	04 아웃 도어	010 용품	
	5	일본	K 왈러스		011 신발	
			L 토까이		012 래시가드	
			M 히스모	05 베이비	013 내복	
	6	호주	N 오즈본		014 바지	
			O Island	06 반려 동물	015 사료	
	7	독일	P Kunhe		016 간식	
			Q Boyer		017 장난감	

〈예시〉

2010년 12월에 중국 '2 Stars'에서 생산된 아웃도어 신발의 15번째 입고 제품 코드

→ 1012 – 1B – 04011 – 00015

9 2011년 10월에 생산된 '왈러스'의 여성용 블라우스로 10,215번째 입고된 제품의 코드로 알맞은 것은?

① 1010 − 5K − 02006 − 00215
② 1110 − 5K − 02060 − 10215
③ 1110 − 5K − 02006 − 10215
④ 1110 − 5L − 02005 − 10215

10 제품 코드 0810 − 3G − 04011 − 00910에 대한 설명으로 옳지 않은 것은?

① 해당 제품의 입고 수량은 적어도 910개 이상이다.
② 중남미에서 생산된 제품이다.
③ 여름에 생산된 제품이다.
④ 캐주얼 제품이 아니다.

11 컴퓨터 통신이나 인터넷을 이용한 업무를 보는 경우 효과적인 업무처리 뿐 아니라 자기개발을 위해서도 지속적인 네트워크 형성이 매우 중요하다. 다음 중 올바른 네트워킹 관리 방법으로 가장 거리가 먼 것은?

① 협회에 가입하여 각종 모임에 참석함으로써 동종 직업에 종사하는 사람들과의 관계를 형성한다.
② 각종 세미나나 강연에 참석하여 강사는 물론 다른 참가자들과 적극적으로 인간관계를 형성해 교제를 강화해 나간다.
③ 스키 동호회에 가입하여 자신의 취미 생활을 즐길 뿐 아니라 네트워킹을 넓히는 기회로 삼는다.
④ 여행사 예약 담당자나 인쇄소 관계자 등 외주업체는 회사 사정에 따라 변경될 수 있으므로 보안 상 관계를 구축하지 않는 것이 좋다.

12 다음에서 설명하는 검색 옵션은 무엇인가?

> 와일드 카드 문자를 키워드로 입력한 단어에 붙여 사용하는 검색으로 어미나 어두를 확장시켜 검색한다.

① 필드 검색　　　　　　　　　　② 절단 검색
③ 구문 검색　　　　　　　　　　④ 자연어 검색

13 우리가 원하는 정보를 검색하고자 할 경우 갖추어야 할 검색기술에 대한 설명으로 옳지 않은 것은?

① 키워드는 구체적이고 자세하게 만드는 것이 좋다.
② 검색엔진별 연산자를 숙지하는 것이 좋다.
③ 원하는 정보를 찾을 수 있도록 적절한 검색엔진을 사용하는 것이 좋다.
④ 검색엔진이 제공하는 결과물에 가중치를 크게 부여하여야 한다.

14 다음에서 설명하는 소프트웨어는 무엇인가?

> • 쉽게 계산을 수행하는 프로그램이다.
> • 계산 결과를 차트로 표시하여 준다.
> • 문서를 작성하고 편집이 가능하다.
> • 계산, 수식, 차트, 저장, 편집, 인쇄가 가능하다.

① 워드프로세서　　　　　　　　② 프레젠테이션
③ 일러스트레이터　　　　　　　④ 스프레드시트

15 데이터베이스에 대한 설명으로 옳지 않은 것은?

① 정보를 효과적으로 조작하고 효율적인 검색을 할 수 있도록 이용하기 시작한 것이 데이터베이스이다.

② 여러 개의 서로 연관된 파일을 데이터베이스라고 한다.

③ 데이터베이스 관리시스템은 데이터와 파일, 그들의 관계 등을 생성하고 유지하고 검색할 수 있게 해주는 소프트웨어를 말한다.

④ 데이터베이스 파일시스템은 한 번에 한 개의 파일에 대하여 생성, 유지, 검색할 수 있는 소프트웨어이다.

16 다음 중 차트에 관한 설명으로 옳지 않은 것은?

① 차트를 작성하려면 반드시 원본 데이터가 있어야 하며, 작성된 차트는 원본 데이터가 변경되면 차트의 내용이 함께 변경된다.

② 특정 차트 서식 파일을 자주 사용하는 경우에는 이 서식 파일을 기본 차트로 설정할 수 있다.

③ 차트에 사용될 데이터를 범위로 지정한 후 〈Alt〉+〈F11〉키를 누르면 데이터가 있는 워크시트에 기본 차트인 묶은 세로 막대형 차트가 작성된다.

④ 차트에 두 개 이상의 차트 종류를 사용하여 혼합형 차트를 만들 수 있다.

17 다음과 같은 시트에서 이름에 '철'이라는 글자가 포함된 셀의 서식을 채우기 색 '노랑', 글꼴 스타일 '굵은 기울임꼴'로 변경하고자 한다. 이를 위해 [A2:A7] 영역에 설정한 조건부 서식의 수식 규칙으로 옳은 것은?

	A	B	C	D
1	이름	편집부	영업부	관리부
2	박초롱	89	65	92
3	강원철	69	75	85
4	김수현	75	86	35
5	민수진	87	82	80
6	신해철	55	89	45
7	안진철	98	65	95

① =COUNT(A2, "*철*")

② =COUNT(A2:A7, "*철*")

③ =COUNTIF(A2, "*철*")

④ =COUNTIF(A2:A7, "*철*")

18 다음 중 컴퓨터 사용 도중 발생하는 문제들을 해결하는 방법으로 옳지 않은 것은?

① 시스템 속도가 느린 경우 : [제어판]-[프로그램 추가/제거]-[Windows 구성 요소 추가/제거]-[인덱스 서비스]를 선택하여 설치한다.

② 네트워크 통신이 되지 않을 경우 : 케이블 연결과 프로토콜 설정을 확인하여 수정한다.

③ 메모리가 부족한 경우 : 메모리를 추가 또는 불필요한 프로그램을 종료한다.

④ 제대로 동작하지 않는 하드웨어가 있을 경우 : 올바른 장치 드라이버를 재 설치한다.

19 다음 중 Windows 7의 [그림판]에서 실행할 수 있는 기능으로 옳지 않은 것은?

① 선택한 영역을 대칭으로 이동시킬 수 있다.

② 그림판에서 그림을 그린 다음 다른 문서에 붙여 넣거나 바탕 화면 배경으로 사용할 수 있다.

③ 선택한 영역의 색을 [색 채우기] 도구를 이용하여 다른 색으로 변경할 수 있다.

④ JPG, GIF, BMP와 같은 그림 파일도 그림판에서 작업할 수 있다.

20 다음 중 컴퓨터에서 데이터를 표현하기 위한 코드에 관한 설명으로 옳지 않은 것은?

① EBCDIC 코드는 4개의 Zone 비트와 4개의 Digit 비트로 구성되며, 256개의 문자를 표현할 수 있다.

② 표준 BCD 코드는 2개의 Zone 비트와 4개의 Digit 비트로 구성되며, 영문 대문자와 소문자를 포함하여 64개의 문자를 표현할 수 있다.

③ 해밍 코드(Hamming Code)는 잘못된 정보를 체크하고 오류를 검출하여 다시 교정할 수 있는 코드이다.

④ 유니코드는(Unicode)는 전 세계의 모든 문자를 2바이트로 표현하는 국제 표준 코드이다.

21 다음 중 데이터의 자동필터 기능에 대한 설명으로 옳지 않은 것은?

① 같은 열에서 여러 개의 항목을 동시에 선택하여 데이터를 추출할 수 있다.

② 숫자로만 구성된 하나의 열에서는 색 기준 필터와 숫자 필터를 동시에 적용할 수 없다.

③ 같은 열에 날짜, 숫자, 텍스트가 섞여 있으면 항상 텍스트 필터가 기본으로 적용된다.

④ 필터를 이용하여 추출한 데이터는 항상 레코드(행) 단위로 표시된다.

22 다음 중 엑셀에서 날짜 데이터의 입력 방법을 설명한 것으로 옳지 않은 것은?

① 날짜 데이터는 하이픈(-)이나 슬래시(/)를 이용하여 년, 월, 일을 구분한다.

② 날짜의 연도를 생략하고 월과 일만 입력하면 자동으로 올해의 연도가 추가되어 입력된다.

③ 날짜의 연도를 두 자리로 입력할 때 연도가 30 이상이면 1900년대로 인식하고, 29 이하면 2000년대로 인식한다.

④ 오늘의 날짜를 입력하고 싶으면 Ctrl+Shift+;(세미콜론)키를 누르면 된다.

23 다음 중 아래의 〈수정 전〉 차트를 〈수정 후〉 차트와 같이 변경하려고 할 때 사용해야 할 서식은?

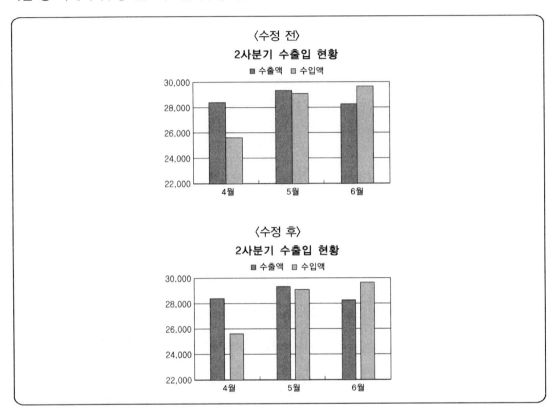

① 차트 영역 서식

② 그림 영역 서식

③ 데이터 계열 서식

④ 축 서식

24 다음 중 아래 워크시트에서 참고표를 참고하여 55,000원에 해당하는 할인율을 [C6]셀에 구하고자 할 때의 적절한 함수식은?

A	B	C	D	E	F
1	<참고표>				
2	금액	30,000	50,000	80,000	150,000
3	할인율	3%	7%	10%	15%
4					
5	금액	55,000			
6	할인율	7%			

① =LOOKUP(C5,C2:F2,C3:F3)

② =HLOOKUP(C5,B2:F3,1)

③ =VLOOKUP(C5,C2:F3,1)

④ =VLOOKUP(C5,B2:F3,2)

25 다음 중 워크시트 셀에 데이터를 자동으로 입력하는 방법에 대한 설명으로 옳지 않은 것은?

① 셀에 입력하는 문자 중 처음 몇 자가 해당 열의 기존 내용과 일치하면 나머지 글자가 자동으로 입력된다.

② 실수인 경우 채우기 핸들을 이용한 [연속 데이터 채우기]의 결과는 소수점 이하 첫째 자리의 숫자가 1씩 증가한다.

③ 채우기 핸들을 이용하면 숫자, 숫자/텍스트 조합, 날짜 또는 시간 등 여러 형식의 데이터 계열을 빠르게 입력할 수 있다.

④ 사용자 지정 연속 데이터 채우기를 사용하면 이름 이나 판매 지역 목록과 같은 특정 데이터의 연속 항목을 더 쉽게 입력할 수 있다.

26 다음 중 1차 자료에 해당하지 않는 정보는?

① 학술회의자료

② 신문

③ 백과사전

④ 단행본

27 다음 중 아래 그림과 같이 [A2:D5] 영역을 선택하여 이름을 정의한 경우에 대한 설명으로 옳지 않은 것은?

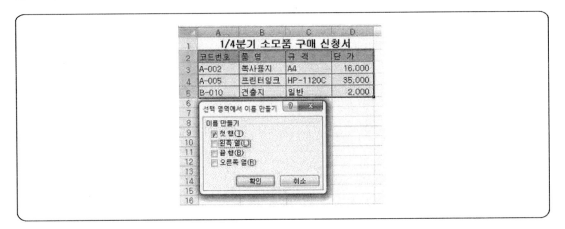

① 정의된 이름은 모든 시트에서 사용할 수 있으며, 이름 정의 후 참조 대상을 편집할 수도 있다.

② 현재 통합문서에 이미 사용 중인 이름이 있는 경우 기존 정의를 바꿀 것인지 묻는 메시지 창이 표시된다.

③ 워크시트의 이름 상자에서 '코드번호'를 선택하면 [A3:A5] 영역이 선택된다.

④ [B3:B5] 영역을 선택하면 워크시트의 이름 상자에 '품 명'이라는 이름이 표시된다.

28 다음 중 ( ) 안에 들어갈 알맞은 말은 무엇인가?

분석과제의 발생 → 과제(요구)의 분석 → 조사항목의 선정 → ( ) → 자료의 조사 → 수집정보의 분류 → 항목별 분석 → 종합 · 결론 → 활용 · 정리

① 1차 자료 조사
② 조사정보의 선정
③ 관련 정보의 수집
④ 관련 정보의 분석

29 다음 중 아래 보고서에 대한 설명으로 옳지 않은 것은? (단, 이 보고서는 전체 4페이지이며, 현재 페이지는 2페이지이다.)

거래처별 제품목록

거래처명	제품번호	제품이름	단가	재고량
㈜맑은세상	15	아쿠아렌즈	₩50,000	22
	14	바슈롬렌즈	₩35,000	15
	20	C-BR렌즈	₩50,000	3
	제품수:	3	총재고량:	40

거래처명	제품번호	제품이름	단가	재고량
참아이㈜	9	선글래스C	₩170,000	10
	7	선글래스A	₩100,000	23
	8	선글래스B	₩120,000	46

2/4

① '거래처명'을 표시하는 컨트롤은 '중복내용 숨기기' 속성이 '예'로 설정되어 있다.
② '거래처명'에 대한 그룹 머리글 영역이 만들어져 있고, '반복 실행 구역'속성이 '예'로 설정되어 있다.
③ '거래처명'에 대한 그룹 바닥글 영역이 설정되어 있고, 요약 정보를 표시하고 있다.
④ '거래처별 제품목록'이라는 제목은 '거래처명'에 대한 그룹 머리글 영역에 만들어져 있다.

30 정보분석에 대한 설명으로 옳지 않은 것은?

① 여러 정보를 상호 관련지어 새로운 정보를 생성해내는 활동을 정보분석이라 한다.
② 정보를 분석함으로써 한 개의 정보로써 불분명한 사항을 다른 정보로써 명백히 할 수 있다.
③ 서로 동일하거나 차이가 없는 정보의 내용을 판단하여 새로운 해석을 할 수 있다.
④ 좋은 분석이란 하나의 메커니즘을 그려낼 수 있고, 동향, 미래를 예측할 수 있는 것이어야 한다.

07 기술능력

정답 및 해설 p.331

1 산업 재해를 예방하기 위한 대책을 다음 〈보기〉와 같은 5단계로 나누어 볼 때, 행동 요령에 맞는 순서대로 나열한 것은?

> 가. 사고 조사, 안전 점검, 현장 분석, 작업자의 제안 및 여론 조사, 관찰 및 보고서 연구 등을 통하여 사실을 발견한다.
>
> 나. 안전에 대한 교육 및 훈련 실시, 안전시설과 장비의 결함 개선, 안전 감독 실시 등의 선정된 시정책을 적용한다.
>
> 다. 원인 분석을 토대로 적절한 시정책 즉, 기술적 개선, 인사 조정 및 교체, 교육, 설득, 공학적 조치 등을 선정한다.
>
> 라. 경영자는 안전 목표를 설정하고, 안전 관리 책임자를 선정 하며, 안전 계획을 수립하고, 이를 시행·감독해야 한다.
>
> 마. 재해의 발생 장소, 재해 형태, 재해 정도, 관련 인원, 직원 감독의 적절성, 공구 및 장비의 상태 등을 정확히 분석한다.

① 라 – 가 – 마 – 다 – 나   ② 가 – 다 – 나 – 라 – 마

③ 나 – 라 – 가 – 다 – 마   ④ 라 – 마 – 가 – 나 – 다

2 다음 글과 같은 사례에서 알 수 있는 기술의 발전상을 일컫는 말은 어느 것인가?

> 산업혁명 당시 증기기관은 광산에서 더 많은 석탄을 캐내기 위해서(광산 갱도에 고인 물을 더 효율적으로 퍼내기 위해서) 개발되었고 그 용도에 사용되었다. 증기기관이 광산에 응용되면서 석탄 생산이 늘었고, 공장은 수력 대신 석탄과 증기기관을 동력원으로 이용했다. 이제 광산과 도시의 공장을 연결해서 석탄을 수송하기 위한 새로운 운송 기술이 필요해졌으며, 철도는 이러한 필요를 충족시킨 기술이었다.

① 기술 네트워크   ② 기술 시스템

③ 기술 혁명   ④ 기술 혁신

▌3~4 ▌ 다음은 그래프 구성 명령어 실행 예시이다. 이를 참고하여 다음 물음에 답하시오.

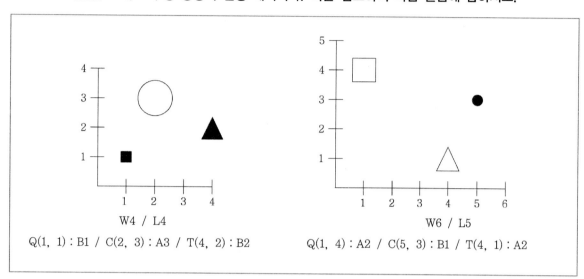

3 다음 그래프에 알맞은 명령어는 무엇인가?

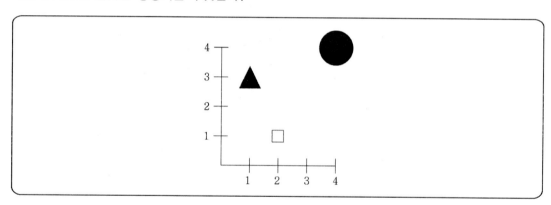

① W4 / L4

　Q(2, 1) : A1 / C(4, 4) : B3 / T(1, 3) : A2

② W4 / L4

　Q(2, 1) : A1 / C(4, 4) : B3 / T(1, 3) : B2

③ W4 / L5

　Q(2, 1) : A1 / C(4, 4) : A3 / T(1, 3) : B2

④ W4 / L5

　Q(2, 1) : B1 / C(4, 4) : B3 / T(1, 3) : B2

4 W6 / L5 Q(1, 4) : B2 / T(3, 2) : A2 / C(4, 3) : B1의 그래프를 산출할 때, 오류가 발생하여 다음과 같은 그래프가 산출되었다. 다음 중 오류가 발생한 값은?

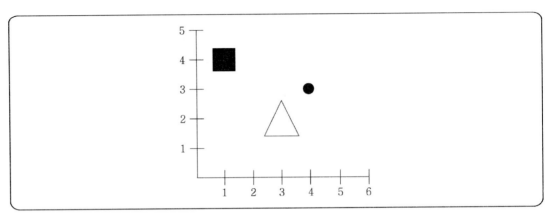

① W6 / L5

② Q(1, 4) : B2

③ T(3, 2) : A2

④ C(4, 3) : B1

┃5~6┃ 다음은 그래프 구성 명령어 실행 예시이다. 이를 참고하여 다음 물음에 답하시오.

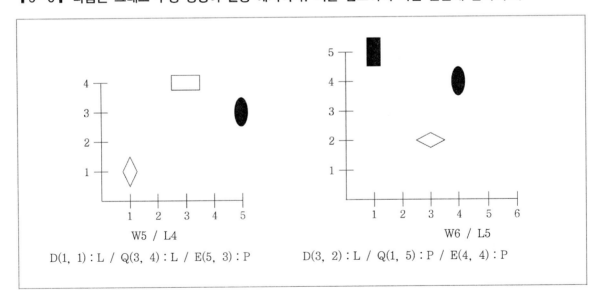

5 다음 그래프에 알맞은 명령어는 무엇인가?

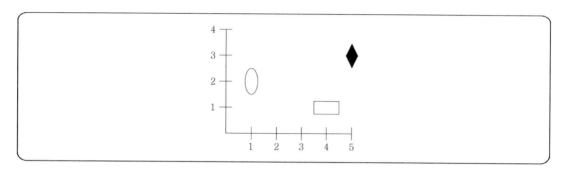

① W4 / L4
   D(5, 3) : P / Q(4, 1) : L / E(1, 2) : L
② W4 / L4
   D(5, 3) : P / Q(4, 1) : P / E(1, 2) : L
③ W5 / L4
   D(5, 3) : P / Q(4, 1) : L / E(1, 2) : L
④ W5 / L4
   D(5, 3) : P / Q(4, 1) : P / E(1, 2) : L

6 W5 / L5 D(3, 2) : P / Q(4, 4) : L / E(1, 3) : P의 그래프를 산출할 때, 오류가 발생하여 다음과 같은 그래프가 산출되었다. 다음 중 오류가 발생한 값은?

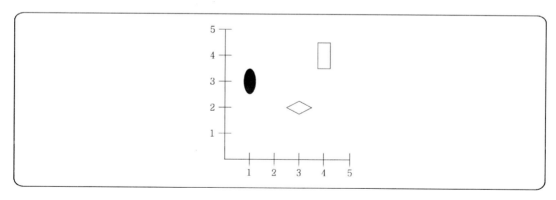

① W5 / L5   ② D(3, 2) : P
③ Q(4, 4) : L   ④ E(1, 3) : P

▎7~10▎ 다음 표를 참고하여 질문에 답하시오.

스위치	기능
♤	1번과 2번 기계를 180도 회전함
♠	1번과 3번 기계를 180도 회전함
♡	2번과 3번 기계를 180도 회전함
♥	3번과 4번 기계를 180도 회전함

7 처음 상태에서 스위치를 두 번 눌렀더니 화살표 모양과 같은 상태로 바뀌었다. 어떤 스위치를 눌렀는가?

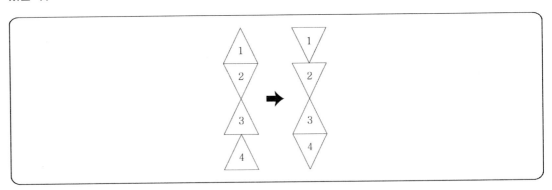

① ♠ ♥　　　　　　　　　　　② ♤ ♡

③ ♤ ♠　　　　　　　　　　　④ ♡ ♥

8 처음 상태에서 스위치를 한 번 눌렀더니 화살표 모양과 같은 상태로 바뀌었다. 어떤 스위치를 눌렀는가?

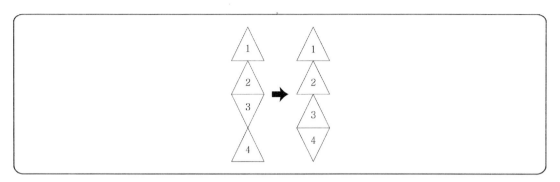

① ♤
② ♠
③ ♡
④ ♥

9 처음 상태에서 스위치를 세 번 눌렀더니 화살표 모양과 같은 상태로 바뀌었다. 어떤 스위치를 눌렀는가?

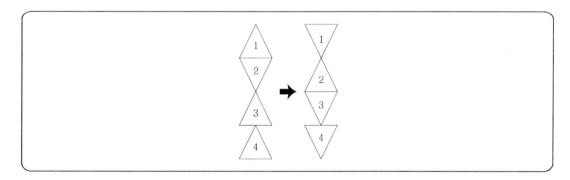

① ♤ ♡ ♥
② ♤ ♠ ♡
③ ♡ ♥ ♠
④ ♡ ♥ ♤

10 처음 상태에서 스위치를 두 번 눌렀더니 화살표 모양과 같은 상태로 바뀌었다. 어떤 스위치를 눌렀는가?

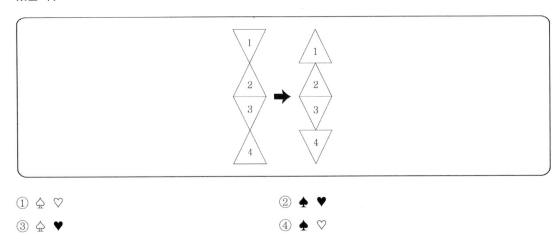

① ♤ ♡

② ♠ ♥

③ ♤ ♥

④ ♠ ♡

‖11~13‖ 다음 표를 참고하여 물음에 답하시오.

스위치	기능
♤	1번과 2번 기계를 오른쪽으로 180도 회전시킨다.
♠	1번과 3번 기계를 오른쪽으로 180도 회전시킨다.
♡	2번과 3번 기계를 오른쪽으로 180도 회전시킨다.
♥	3번과 4번 기계를 오른쪽으로 180도 회전시킨다.
♧	1번 기계와 4번 기계의 작동상태를 다른 상태로 바꾼다. (운전→정지, 정지→운전)
♣	2번 기계와 3번 기계의 작동상태를 다른 상태로 바꾼다. (운전→정지, 정지→운전)
◉	모든 기계의 작동상태를 다른 상태로 바꾼다. (운전→정지, 정지→운전)
△=운전, ▲=정지	

11 처음 상태에서 스위치를 세 번 눌렀더니 화살표 모양과 같은 상태로 바뀌었다. 어떤 스위치를 눌렀는가?

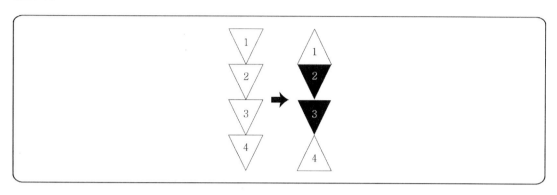

① ♤ ♡ ♧

② ♠ ♥ ♣

③ ♤ ♥ ♧

④ ♠ ♡ ♣

12 처음 상태에서 스위치를 세 번 눌렀더니 화살표 모양과 같은 상태로 바뀌었다. 어떤 스위치를 눌렀는가?

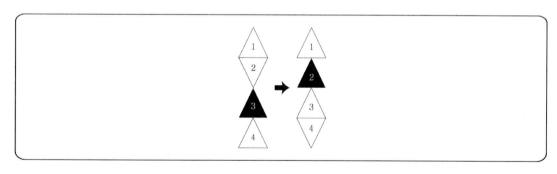

① ♤ ♠ ♣

② ♡ ♥ ♧

③ ♡ ♥ ♣

④ ♠ ♥ ♣

13 처음 상태에서 스위치를 세 번 눌렀더니 화살표 모양과 같은 상태로 바뀌었다. 어떤 스위치를 눌렀는가?

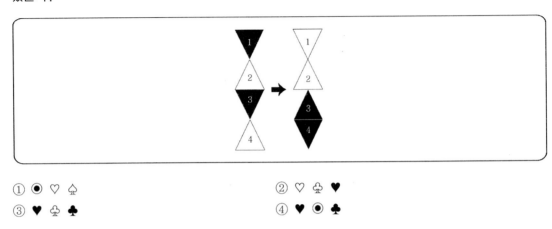

① ◉ ♡ ♧   ② ♡ ♧ ♥

③ ♥ ♧ ♣   ④ ♥ ◉ ♣

▌14~15▐ 다음 표를 참고하여 이어지는 물음에 답하시오.

스위치	기능
★	1번, 3번 도형을 시계 방향으로 90도 회전함
☆	2번, 4번 도형을 시계 방향으로 90도 회전함
▲	1번, 2번 도형을 시계 반대 방향으로 90도 회전함
△	3번, 4번 도형을 시계 반대 방향으로 90도 회전함
◆	1번, 4번 도형을 180도 회전함
◇	2번, 3번 도형을 180도 회전함

14 처음 상태에서 스위치를 두 번 눌렀더니 다음과 같이 바뀌었다. 어떤 스위치를 눌렀는가?

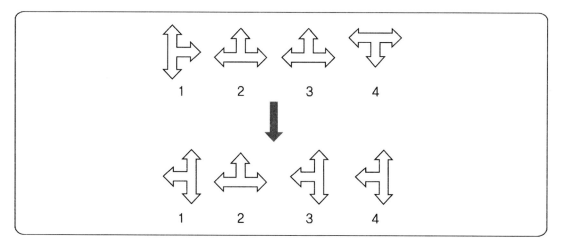

① ☆, ◇　　　　　　　　　　　　② ▲, ★

③ △, ◇　　　　　　　　　　　　④ ◆, △

15 처음 상태에서 스위치를 세 번 눌렀더니 다음과 같이 바뀌었다. 어떤 스위치를 눌렀는가?

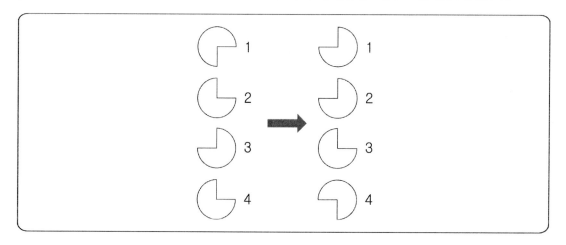

① ▲, ◆, △　　　　　　　　　　② △, ★, ◇

③ ★, ▲, ◆　　　　　　　　　　④ ★, ◇, △

[고장이라고 생각하기 전에]

이런 증상일 때는?	이렇게 확인하세요.
제품 사용 중 입력이 되지 않거나 화면이 멈추고 꺼질 때	잠금/전원 버튼을 8초 이상 누를 경우 자동 전원 리셋되며, 작동하지 않을 경우 15초 이상 누르면 전원이 꺼집니다. 제품의 전원을 끈 후 다시 켤 때는 약 5초 정도 경과 후 켜 주세요. 그래도 변함이 없다면 배터리를 충분히 충전시킨 후 사용해 보거나 고객상담실로 문의 후 가까운 서비스센터에서 제품확인을 받으세요.
제품에서 열이 날 때	게임, 인터넷 등을 오래 사용하면 열이 발생할 수도 있습니다. 제품의 수명과 성능에는 영향이 없습니다.
충전 중 터치 오작동 또는 동작 안 할 때	미 인증 충전기 사용 시 발생할 수 있습니다. 제품 구매 시 제공된 충전기를 사용하세요.
배터리가 충분히 남았는데 제품이 켜지지 않을 때	고객상담실로 문의 후 가까운 서비스센터에서 제품 확인을 받으세요.
제품에 있는 데이터가 지워졌을 때	제품 재설정, 고장 등으로 인해 데이터가 손상된 경우에 백업한 데이터가 없으면 복원할 수 없습니다. 이를 대비하여 미리 데이터를 백업하세요. 제조업체는 데이터 유실에 대한 피해를 책임지지 않으니 주의하세요.
사진을 찍으려는데 화면이 깨끗하지 않을 때	카메라 렌즈에 이물질이 묻어 있을 수 있으니 부드러운 천으로 깨끗이 닦은 후, 사용해 보세요.
사용 중 화면이 어두워질 때	제품 온도가 너무 높거나, 배터리 레벨이 낮아지면 사용자 안전과 절전을 위해 화면 밝기가 제한될 수 있습니다. 제품 사용을 잠시 중단하고 배터리 충전 후 재사용해 주시기 바랍니다.
사진/동영상, 멀티미디어 콘텐츠가 재생되지 않을 때	부가 서비스 업체에서 공식 제공된 콘텐츠를 지원합니다. 그 외 인터넷을 통해 유포되는 콘텐츠(동영상, 배경화면 등)는 재생되지 않을 수 있습니다.
충전전류 약함 현상 알림 문구가 뜰 때	USB케이블로 PC와 제품을 연결해서 충전을 하는 경우 또는 비정품 충전기로 충전을 하는 경우 전류량이 낮아 충전이 늦어질 수 있어 충전 지연 현상 알림 문구가 표시됩니다. 제품 구매 시 제공된 정품 충전기로 충전하세요. 정품 충전기 사용 시 충전 지연 현상 알림 문구는 표시되지 않습니다.

16 제품을 사용하다 갑자기 화면이 멈추고 꺼질 경우 이에 대한 대처방법으로 적절한 것은?

① 제품 온도가 너무 높을 경우이므로 제품사용을 잠시 중단한다.
② 제품구매시 제공된 정품 충전기를 사용하여 충전한다.
③ 전원을 끈 후 5초 후 다시 켠다.
④ 오래 사용한 것이므로 잠시 제품사용을 중단한다.

17 배터리가 충분히 남아있는데도 불구하고 전원이 켜지지 않을 경우 이에 대한 대처방법으로 적절한 것은?

① 고객상담실로 문의 후 가까운 서비스센터를 방문한다.
② 정품 충전기를 사용하여 다시 충전을 한다.
③ 전원버튼을 8초 이상 눌러 리셋을 시킨다.
④ 전원버튼을 15초 이상 눌러 완전히 전원을 끈 후 다시 켠다.

18~19 다음 내용을 보고 물음에 답하시오.

L씨는 도서출판 서원각의 편집부에 인턴사원으로 입사하였다. L씨는 선임 직원인 지은씨로부터 다음과 같은 사내 연락망을 전달 받았다.

〈사내 연락망〉

한글편집팀(대표번호:1420)		편집기획팀(대표번호:2420)	
이름	직통	이름	직통
이○미팀장	1400	김수○팀장	2400
이미○	1421	신○근대리	2410
최○정	1422	류○은	2421
디자인팀(대표번호:3420)		L씨	2422
정○정팀장	3400		
이혜○	3421		
김○숙	3422		

도서출판 서원각 (tel : 070-1234-직통번호)

당겨받기 : 수화기를 들고 + # + #

사내통화 : 내선번호

돌려주기 : # + 내선번호 + # + 연결 확인 후 끊기

전화를 받았을 경우 : 안녕하십니까? 도서출판 서원각 ○○팀 ○○○입니다.

---

18 L씨가 사내 연락망을 살펴보는 과정에서 직통번호에 일정한 규칙이 있음을 발견하였다. 이 규칙은 자릿수에 적용되어 있다. 이 규칙은 무엇인가?

① 첫 번째 자릿수는 부서를 나타낸다.
② 두 번째 자릿수는 근무년수를 나타낸다.
③ 세 번째 자릿수는 나이를 나타낸다.
④ 네 번째 자릿수는 직위를 나타낸다.

19 도서출판 서원각의 직통번호 중 세 번째 자릿수가 나타내는 것은 무엇인가?

① 근속연수 　　　　　　② 직위
③ 나이 　　　　　　　　④ 부서

┃20~21┃ 다음은 광파오븐기의 사용설명서에 나타난 조치사항에 대한 내용이다. 물음에 답하시오.

고장신고 전에 확인하세요.

제품 사용 중 아래의 증상이 나타나면 다시 한 번 확인해 주세요. 고장이 아닐 수 있습니다.

증상	조치방법
진행표시부에 불이 들어오지 않아요	절전 기능이 설정되어 있습니다. 제품 문을 열거나 취소 버튼을 누른 후 사용하세요. 220볼트 콘센트에 꽂혀 있는지 확인하세요.
실내 조리등이 꺼져요	절전 기능이 설정되어 있습니다. 제품 문을 열거나 취소 버튼을 누른 후 사용하세요.
버튼을 눌러도 작동되지 않아요.	제품 문에 덮개 등 이물질이 끼어 있는지 확인한 후 제품 문을 잘 닫고 눌러 보세요. 혹시 잠금장치 기능이 설정되어 있을 수 있습니다. 취소버튼을 4초간 누르면 잠금기능이 해제됩니다.
내부에서 연기나 악취가 나요	음식찌꺼기, 기름 등이 내부에 붙어 있을 수 있습니다. 항상 깨끗이 청소해 주세요. 탈취 기능을 사용하세요.
제품 작동시 옆으로 바람이 나와요	냉각팬이 작동되어 바람의 일부가 내부 전기부품을 식혀주기 위해 옆으로 나올 수 있습니다. 고장이 아니므로 안심하고 사용하세요.
처음 사용할 때 냄새가 나요	제품을 처음 사용시 히터 등 내부부품이 가열되면서 타는 냄새가 나거나 소리가 날 수 있습니다. 사용상 문제가 없으니 안심하고 사용하세요. 탈취기능을 5~10분 사용하면 초기 냄새가 빨리 없어집니다.
조리 후 문이나 진행 표시부에 습기가 생겨요	조리 완료 후 음식물을 꺼내지 않고 방치하면 습기가 찰 수 있으므로 문을 열어 두세요.
조리 중에 불꽃이 일어나요	조리실 내부에 알루미늄 호일이나 금속이 닿지 않았는지 확인하세요. 금선이나 은선이 있는 그릇은 사용하지 마세요.
시작 버튼을 눌러도 동작을 하지 않아요	문이 제대로 닫혀 있지 않은 경우 시작 버튼을 누르면 표시창에 'door'라고 표시됩니다. 문틈에 이물질이 끼어 있는지 확인하고 문을 제대로 닫았는데도 동작하지 않으면 전원코드를 뽑고 서비스 기사에게 전화해 주세요.

20 광파오븐기를 작동시키려고 하는데 자꾸 실내 조리등이 꺼진다. 이럴 경우 적절한 조치 방법은?

① 콘센트에 전원이 제대로 꽂혀 있는지 확인한다.

② 조리실 내부에 금속이나 알루미늄 호일 등이 있는지 확인한다.

③ 제품의 문을 열거나 취소버튼을 누른 후 사용한다.

④ 음식물에 랩 또는 뚜껑을 벗겼는지 확인한다.

21 아무리 시작 버튼을 눌러도 제품이 작동을 하지 않을 경우 취할 수 있는 적절한 조치로 알맞은 것은?

① 문을 다시 연 후 취소버튼을 누르고 사용한다.

② 취소 버튼을 4초간 누른다.

③ 문을 제대로 닫았는지 확인한다.

④ 내부를 깨끗이 청소를 한 후 다시 눌러 본다

┃22~24┃ 다음 글을 읽고 물음에 답하시오.

신입사원 L씨는 중요한 회의의 자료를 출력하여 인원수에 맞게 복사를 해두라는 팀장님의 지시를 받았는데 아무리 인쇄버튼을 눌러도 프린터에서는 서류가 나오지 않는다. 이 때 서랍 속에서 프린터기의 사용설명서를 찾았다.

프린터 인쇄 문제 해결사

항목	문제	점검사항	조치사항
A	인쇄 출력 품질이 떨어집니다.	올바른 용지를 사용하고 있습니까?	• 프린터 권장 용지를 사용하면 인쇄 출력 품질이 향상됩니다. • 본 프린터는 ○○용지 또는 ◇◇용지의 사용을 권장합니다.
		프린터기의 상태메뉴에 빨간 불이 들어와 있습니까?	• 프린터기의 잉크 노즐이 오염된 신호입니다. • 잉크 노즐을 청소하십시오.
B	문서가 인쇄되지 않습니다.	인쇄 대기열에 오류 문서가 있습니까?	인쇄 대기열의 오류 문서를 취소하십시오.
		네트워크가 제대로 연결되어 있습니까?	컴퓨터와 프린터의 네트워크 연결을 확인하고 연결하십시오.
		프린터기에 용지 또는 토너가 공급되어 있습니까?	프린터기에 용지 또는 토너를 공급하십시오.
C	프린터의 기능이 일부 작동하지 않습니다.	본사에서 제공하는 드라이버를 사용하고 있습니까?	본사의 홈페이지에서 제공하는 프린터 드라이버를 받아 설치하십시오.
D	인쇄 속도가 느립니다.	인쇄 대기열에 오류 문서가 있습니까?	인쇄 대기열의 오류 문서를 취소하십시오.
		인쇄하려는 파일에 많은 메모리가 필요합니까?	하드디스크의 사용 가능한 공간의 양을 늘려 보십시오.

22 신입사원인 L씨가 확인해야 할 항목은 무엇인가?

① A   ② B

③ C   ④ D

23 신입사원인 L씨가 확인하지 않아도 될 사항은 무엇인가?

① 인쇄 대기열에 오류 문서가 있는지 확인한다.

② 네트워크가 제대로 연결되어 있는지 확인한다.

③ 프린터기에 용지나 토너가 제대로 공급되어 있는지 확인한다.

④ 올바른 용지를 사용하고 있는지 확인한다.

24 다음 중 인쇄가 진행되는데 인쇄 속도가 느릴 경우 신입사원 L씨가 취할 수 있는 행동으로 적절한 것은?

① 잉크 노즐을 청소한다.

② 프린터 회사에서 제공하는 프린터 드라이버를 다시 설치한다.

③ 인쇄 대기열에 오류 문서가 있는지 확인한다.

④ 용지 또는 토너를 다시 공급한다.

하드 디스크 교환하기
1. 데이터 백업하기
2. 하드 디스크 교환하기
3. 시스템 소프트웨어 재설치하기
4. 백업한 데이터를 PS4에 복사하기

※ 주의사항
- 하드 디스크를 교환하실 때는 AC 전원 코드의 플러그를 콘센트에서 빼 주십시오. 또한 어린이의 손이 닿지 않는 곳에서 해 주십시오. 나사 등의 부품을 실수로 삼킬 위험이 있습니다.
- 본 기기를 사용한 직후에는 본체 내부가 뜨거워져 있습니다. 잠시 그대로 두어 내부열을 식힌 후 작업을 시작해 주십시오.
- 부품 사이에 손가락이 끼거나, 부품의 모서리에 손이나 손가락이 다치지 않도록 충분히 주의해 주십시오.
- 전원을 켤 때는 반드시 HDD 베이 커버를 고정해 주십시오. HDD 베이 커버가 분리되어 있으면 본체 내부 온도 상승의 원인이 됩니다.
- 하드 디스크는 충격이나 진동, 먼지에 약하므로 주의해서 다루어 주십시오.
- 진동이 있거나 불안정한 장소에서 사용하거나 강한 충격을 가하지 마십시오.
- 내부에 물이나 이물질이 들어가지 않게 하십시오.
- 하드 디스크의 단자부를 손으로 만지거나 이물질을 넣지 마십시오. 하드 디스크 고장 및 데이터 파손의 원인이 됩니다.
- 하드 디스크 근처에 시계 등의 정밀기기나 마그네틱 카드 등을 두지 마십시오. 기기 고장이나 마그네틱 카드 손상의 원인이 됩니다.
- 위에 물건을 얹지 마십시오.
- 고온다습하거나 직사광선이 비추는 장소에 두지 마십시오.
- 나사를 조이거나 풀 때는 나사의 크기에 맞는 드라이버를 사용해 주십시오. 사이즈가 맞지 않으면 나사 머리의 홈이 으스러지는 경우가 있습니다.
- 데이터는 정기적으로 백업해 두시기를 권장합니다. 어떤 원인으로 데이터가 소실/파손된 경우, 데이터를 복구/복원할 수 없습니다. 데이터가 소실/피손되어도 당사는 일절 책임을 지지 않습니다. 이 점 양해해 주십시오.
- 시스템 소프트웨어를 설치 중에는 PS4의 전원을 끄거나 USB저장장치를 빼지 마십시오. 설치가 도중에 중단되면 고장의 원인이 됩니다.
- 시스템 소프트웨어 설치중에는 본체의 전원 버튼 및 컨트롤러의 PS 버튼이 기능하지 않게 됩니다.

게임의 저장 데이터 백업하기

PS4에 저장된 게임의 저장 데이터를 USB 저장장치에 복사할 수 있습니다. 필요에 따라 백업해 주십시오.

1. 본체에 USB 저장장치를 연결합니다.
2. 기능 영역에서 설정을 선택합니다.
3. 애플리케이션 저장 데이터 관리 → 본체 스트리지의 저장 데이터 → USB 저장장치에 복사하기를 선택합니다.
4. 타이틀을 선택합니다.
5. 복사할 저장 데이터의 체크 박스에 체크 표시를 한 후 복사를 선택합니다.

25 다음 중 하드 디스크를 교환할 경우 제일 먼저 행해야 할 행동은 무엇인가?

① 데이터 백업하기
② 하드 디스크 교환하기
③ 시스템 소프트웨어 재설치하기
④ 백업한 데이터를 PS4에 복사하기

26 하드 디스크 교환시 주의사항으로 옳지 않은 것은?

① 하드 디스크를 교환할 때에는 AC 전원 코드의 플러그를 콘센트에서 빼야 한다.
② 내부에 물이나 이물질이 들어가지 않게 하여야 한다.
③ 나사를 조이거나 풀 때는 나사의 크기에 상관없이 십자 드라이버를 사용해야 한다.
④ 시스템 소프트웨어를 설치 중에는 PS4의 전원을 끄거나 USB저장장치를 빼면 안 된다.

27 게임의 저장 데이터 백업하는 방법으로 옳지 않은 것은?

① 본체에 USB 저장장치를 연결하여야 한다.
② 기능 영역에서 설정을 선택하도록 한다.
③ 애플리케이션 저장 데이터 관리 → 본체 스트리지의 저장 데이터 → USB 저장장치에 복사하기를 선택한다.
④ 타이틀을 선택하면 바로 복사가 시작된다.

압력밥솥으로 맛있는 밥짓기

쌀은 계량컵으로! 물은 내솥눈금으로 정확히!	• 쌀은 반드시 계량컵을 사용하여 정확히 계량합니다.(시중에 유통되고 있는 쌀통은 제품에 따라 쌀의 양이 다소 차이가 날 수도 있습니다.) • 물의 양은 내솥을 평평한 곳에 놓고 내솥의 물 높이에 맞춥니다.	쌀의 양과 물의 양이 맞지 않으면 밥이 퍼석하거나 설익거나 질게 될 수가 있습니다.
쌀은 보관방법이 중요!	• 쌀은 가급적이면 소량으로 구입하여 통풍이 잘되고 직사광선이 없는 서늘한 곳에 쌀의 수분이 잘 증발되지 않도록 보관합니다. • 쌀을 개봉한 지 오래되어 말라 있는 경우는 물을 반눈금 정도 더 넣고 취사를 하면 좋습니다.	쌀이 많이 말라 있는 경우는 계량을 정확히 하더라도 밥이 퍼석할 수가 있습니다.
예약 취사 시간은 짧을수록 좋습니다!	쌀이 많이 말라 있는 경우는 가급적 예약취사를 피하시고 물을 반눈금 정도 더 넣고 취사합니다.	10시간 이상 예약취사하거나 말라있는 쌀을 예약취사할 경우는 밥이 퍼석하거나 설익을 수가 있으며 심한 경우는 층밥이 될 수도 있습니다. 예약 설정 시간이 길어질수록 멜라노이징 현상이 증가할 수 있습니다.
보온시간은 짧을수록 좋습니다!	보온은 12시간 이내로 하는 것이 좋습니다.	장시간 보온을 하게되면 밥색깔이 변하거나 밥에서 냄새가 날 수도 있습니다.
제품은 깨끗하게	청소를 자주 하십시오. 특히, 뚜껑부에 이물질이 묻어 있지 않도록 자주 닦아 주십시오.	청소를 자주 하지 않으면 세균이 번식하여 보온시 밥에서 냄새가 날 수 있습니다.

고장 신고 전에 확인하십시오.

상태	확인사항	조치사항
밥이 되지 않을 때	[취사/쾌속]버튼을 눌렀습니까?	원하는 메뉴 선택 후 반드시 [취사/쾌속] 버튼을 1회 눌러 화면에 '취사 중' 문구가 표시되는지 확인하십시오.
밥이 설익거나 퍼석할 때 또는 층밥이 될 때	계량컵을 사용하셨습니까?	쌀의 양을 계량컵을 사용하여 정확히 계량하여 주십시오. 쌀을 계량컵의 윗면 기준하여 평평하게 맞추면 1인분에 해당됩니다.
	물 조절은 정확히 하셨습니까?	물 조절을 정확히 하십시오. 바닥이 평평한 곳에 내솥을 올려 놓고 내솥에 표시된 눈금에 맞춰 물의 양을 조절하십시오. 내솥에 표시된 눈금을 쌀과 물을 함께 부었을 때의 물눈금을 표시합니다.

콩(잡곡/현미)이 설익을 때	콩(잡곡/현미)이 너무 마르지 않았습니까?	콩(현미/잡곡)을 불리거나 삶아서 잡곡메뉴에서 취사를 하십시오. 잡곡의 종류에 따라 설익을 수도 있습니다.
밥이 너무 질거나 된 밥일 때	물 조절은 정확히 하셨습니까?	물 조절을 정확히 하십시오. 바닥이 평평한 곳에 내솥을 올려 놓고 내솥에 표시된 눈금에 맞춰 물의 양을 조절하십시오. 내솥에 표시된 눈금은 쌀과 물을 함께 부었을 때의 물눈금을 표시합니다.
취사 도중 밥물이 넘칠 때	계량컵을 사용하셨습니까?	쌀의 양을 계량컵을 사용하여 정확히 계량하여 주십시오. 쌀을 계량컵의 윗면 기준으로 평평하게 맞추면 1인분에 해당됩니다.
밥이 심하게 눌을 때	온도감지기, 내솥 외면에 밥알이 심하게 눌어 붙어 있거나 이물질이 있지는 않습니까?	온도감지기, 내솥외면의 이물질을 제거하여 주십시오.
보온 중 냄새가 날 때	12시간 이상 보온하였거나 너무 적은 밥을 보온하지 않았습니까?	보온시간은 가능한 12시간 이내로 하십시오.
보온 중 보온경과 시간 표시가 깜빡일 때	보온 후 24시간이 경과하지 않으셨습니까?	보온 24시간이 경과하면 보온이 장시간 경과 되었음을 알리는 기능입니다.
뚜껑 사이로 증기가 누설되거나 '삐'하는 휘파람 소리가 날 때	패킹에 이물질(밥알 등)이 묻어 있지 않습니까?	패킹을 행주나 부드러운 헝겊으로 깨끗이 닦은 후 사용하십시오.
취사 또는 요리 중 [취소]버튼이 눌러지지 않을 때	내솥의 내부가 뜨겁지 않습니까?	취사 또는 요리 중 부득이 하게 취소할 경우 내솥 내부 온도가 높으면 안전을 위해 [취소]버튼을 1초간 눌러야 취사 또는 요리가 취소됩니다.
LCD화면에 아무것도 나타나지 않고, 상태 LED에 보라색이 점등 될 때	LCD 통신에 이상이 있을 때 나타납니다.	전원을 차단한 후 고객상담실로 문의하십시오.
취사나 보온시 이상한 소음이 날 때	취사 및 보온 중 '찌'하는 소리가 납니까?	취사 및 보온 중 '찌'하는 소리는 IH 압력밥솥이 동작될 때 나는 소리입니다. 정상입니다.

28 다음 중 보온의 적정시간은 얼마인가?

① 8시간
② 12시간
③ 18시간
④ 24시간

29 다음 중 압력밥솥을 이용하여 맛있는 밥짓기 방법이 아닌 것은?

① 쌀과 물은 계량컵을 사용하여 눈금에 정확히 맞춘다.
② 쌀은 가급적이면 소량으로 구입하여 통풍이 잘되고 직사광선이 없는 서늘한 곳에 쌀의 수분
   이 잘 증발되지 않도록 보관한다.
③ 쌀이 많이 말라 있는 경우는 가급적 예약취사를 피하고 물을 반눈금 정도 너 넣고 취사한다.
④ 뚜껑부에 이물질이 묻어 있지 않도록 자주 닦아 주도록 한다.

30 취사 또는 요리 중 [취소]버튼이 눌러지지 않을 때의 조치사항으로 옳은 것은?

① 패킹을 행주나 부드러운 헝겊으로 깨끗이 닦은 후 사용한다.
② 쌀의 양을 계량컵을 사용하여 정확히 계량하여 사용한다.
③ [취소]버튼을 1초간 눌러 준다.
④ 전원을 차단한 후 고객상담실로 문의한다.

PART

IV

면접

01 면접의 기본

① 면접준비

(1) 복장

면접에서는 무엇보다 첫인상이 중요하므로 지나치게 화려하거나 개성이 강한 스타일은 피하고 단정한 이미지를 심어주도록 한다. 면접시 복장은 지원하는 기업의 사풍이나 지원 분야에 따라 달라질 수 있으므로 미리 가서 성향을 파악하는 것도 도움이 된다.

① 남성
  ㉠ **양복** : 단색으로 하여 넥타이나 셔츠로 포인트를 주는 것이 효과적이며 색상은 감청색이 가장 품위 있어 보인다.
  ㉡ **셔츠** : 흰색을 가장 선호하나 자신의 피부색에 맞추는 것이 좋고, 푸른색이나 베이지색은 산뜻한 느낌을 준다.
  ㉢ **넥타이** : 남성이 복장에서 가장 포인트를 줄 수 있는 것으로 색과 폭까지 함께 고려하여 뚱뚱한 사람이 폭이 가는 넥타이를 매는 일이 없도록 한다.
    ※ 주의사항 … 우리나라의 경우 여름에는 반팔셔츠를 입는 것도 무난하나 외국계 기업일 경우 이는 실례가 된다. 또한 양말을 신을 경우 흰색은 절대로 피한다.

② 여성
  ㉠ **의상** : 단정한 스커트투피스 정장이나 슬랙스 슈트 정장도 무난하며 베이지나 그레이, 브라운 계열이 적당하다.
  ㉡ **소품** : 핸드백, 스타킹, 구두 등과 같은 계열로 코디하는 것이 좋으며 구두는 너무 높거나 낮은 굽을 피해 5cm 정도가 적당하다.
  ㉢ **액세서리** : 너무 크거나 화려한 것은 좋지 않으며, 많이 하는 것도 좋은 인상을 주지 못하므로 주의한다.
  ㉣ **화장** : 자연스럽고 밝은 이미지를 표현하는 것이 좋으며 진한 화장은 인상이 강해보일 수 있으므로 피하자.

(2) 목소리

　면접은 주로 면접관과 지원자의 대화로 이루어지므로 음성이 미치는 영향은 상당하다. 답변을 할 때에 부드러우면서도 활기차고 생동감 있는 목소리로 하면, 상대방에게 호감을 줄 수 있으며 여기에 적당한 제스처가 더해진다면 상승효과를 이룰 수 있다. 그러나 적절한 답변을 하였어도 콧소리나 날카로운 목소리는 답변의 신뢰성을 떨어뜨릴 수 있으며 불쾌감을 줄 수 있다.

(3) 사진

　이력서용 사진의 경우 최근 3개월 이내에 찍은 증명사진이어야 하며 증명사진이 아닌 일반 사진을 오려서 붙이는 것은 예의가 아니다. 요즘 입사원서를 온라인으로 받는 경우가 많아졌는데 이때 주의할 것은 사진을 첨부하는 것이다. 이력서에 사진을 붙이는 것은 기본이며 붙이지 않을 경우 컴퓨터 사용능력이 부족한 것으로 판단될 수 있으므로 꼭 확인하자.

① 회사에 대한 지원자의 열의를 엿볼 수 있는 것이 사진이다. 당신이 인사 담당자라면 스펙이 비슷할 때 캐주얼 복장의 어두운 표정의 사람과 깔끔한 정장에 단정한 머리, 활기찬 표정의 사람 중 누구를 뽑겠는가. 우리를 사용하기 위해 평가하는 이의 입장에서 생각해 보자. 면접관도 감성이 있는 사람이라는 것을 생각해 보았을 때 굳이 나의 무성의함으로 불쾌감을 주지 말고 정성껏 준비하여 가장 좋은 모습을 보여주자.

② 만일 사진과 실물이 너무 다르다면 면접관은 우리의 진실성을 의심할 수도 있다. 포토샵으로 과대 포장한 나의 모습보다는 현실을 진솔에게 보여주는 것이 차라리 낫다.

③ 취업용 사진을 전문으로 하는 사진관이라고 할지라도 전적으로 믿고 맡겼다가는 큰 낭패를 볼 것이다. 재촬영을 하고 싶지 않으면 사진 촬영 후 기사와 함께 선별 작업을 하라. 맘에 드는 사진이 나오지 않았다면 당당하게 재촬영을 요구할 줄도 알아야 한다. 촬영시 정장은 필수다. 하지만 너무 눈에 띄는 줄무늬, 남자의 경우 광택이 심한 정장 등은 피하는 것이 좋다. 또 남성들은 약간의 메이크업을 시도해 볼 기회이기도 하다. 특히 여성의 경우 얼짱 포즈는 자제하는 것이 좋고, 사진은 최근 3개월 이내의 것이 좋다. 그리고 휴대전화, 화상 카메라 등으로 찍지 않는다.

(4) 이력서 작성 시 놓치기 쉬운 사항

　모집공고에 간혹 '희망연봉을 명시하시오', '지망부서를 쓰시오' 등과 같은 요구 사항들이 있다. 이런 기업의 요구사항들을 제대로 파악하지 못하거나 무시한 채, 그냥 한번 넣어본다는 듯이 작성된 이력서는 인사담당자들의 눈 밖에 날 것이다. 특히 이곳저곳 이력서를 뿌리는 가운데 다른 기업의 이름이 늘어가게 되거나, 받는 사람의 이메일 주소가 여러 곳인 것을 인사담당자가 확인한다면 그 결과는 뻔하다. 이 외에도 오타가 많은 이력서는 지원자의 무성의함을 부각시킨다. 한, 두 번만 읽어봐도 오타를 바로 잡을 수 있기 때문이다.

② 면접시 준비사항

(1) 지원회사에 대한 사전지식을 습득한다.

필기시험에 합격하거나 서류전형을 통과하면 보통 합격 통지 이후 면접시험 날짜가 정해진다. 이때 지원자는 면접시험을 대비해 본인이 지원한 계열사 또는 부서에 대해 다음과 같은 사항 정도는 알고 있는 것이 좋다.

① 회사의 연혁

② 회장 또는 사장의 이름, 출신학교, 전공과목 등

③ 회사에서 요구하는 신입사원의 인재상

④ 회사의 사훈, 사시, 경영이념, 창업정신

⑤ 회사의 대표적 상품과 그 특색

⑥ 업종별 계열 회사의 수

⑦ 해외 지사의 수와 그 위치

⑧ 신제품에 대한 기획 여부

⑨ 지원자가 평가할 수 있는 회사의 장·단점

⑩ 회사의 잠재적 능력 개발에 대한 각종 평가

(2) 충분한 수면을 취해 몸의 상태를 최상으로 유지한다.

면접 전날에는 긴장하거나 준비가 미흡한 것 같아 잠을 설치게 된다. 이렇게 잠을 잘 자지 못하면 다음날 일어났을 때 피곤함을 느끼게 되고 몸 상태도 악화된다. 게다가 잠을 잘 못 잘 경우, 얼굴이 부스스하거나 목소리에 영향을 미칠 수 있으며 자신도 모르게 멍한 표정을 지을 수도 있다. 가능한 숙면을 취하고 안정적인 상태에서 면접에 임하는 것이 좋다.

(3) 아침에 정보를 확인한다.

경제, 정치, 문화 등과 같은 시사 상식은 최근의 것을 질문하기 쉽다. 아침에 일어나서 뉴스 등을 유의해서 보고 자신의 생각을 정리해 두는 것이 좋다. 또한 면접일과 인접해 있는 국경일이나 행사 등이 있다면 그에 따른 생각을 정리해 두면 좋다.

③ 면접시 유의사항

(1) 첫인상이 중요하다.

면접에서는 처음 1~2분 동안에 당락의 70% 정도가 결정될 정도로 첫인상이 중요하다고 한다. 그러므로 지원자는 자신감과 의지, 재능 등을 보여주어야 한다. 그리고 면접자와 눈을 맞추고 그가 설명을 하거나 말을 하면 적절한 반응을 보여준다.

(2) 절대 지각해서는 안 된다.

우선 면접장소가 결정되면 교통편과 소요시간을 확인하고 가능하다면 미리 방문해 보는 것도 좋다. 당일 날에는 서둘러서 출발하여 면접 시간 10~15분 일찍 도착하여 회사를 둘러보고 환경에 익숙해지는 것이 좋다.

(3) 면접대기시간의 행동도 평가된다.

지원자들은 대부분 면접실에서만 평가 받는다고 생각하나 절대 그렇지 않다. 면접진행자는 대부분 인사실무자이며 당락에 영향을 준다. 짧은 시간 동안 사람을 판단하는 것은 힘든 일이라 면접자는 지원자에 대한 평가에 대한 확신을 위해 타인의 의견을 듣고자 한다. 이때 면접진행자의 의견을 참고하므로 면접대기시간에도 행동과 말을 조심해야 한다. 또한, 면접을 마치고 돌아가는 그 순간까지도 행동과 말에 유의하여야 한다. 황당한 질문에 답변은 잘 했으나 복도에 나와서 흐트러진 모습을 보이거나 욕설을 하는 것도 다 평가되므로 주의한다.

(4) 입실한 후에는 공손한 태도를 취한다.

① 본인 차례가 되어 호명되면 대답을 또렷하게 하고 들어간다. 만약 문이 닫혀있다면 상대에게 소리가 들릴 수 있을 정도로 노크를 두 번 한 후 대답을 듣고 나서 들어간다.

② 문을 여닫을 때에는 소리가 나지 않게 조용히 하며 공손한 자세로 인사한 후 성명과 수험번호를 말하고 면접관의 지시에 따라 자리에 앉는다. 이 경우 자리에 착석하라는 말이 없는데 의자에 앉으면 무례한 사람처럼 보일 수 있으므로 주의한다.

③ 의자에 앉을 때는 끝에 걸터앉지 말고 안쪽으로 깊숙이 앉아 무릎 위에 양손을 가지런히 얹는 것이 좋다.

(5) 대답하기 난해한 개방형 질문도 반드시 답변을 해야 한다.

① 면접관의 질문에는 예, 아니오로 답할 수 있는 단답형도 있으나, 정답이 없는 개방형 질문이 있을 수 있다. 단답형 질문의 경우에는 간단명료하면서도 그렇게 생각하는 이유를 밝혀주는 것이 좋다. 그러나 개방형 질문은 평소에 충분히 생각하지 못했던 내용이라면 답변을 하기 힘들 수도 있다. 하지만 반드시 답변을 해야 한다. 자신의 생각이나 입장을 밝히지 않을 경우 소신이 없거나 혹은 분명한 입장이나 가치를 가지고 있지 않은 사람으로 비쳐질 수 있다. 답변이 바로 떠오르지 않는다면, "잠시 생각을 정리할 시간을 주시겠습니까?"하고 요청을 해도 괜찮다.

② 평소에 잘 알고 있는 문제라면 답변을 잘 할 수 있을 것이다. 그러나 이런 경우 주의할 것은 면접자와 가치 논쟁을 할 필요가 없다는 것이다. 정답이 정해져 있지 않은 경우에는 가치관이나 성장배경에 따라 문제를 받아들이는 태도에서 답변까지 충분히 차이가 있을 수 있다. 그런데 그것을 굳이 지적하고 고치려 드는 것은 좋지 않다.

(6) 답변은 자신감과 의지가 드러나게 한다.

면접을 하다 보면 미래를 예측해야 하는 질문이 있다. 이때에는 너무 많은 상황을 고려하지 말고, 자신감 있는 내용으로 긍정문으로 답변하는 것이 좋다.

(7) 자신의 장·단점을 잘 알고 있어야 한다.

면접을 하다 보면 나에 대해서 부정적인 말을 해야 될 경우가 있다. 이때에는 자신의 약점을 솔직하게 말하되 너무 자신을 비하하지 말아야 한다. 그리고 가능한 단점을 짧게 말하고 뒤이어 장점을 말하는 것이 좋다.

(8) 대답은 항상 정직해야 한다.

면접이라는 것이 아무리 본인의 장점을 부각시키고 단점을 축소시키는 것이라고 해도 절대로 거짓말을 해서는 안 된다. 거짓말을 하게 되면 지원자는 불안하거나 꺼림칙한 마음이 남아 있어 면접에 집중하지 못하게 되고 면접관을 그것을 놓치지 않는다. 거짓말은 그 사람에 대한 신뢰성을 떨어뜨리며 이로 인해 다른 조건이 좋다하더라도 탈락할 수 있다.

⑼ 지원동기에는 가치관이 반영되어야 한다.

면접에서 거의 항상 물어보는 질문은 지원동기에 관한 것이다. 어떤 응시자들은 이 질문을 대수롭지 않게 여기거나, 중요한 것은 알지만 적당한 내용을 찾지 못해 추상적으로 답변하는 경우가 많다. 이런 경우 면접관들은 응시자의 생각을 알 수 없거나 성의가 없다고 생각하기 쉬우므로 그 내용 안에 자신의 가치관이 내포되도록 답변한다. 이러한 답변은 면접관에게 응시자가 직업을 통해 자신의 가치관을 실현하기 위한 과정이라는 인상을 주게 되므로 적극적인 삶의 자세를 볼 수 있게 한다.

⑽ 경력직일 경우 전(前) 직장에 대한 험담은 하지 않는다.

응시자에게 이전 직장에서 무슨 일이 있었는지, 그곳 상사들이 어땠는지 등은 그다지 면접관이 궁금해 하는 사항이 아니다. 전 직장에 대해 험담을 늘어놓는다든가, 동료와 상사들에 대한 악담을 하게 된다면 오히려 부정적인 이미지를 심어 줄 수 있다. 만약 전 직장에 대한 말을 할 필요성이 있다면 가능한 객관적으로 이야기하는 것이 좋다.

⑾ 대답시의 유의사항

① 질문이 주어지자 말자 답변하는 것은 미리 예상한 답을 잊어버리기 전에 말하고자하는 것으로 오인할 수 있으며, 침착하지 못하고 즉흥적으로 비춰지기 쉽다.

② 질문에 대한 답변을 할 때에는 면접관과의 거리를 생각해서 너무 작게 하는 것은 좋지 않으나 큰 소리로 이야기하면 면접관이 부담을 느끼게 된다. 자신 있는 답변이라고 해서 너무 빠르게 많이 말하지 않아야 하며, 자신의 답변이 적당하지 못했다고 느꼈을 경우 머리를 만지거나 혀를 내미는 등의 행동은 좋지 못하다. 그리고 정해진 답변 외에 적절하지 않은 농담은 경망스러워 보이거나 취업에 열의가 없어 보이기도 한다.

③ 가장 중요한 것은 올바른 언어의 구사이다. 존대어와 겸양어를 혼동하기도 하고 채팅어를 자기도 모르게 사용하기도 하는 데이는 면접 실패의 원인이 될 수 있다.

⑿ 옷매무새를 자주 고치지 마라.

여성들의 경우 이러한 모습이 특히 두드러지는데 외모에 너무 신경을 쓰거나 긴장하여 머리를 계속 쓸어 올리거나 치마 끝을 만지작거리는 경우가 있다. 특히 너무 짧은 치마를 입고서 치마를 끌어 내리는 행동은 좋지 못하다.

⒀ 다리를 떨거나 산만한 시선은 금물이다.

① 자신도 모르게 다리를 떨거나 손가락을 만지는 등의 행동을 하는 사람들이 많다. 이는 면접관의 주의를 끌 뿐만 아니라 불안하고 산만한 사람이라는 느낌을 주게 된다.

② 면접관과 시선을 맞추지 못하고 여기저기 둘러보는 듯한 산만한 시선은 거짓말을 하고 있다고 여기거나 신뢰성이 떨어진다고 생각하기 쉽다.

⒁ 질문의 기회를 활용하자.

　　면접관이 "면접을 마치겠네." 혹은 "면접과는 상관없는 것인데….'하면서 질문을 유도하기도 하다. 이 경우 면접관이 하는 말은 지원자를 안심시켜 마음을 알고자 하는 것으로 거기에 넘어가서는 안 된다. " 물어볼 것이 있나?"라는 말은 우리 회사에서 가장 관심이 있는 것이 무엇이냐라는 말과 같은 의미이므로 유급휴가나 복리후생에 관한 질문 등을 하게 되면 일보다는 휴가에 관심이 많은 사람이라는 인식을 주게 된다. 이런 내용들은 다른 정보망을 활용하여 미리 파악해 두는 것이 좋으므로 업무에 관련된 질문으로 하고자 하는 일의 예를 들면서, 합격시에 하는 일을 구체적으로 설명해 달라고 하거나 업무를 잘 수행하기 위해서 필요한 능력 등을 물어보는 것이 좋다.

④ 자기소개시 유의사항

　　면접에서 빠지지 않는 것이 자기소개를 간단히 해보라는 것이다. 이럴 때 꼭 해야 할 말은 무엇이며 피해야할 말은 무엇인가? 면접관의 모든 질문이 그러하듯 이 질문에 숨겨진 의도만 알아낸다면 쉽게 풀어 갈수 있다. 자기소개라는 것은 매우 추상적이며 넓은 의미를 포괄한다. 자신의 이름에 얽힌 사연이나 어릴 적의 추억, 고향, 혈액형 등 지원자에 관한 일이라면 모두 자기소개가 될 수 있다. 그러나 이는 면접관이 원하는 대답이 아니다. 면접관은 지원자의 신상명세를 알고 싶은 것이 아니라 지원자가 지금껏 해온 일을 통해 그 사람 됨됨이를 알고자 하는 것이기 때문이다. 다음 유형은 지원자들이 면접시 자기소개를 할 때 취하기 쉬운 태도들이다. 예시를 살펴본 후 자신의 방법과 비교해 보고 적절한 방법을 찾도록 하자.

(1) 자신의 집안에 대해 자랑하는 사람

자신의 부모나 형제 등 집안 사람들이 사회 · 경제적으로 어떠한 위치에 있는지를 서술하는 유형으로 자신도 대단한 사람이라는 것을 강조하고 싶은 것일지 모르나 면접관에게는 의존적이며 나약한 사람으로 비춰지기 쉽다.

(2) 대답을 하지 못하는 사람

면접관의 질문에는 난이도가 있어서 대답하기 힘든 문제도 분명히 있을 것이다. 그러나 이는 어려운 것이지 난처한 문제는 아니다. 그러나 면접관이 당신에게 "지금까지 무슨 일을 해왔습니까?" 하고 묻는다면 바로 대답을 하지 못하고 머뭇거리게 될 것이다. 20여 년을 넘게 살아오면서 '나는 무슨 일을 했으며 어떻게 대답해야 하는가?'라는 생각이 들 것이다. 이는 단순히 그 사람의 행적을 말하는 것이 아니라 그 속에서 그 사람의 가치관과 자아정체성을 판별하기 위한 것이다. 평소에 끊임없이 이런 질문을 스스로 던져 자신이 원하는 것을 파악하고 직업도 관련된 쪽으로 구하고자 하면 막힘없이 대답할 수 있을 것이다.

(3) 자신이 한 일에 대해서 너무 자세하게 이야기하는 사람

오늘 아침부터 한 일을 말하라고 해도 10분 안에 이야기하는 것은 힘들 것이다. 면접은 필기시험과 마찬가지로 시간이 정해져 있고 그 시간을 효율적으로 활용하여 자신을 내보이는 것이다. 그러나 이러한 사람들은 그것은 생각하지 않고 적당하지 않은 말까지 많이 하여 시간이 부족하다고 하는 사람들이다. 이와 비슷한 사람들 중에는 자기가 지금껏 해온 일을 무조건 늘어놓는 사람들이다. 이들은 자신이 한 일을 열거하면서 모든 일에 열의가 있는 사람이라고 생각해주길 바라지만 단순 나열일 뿐 면접관들에게 강한 인상을 남기지 못한다.

(4) 너무 오래된 추억을 이야기하는 사람

면접에서 초등학교 시절의 이야기를 하는 사람은 어떻게 비춰질까? 그 이야기가 지금까지도 영향을 미치고 있다면 괜찮지만 단순히 일회성으로 그친다면 너무 동떨어진 이야기가 되어버린다. 가능하면 최근의 이야기를 하는 것이 강렬한 인상을 남길 수 있다.

⑤ 면접에 대한 궁금증

(1) 1차, 2차 면접의 질문이 같다면 대답도 똑같아야 하나요?

면접관의 질문이 같다면 일부러 대답을 바꿀 필요는 없다. 1차와 2차의 면접관이 다르다면 더욱 그러하며 면접관이 같더라도 완전히 다른 대답보다는 대답의 방향을 조금 바꾸거나, 예전의 질문에서 더욱 구체적으로 파고드는 대답이 좋다.

(2) 제조회사의 면접시험에서 지금 사용하고 있는 물건이 어느 회사의 제품인지를 물었을 때, 경쟁회사의 제품을 말해도 괜찮을까요?

타사 특히 경쟁사의 제품을 거론하는 것을 좋아할 만한 면접관은 한 명도 없다. 그러나 그 제품의 장·단점까지 분석할 수 있고 논리적인 설명이 가능하다면 경쟁회사의 제품을 거론해도 무방하다. 만약 면접을 보는 회사의 제품을 거론할 때 장·단점을 설명하지 못하면, 감점요인까지는 아니지만 좋은 점수를 받기는 힘들다.

(3) 면접관이 '대답을 미리 준비했군요'라는 말을 하면 어떻게 해야 할까요?

외워서 답변하는 경우에는 면접관의 눈을 똑바로 보고 말하기가 힘들며, 잊어버리기 전에 말하고자 하여 말의 속도가 빨라진다. 면접에서는 정답이 표면적으로 드러나 있는 질문보다는 지원자의 생각을 묻는 질문이 많으므로 면접관의 질문을 새겨듣고 요구하는 바를 파악한 후 천천히 대답한다.

(4) 아버지의 직업이 나와 무슨 관계가 있습니까?

이는 면접관이 지원자의 아버지 직업이 궁금해서 묻는 것이 아니다. 이 대답을 통해서 지원자가 자식으로서 아버지를 얼마나 이해하고 있는가와 함께 사회인으로서 다른 직장인을 얼마나 이해하고 포용할 수 있는가를 확인하는 것이다. 아버지의 직업만을 이야기하지 말고 그에 따른 자신의 생각을 밝히는 것이 좋다.

(5) 집단면접에서 면접관이 저에게 아무런 질문도 하지 않았습니다. 그 이유는 무엇인가요?

이력서와 자기소개서는 면접의 기본이 되며 이력서의 내용이 평범하거나 너무 포괄적이라면 면접관은 지원자에게 궁금증이 생기지 않는다. 그러므로 이력서는 구체적이면서 개성적으로 자신을 잘 드러낼 수 있는 내용을 강조해서 작성하는 것이 중요하다.

(6) 면접관에게 좋은 인상을 남기기 위해서는 어떻게 하는 것이 좋을까요?

면접관은 성실하고 진지한 지원자를 대할 경우 고개를 끄덕이거나 신중한 표정을 짓는다. 그러므로 지나치게 가벼워 보이거나 잘난 척하는 자세는 바람직하지 않다.

(7) 질문에 대한 답변을 다 하지 못하였는데 면접관이 다음 질문으로 넘어가 버리면 어떻게 할까요?

면접에서는 간단명료하게 자신의 의견을 일관성 있게 밝히는 것이 중요하다. 두괄식으로 주제를 먼저 제시하는데 서론이 길면 지루해져 다음 질문으로 넘어갈 수 있다.

(8) 면접에서 실패한 경우에, 역전시킬 수 있는 방법이 있을까요?

지원자 스스로도 면접에서 실패했다고 느끼는 경우가 종종 있다. 이런 경우에는 당황하여 인사를 잊기도 하나 그 때 당황하지 말고 정중하게 인사를 하면 또 다른 인상을 심어줄 수 있다. 면접관은 당신이 면접실에 들어서는 순간부터 나가는 순간까지 당신을 지켜보고 있다는 사실을 기억해야 한다.

6 면접에서의 공통질문

대부분의 기업들이 아래 두 가지를 반드시 질문한다.

(1) 자기소개를 해보세요.

자기소개시 정말로 자기 신상에 관해서만 소개하거나, 장점만 나열하는 것은 좋지 않다. 처음부터 업계, 회사, 담당 직무에 많은 관심을 가지고 준비해왔음을 보여주자.

(2) 당사에 지원하게 된 동기를 말씀해주세요.

이 경우도 마찬가지다. 회사에 대한 개인적인 생각이나 취향을 이유로, 또는 회사가 업계에서 유명한 곳이기 때문에 지원했다고 답하지 말자. 해당 산업의 현실, 회사의 당면 과제 등을 파악해서 이에 대한 필요를 채워줄 수 있는 나의 장점을 설득력 있는 예를 들어 제시하자. 이를 통해 내가 회사에 필요한 인재이기 때문에 지원했음을 알려주는 것이다.

02 면접기출

1 한국국토정보공사 면접기출

① 우리 국토의 모든 정보를 측량하여 저장·관리한다면 좋은 점 2가지를 말해보시오.

② 경계복원측량과 분할측량에 대해 설명해보시오.

③ 지적측량처리과정에 대해 간략하게 설명해보시오.

④ 지상레이저측량에 대해 설명해보시오.

⑤ 지상레이저측량 기술을 어떻게 활용할 수 있는지 활용방안에 대해 설명해보시오.

⑥ 자기소개를 해보세요.

⑦ 인생에서 성공하기 위한 조건은?

⑧ 자신의 장·단점에 대해 얘기해 보십시오.

⑨ 대학 졸업 후의 활동은 어떠했는가?

⑩ 공사에 대해 한마디로 요약해보십시오.

⑪ 당신의 입사동기가 그만두려고 하면 어떻게 하겠습니까?

⑫ 봉사활동에서 한 활동과 무엇을 느꼈는가? 느낀 점을 토대로 그 이후 생활이 어떻게 달라졌는가?

⑬ 자소서 상의 특이한 경력과 경험에 대한 질문과 이러한 경험이 자기 발전에 어떻게 도움이 되도록 활용했는가?

⑭ 업무를 소화하는데 자신의 어떤 점이 업무 수행에 도움이 될 것이라고 생각하는가?

⑮ 자신에 대해 PR해 보라.

⑯ 자신이 했던 봉사활동과 그로 인해 느낀 점 혹은 배운 점

⑰ 일할 지사가 집에서 멀어도 할 것인가?

⑱ 자신의 생활신조 및 존경하는 인물에 대해 말해보시오.

⑲ 직장생활에서 상사의 부당한 지시가 있을 때 어떻게 대처하겠는가?

⑳ 사생활과 직장생활 중 무엇을 더 중요하게 생각합니까?

❷ 공사·공단의 출제 빈도가 높은 질문 Best 10

① 왜 공사(공단)에서 일하고 싶습니까?

② 가족관계를 설명해 보세요.

③ 자신의 성격의 장·단점을 말해보세요.

④ 입사 후 어떤 일을 하고 싶습니까?

⑤ 회사생활과 개인생활 중 어느 것이 더 중요합니까?

⑥ 지원한 이유가 무엇입니까?

⑦ 당사에 대해 아는 대로 말해보세요.

⑧ 본인의 장점을 말해보세요.

⑨ 학창시절에 경험한 것 중 기억에 남는 것은 무엇입니까?

⑩ 위기상황을 대처하는 본인만의 노하우는 무엇입니까?

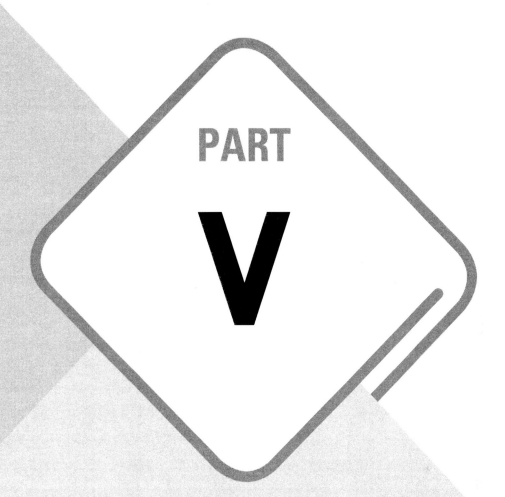

PART

V

NCS 정답 및 해설

01 NCS 대표유형 정답해설

PART ❶ 의사소통능력

| 1 | ① | 2 | ③ | 3 | ③ | 4 | ① | 5 | ③ |

1 ①

제시된 지문은 공문서의 한 종류인 보도자료에 해당한다. 마지막 문단에 밑줄 친 '거쳐'의 앞뒤 문맥을 파악해 보면, 지방재정협의회에서 논의한 지역 현안 사업은 각 부처의 검토 단계를 밟은 뒤 기재부에 신청되고, 이후 관계 기관의 협의를 거쳐 내년도 예산안에 반영함을 알 수 있다. 즉, 밑줄 친 '거쳐'는 '어떤 과정이나 단계를 겪거나 밟다.'의 의미로 사용되었다. 보기 중 이와 동일한 의미로 쓰인 것은 ①이다.
② 마음에 거리끼거나 꺼리다.
③ 오가는 도중에 어디를 지나거나 들르다.
④ 무엇에 걸리거나 막히다.

---

2 ③

네 개의 문장에서 공통적으로 언급하고 있는 것은 환경문제임을 알 수 있다. 따라서 (내) 문장이 '문제 제기'를 한 것으로 볼 수 있다. (가)는 (내)에서 언급한 바를 더욱 발전시키며 논점을 전개해 나가고 있으며, (라)에서는 논점을 '잘못된 환경문제의 해결 주체'라는 쪽으로 전환하여 결론을 위한 토대를 구성하며, (다)에서 필자의 주장을 간결하게 매듭짓고 있다.

---

3 ③

③ 디지털화는 공장 내 사물들 간에 소통이 가능하도록 물리적 아날로그 신호를 디지털 신호로 변환하는 것이다.
①② 두 번째 문단에서 언급하고 있다.
④ 세 번째 문단서 언급하고 있다.

4 ①

① 부지 용도가 단독주택용지이고 토지사용 가능시기가 '즉시'라는 공고를 통해 계약만 이루어지면 즉시 이용이 가능한 토지임을 알 수 있다.

② 계약체결 후 남은 금액은 공급가격에서 계약금을 제외한 33,250,095,000원이다. 이를 무이자로 3년간 6회에 걸쳐 납부해야 하므로 첫 번째 내야 할 중도금은 5,541,682,500원이다.

③ 규모 400㎡의 단독주택용지를 주택건설업자에게 분양하는 공고이다.

④ 계약금은 공급가격의 10%로 보증금이 더 적다.

---

5 ③

고위직급자와 계약직 직원들에 대한 학습목표 달성을 지원해야 한다는 논의가 되고 있으므로 그에 따른 실천 방안이 있을 것으로 판단할 수 있으나, 교육 시간 자체가 더 증가할 것으로 전망하는 것은 근거가 제시되어 있지 않은 의견이다.

① 22시간→35시간으로 약 59% 증가하였다.

② 평균 학습시간을 초과하여 달성하는 등 상시학습문화가 정착되었다고 평가하고 있다.

④ 생애주기에 맞는 직급별 직무역량교육 의무화라는 것은 각 직급과 나이에 보다 적합한 교육이 실시될 것임을 의미한다.

PART ❷ **자원관리능력** 🔍

| 1 | ④ | 2 | ③ | 3 | ① | 4 | ④ | 5 | ② |

1 ④

④ 결원이 생겼을 때에는 그대로 추가 선발 없이 채용을 마감할 수 있으며, 추가합격자를 선발할 경우 반드시 차순위자를 선발하여야 한다.

① 모든 응시자는 1인 1개 분야만 지원할 수 있다. 따라서 중복 응시에 대해 어느 한쪽을 임의로 무효처리할 수 있다.

② 입사지원서 작성 내용과 다르게 된 결과이므로 취소 처분이 가능하다.

③ 지원자가 채용예정인원 수와 같거나 미달하더라도 적격자가 없는 경우 선발하지 않을 수 있다.

2 ③

교육비 지원 기준에 따라 각 직원이 지원 받을 수 있는 내역을 정리하면 다음과 같다.

A	• 본인 대학원 학비 3백만 원(100% 지원) • 동생 대학 학비 2백만 원(형제 및 자매→80% 지원) = 160만 원	총 460만 원
B	딸 대학 학비 2백만 원(직계 비속→90% 지원) = 180만 원	총 180만 원
C	본인 대학 학비 3백만 원(100% 지원) 아들 대학 학비 4백만 원(직계 비속→90% 지원) = 360만 원	총 660만 원
D	본인 대학 학비 2백만 원(100% 지원) 딸 대학 학비 2백만 원(90% 지원) = 180만 원 아들 대학원 학비 2백만 원(90% 지원) = 180만 원	총 560만 원

따라서 A~D 직원 4명의 총 교육비 지원 금액은 1,860만 원이고, 이를 원단위로 표현하면 18,600,000원이다.

---

3 ①

주행속도에 따른 연비와 구간별 소요되는 연료량을 계산하면 다음과 같다.

차량	주행속도(km/h)	연비(km/L)	구간별 소요되는 연료량(L)		
A (LPG)	30 이상 60 미만	10 × 50.0% = 5	1구간	20	총 31.5
	60 이상 90 미만	10 × 100.0% = 10	2구간	4	
	90 이상 120 미만	10 × 80.0% = 8	3구간	7.5	
B (휘발유)	30 이상 60 미만	16 × 62.5% = 10	1구간	10	총 17.5
	60 이상 90 미만	16 × 100.0% = 16	2구간	2.5	
	90 이상 120 미만	16 × 75.0% = 12	3구간	5	
C (경유)	30 이상 60 미만	20 × 50.0% = 10	1구간	10	총 16
	60 이상 90 미만	20 × 100.0% = 20	2구간	2	
	90 이상 120 미만	20 × 75.0% = 15	3구간	4	

따라서 조건에 따른 주행을 완료하는 데 소요되는 연료비는 A 차량은 31.5 × 1,000 = 31,500원, B 차량은 17.5 × 2,000 = 35,000원, C 차량은 16 × 1,600 = 25,600원으로, 두 번째로 높은 연료비가 소요되는 차량은 A며 31,500원의 연료비가 든다.

---

4 ④

ⓒ 2의 '전자·통신관계법에 의한 전기·전자통신기술에 관한 업무'에 해당하므로 丙은 자격 취득 후 경력 기간 15개월 중 80%인 12개월을 인정받는다.

ⓔ 1의 '전력시설물의 설계·공사·감리·유지보수·관리·진단·점검·검사에 관한 기술업무'에 해당하므로 丁은 자격 취득 전 경력 기간 2년의 50%인 1년을 인정받는다.

ⓐ 3에 따라 자격 취득 전의 경력 기간은 50%만 인정되므로 甲은 5년의 경력 기간 중 50%인 2년 6개월만 인정받는다.

ⓑ 2의 「전기용품안전관리법」에 따른 전기용품의 설계·제조·검사 등의 기술업무에 해당하므로 乙은 자격 취득 후 경력 기간 30개월 중 80%인 24개월을 인정받는다.

5 ②

먼저 '층별 월 전기료 60만 원 이하' 조건을 적용해 보면 2층, 3층, 5층에서 각각 6대, 2대, 1대의 구형 에어컨을 버려야 한다. 다음으로 '구형 에어컨 대비 신형 에어컨 비율 1/2 이상 유지' 조건을 적용하면 4층, 5층에서 각각 1대, 2대의 신형 에어컨을 구입해야 한다. 그런데 5층에서 신형 에어컨 2대를 구입하게 되면 구형 에어컨 12대와 신형 에어컨 6대가 되어 월 전기료가 60만 원이 넘게 되므로 2대의 구형 에어컨을 더 버려야 하며, 신형 에어컨은 1대만 구입하면 된다. 따라서 A상사가 구입해야 하는 신형 에어컨은 총 2대이다.

PART ❸ 조직이해능력 🔍

1	④	2	②	3	②	4	①	5	④

1 ④

일반적으로 기자들을 상대하는 업무는 홍보실, 사장의 동선 및 일정 관리는 비서실, 퇴직 및 퇴직금 관련 업무는 인사부, 사원증 제작은 총무부에서 관장하는 업무로 분류된다.

2 ②

(A) 기능적 조직구조이며, (B)는 사업별 조직구조이다. 환경이 안정적이거나 일상적인 기술, 조직의 내부 효율성을 중요시하며 기업의 규모가 작을 때에는 업무의 내용이 유사하고 관련성이 있는 것들을 결합해서 (A)와 같은 기능적 조직구조 형태를 이룬다. 또한, 급변하는 환경변화에 효과적으로 대응하고 제품, 지역, 고객별 차이에 신속하게 적응하기 위해서는 분권화된 의사결정이 가능한 (B)와 같은 사업별 조직구조 형태를 이룰 필요가 있다. (A)와 같은 조직구조에서는 결재라인이 적어 신속한 의사결정이 이루어질 수 있으며, (B)와 같은 조직구조에서는 본부장, 부문장 등의 이사진이 배치될 수 있어, 중간관리자의 역할이 중요한 경우에 볼 수 있는 조직구조이다.

3 ②

차별화 전략과 원가우위 전략이 전체 시장을 상대로 하는 전략인 반면, 집중화 전략은 특정 시장을 대상으로 한다. 따라서 고객층을 세분화하여 타깃 고객층에 맞는 맞춤형 전략을 세울 필요가 있다. 타깃 고객층에 자사가 가진 특정 역량이 발휘되어 판매를 늘릴 수 있는 전략이라고 할 수 있다.

4 ①

① 기능의 다양화는 자사의 강점에 해당되며, 신흥시장의 잠재 수요를 기대할 수 있어 이를 연결한 전략으로 적절한 ST 전략이라고 할 수 있다.

② 휴대기기의 대중화(O)에 힘입어 MP3폰의 성능 강화(T)

③ 다양한 기능을 추가(S)한 판매 신장으로 이익 확대(W)

④ 개도국 수요를 창출(O)하여 저가 제품 판매 확대(W)

---

5 ④

④ 결권자가 자리를 비웠을 경우, '직무 권한'은 차상위자가 아닌 직상급직책자가 수행하게 되며, 차상위자가 전결권자가 되는 경우에도 '직무 권한' 자체의 위임이 되는 것은 아니다.

① 차상위자가 필요한 경우, 최종결재자(전결권자)가 될 수 있다.

② 부재 중 결재사항은 전결권자 업무 복귀 시 사후 결재를 받는 것으로 규정하고 있다.

③ 팀장의 업무 인수인계는 부사장의 전결 사항이다.

PART ④ 문제해결능력 🔍

1	④	2	③	3	①	4	④	5	②

1 ④

날짜를 따져 보아야 하는 유형의 문제는 아래와 같이 달력을 그려서 살펴보면 어렵지 않게 정답을 구할 수 있다.

일	월	화	수	목	금	토
	1	2	3	4	5	6
7	8	9	10	11	12	13
14	15	16	17	18	19	20
21	22	23	24	25	26	27
28	29	30	31			

1일이 월요일이므로 정 대리는 위와 같은 달력에 해당하는 기간 중에 출장을 가려고 한다. 3박 4일 일정 중 출발과 도착일 모두 휴일이 아니어야 한다면 월~목요일, 화~금요일, 금~월요일 세 가지의 경우의 수가 생기는데, 현지에서 복귀하는 비행편이 화요일과 목요일이므로 월~목요일의 일정을 선택해야 한다. 회의가 셋째 주 화요일이라면 16일이므로 그 이후 가능한 월~목요일은 두 번이 있으나, 마지막 주의 경우 도착일이 다음 달로 넘어가게 되므로 조건에 부합되지 않는다. 따라서 출장 출발일로 적절한 날은 22일이며 일정은 22~25일이 된다.

2 ③

ⓐ에서 유진이는 화요일에 학교에 가지 않으므로 ⓒ의 대우에 의하여 수요일에는 학교에 간다.

수요일에 학교에 가므로 ⓑ의 대우에 의해 금요일에는 학교에 간다.

금요일에 학교에 가므로 ⓓ의 대우에 의해 월요일에는 학교를 가지 않는다.

월요일에 학교를 가지 않으므로 ⓖ의 대우에 의해 목요일에는 학교에 간다.

따라서 유진이가 학교에 가는 요일은 수, 목, 금이다.

---

3 ①

조사 대상과 조사 내용을 볼 때, ①은 본 설문조사의 목적으로 가장 적합하지 않다.

② 조사 내용 중 '향후 해외 근거리 당일 왕복항공 잠재 수요 파악'을 통해 해외 당일치기 여객의 수요에 부응할 수 있는 노선 구축 근거를 마련할 수 있다.

③ 조사 내용 중 '과거 해외 근거리 당일 왕복항공 이용 실적 파악'을 통해 해외 근거리 당일 왕복항공을 이용한 실적 및 행태를 파악할 수 있다.

④ 조사 내용 중 '해외 근거리 당일 왕복항공 이용을 위한 개선 사항 파악'을 통해 근거리 국가로 여행 또는 출장을 위해 당일 왕복항공을 이용할 의향과 수용도를 파악할 수 있다.

---

4 ④

④ 어머니와 본인, 배우자, 아이 셋을 합하면 丁의 가족은 모두 6명이다. 6인 가구의 월평균소득기준은 5,144,224원 이하로, 월평균소득이 480만 원이 되지 않는 丁는 국민임대주택 예비입주자로 신청할 수 있다.

① 세대 분리되어 있는 배우자도 세대구성원에 포함되므로 주택을 소유한 아내가 있는 甲은 국민임대주택 예비입주자로 신청할 수 없다.

② 본인과 배우자, 배우자의 부모님을 합하면 乙의 가족은 모두 4명이다. 4인 가구 월평균소득기준은 4,315,641원 이하로, 월평균소득이 500만 원을 넘는 乙은 국민임대주택 예비입주자로 신청할 수 없다.

③ 신청자인 丙의 배우자의 직계비속인 아들이 전 남편으로부터 아파트 분양권을 물려받아 소유하고 있으므로 丙은 국민임대주택 예비입주자로 신청할 수 없다.

---

5 ②

B팀은 자신들이 제작한 K부서 정책홍보책자를 서울에 모두 배포하거나 부산에 모두 배포한다는 지침에 따라 배포하였는데, B팀이 제작·배포한 K부서 정책홍보책자 중 일부를 부산에서 발견하였으므로, B팀의 책자는 모두 부산에 배포되었다.

A팀이 제작·배포한 책자 중 일부를 서울에서 발견하였지만, A팀은 자신들이 제작한 K부서의 모든 정책홍보책자를 서울이나 부산에 배포한다는 지침에 따라 배포하였으므로, 모두 서울에 배포되었는지는 알 수 없다.

따라서 항상 옳은 평가는 ⓒ뿐이다.

1	③	2	②	3	③	4	②	5	③

1 ③

첫 번째와 두 번째 규칙에 따라 두 사람의 점수 총합은 $4 \times 20 + 2 \times 20 = 120$점이 된다. 이 때 두 사람 중 점수가 더 낮은 사람의 점수를 x점이라고 하면, 높은 사람의 점수는 $120 - x$점이 되므로 $120 - x = x + 12$가 성립한다.

따라서 $x = 54$이다.

2 ②

주어진 조건에 의해 다음과 같이 계산할 수 있다.

$\{(1,000,000 + 100,000 + 200,000) \times 12 + (1,000,000 \times 4) + 500,000\} \div 365 \times 30 = 1,652,055$원

따라서 소득월액은 $1,652,055$원이 된다.

3 ③

자료에 제시된 각 암별 치명률이 나올 수 있는 공식은 보기 중 ③이다. 참고적으로 치명률은 어떤 질환에 의한 사망자수를 그 질환의 환자수로 나눈 것으로 보통 백분율로 나타내며, 치사율이라고도 한다.

4 ②

② 〈자료 1〉에 따르면 건강수명은 평균수명에서 질병이나 부상으로 인하여 활동하지 못한 기간을 뺀 기간이다. 〈자료 2〉에서 건강수명 예상치의 범위는 평균수명의 90%에서 ±1% 수준이고, 해당 연도 환경 개선 정도에 따라 계산한다고 기준을 제시하고 있으므로 이를 통해 2014년과 2015년의 건강수명을 구할 수 있다.

• 2014년 건강수명 = 80.79세(평균수명) × 89%(환경 개선 불량) = 71.9031세
• 2015년 건강수명 = 81.2세(평균수명) × 89%(환경 개선 불량) = 72.268세

따라서 2014년 건강수명이 2015년 건강수명보다 짧다.

①③ 2013년의 건강수명 = 80.55세(평균수명) × 91%(환경 개선 양호) = 73.3005세로 2014년의 건강수명인 71.9031세 또는 2015년의 건강수명인 72.268세보다 길다.

④ 2014년 환경 개선 정도가 보통일 경우 건강수명 = 80.79세 × 90% = 72.711세이다. 2013년의 건강수명은 73.3005세이므로 2013년 건강수명이 2014년 건강수명보다 길다.

5 ③

③ 표를 통해 건설 부가가치는 '건설공사 매출액 – 건설비용'의 산식이 적용됨을 알 수 있다. 건설공사 매출액은 국내와 해외 매출액의 합산이므로 해외 매출액의 증감은 건설 부가가치에 직접적인 영향을 미친다.

① 제시된 기업체 수 증가율을 통하여 연도별 기업체 수를 확인할 수 있으며, 2012년도에는 기업체 수가 약 65,183개로 65,000개 이상이 된다.

② 2016년은 313.3 ÷ 356.6 × 100 = 약 87.9%이며, 2017년은 354.0 ÷ 392.0 × 100 = 약 90.3%이다.

④ 다른 항목은 2017년에 모두 증가하였지만, 건설공사 매출액 중 해외 매출액 지표는 감소하였다.

PART ⑥ 정보능력 🔍

1	③	2	③	3	②	4	②	5	③

---

1 ③

Index 뒤에 나타나는 문자가 오류 문자이므로 이 상황에서 오류 문자는 'GHWDYC'이다. 오류 문자 중 오류 발생 위치의 문자와 일치하지 않는 알파벳은 G, H, W, D, Y 5개이므로 처리코드는 'Atnih'이다.

---

2 ③

DSUM함수는 DSUM(범위, 열 번호, 조건)으로 나타내며 조건에 부합하는 데이터를 합하는 수식이다. 제시된 수식은 영업부에 해당하는 4/4분기의 데이터를 합하라는 것이므로 15+20+20=55가 된다.

---

3 ②

입고연월 2010○○ + 충청남도 쫒출판사 3J + 「뇌과학 첫걸음」 07773 + 입고순서 8491
따라서 코드는 '2010○○3J077738491'이 된다.

---

4 ②

발행 출판사와 입고순서가 동일하려면 (지역코드 + 고유번호) 두 자리와 (입고순서) 네 자리가 동일해야 한다. 이규리와 강희철은 각각 2011054L066610351, 2012064L107790351로 발행 출판사와 입고순서가 동일한 도서를 딤딩하는 책임자이다.

5 ③

$n=0,\ S=1$

$n=1,\ S=1+1^2$

$n=2,\ S=1+1^2+2^2$

...

$n=7,\ S=1+1^2+2^2+\cdots+7^2$

∴ 출력되는 S의 값은 141이다.

PART ⑦ 기술능력

1	①	2	④	3	②	4	④	5	③

1 ①

1번 기계와 4번 기계가 180° 회전하였고 2번 기계와 3번 기계가 시계방향으로 90° 회전하였다. 따라서 ★, ◆ 스위치를 눌러야 한다. 단, 순서는 바뀌어도 가능하다.

2 ④

1번, 3번 기계는 반시계 방향으로 90° 회전하였고, 2번, 4번 기계는 시계 방향으로 90° 회전하였다. 보기 중 스위치를 세 번 눌러서 이와 같이 변화하는 조합은 ☆, ◆, ◇뿐이다.

• ☆(1번, 3번 180°)

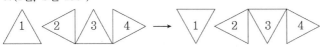

• ◆(2번, 3번 시계방향 90°)

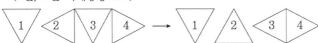

• ◇(1번, 4번 시계방향 90°)

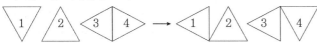

3 ②

인쇄 기본 설정 창 열기

① 인쇄하려는 문서를 여세요.

② 파일 메뉴에서 인쇄를 선택하세요.

③ 프린터 선택에서 사용 중인 제품을 선택하세요.

④ 프린터 속성 또는 기본 설정을 클릭하세요.

---

4 ④

〈보기〉에 주어진 그래프와 명령어를 분석하면 다음과 같다.

• C숫자 / H숫자 → X축 최곳값 / Y축 최곳값

• 알파벳(숫자, 숫자) → 도형의 모양(X축값, Y축값)

W 원	S 삼각형	N 사각형	D 다이아몬드

• : 알파벳숫자 → A 작은 도형, B 큰 도형, 1 채우기有, 2 채우기無

따라서 제시된 그래프에 대한 명령어는

C5 / H5 N(1,3) : A2 / W(2,1) : A1 / S(4,4) : A2 / D(5,2) : B2이다.

---

5 ③

• C6 / H5 → X축 최곳값 6 / Y축 최곳값 5

• D(1,5) : B1 → 다이아몬드(1,5) : 큰 도형, 채우기有

• S(2,4) : A2 → 삼각형(2,4) : 작은 도형, 채우기無

• N(3,1) : A1 → 사각형(3,1) : 작은 도형, 채우기有

따라서 제시된 명령어를 실행할 경우 ③과 같은 그래프가 구현된다.

PART ❶ 의사소통능력 🔍

1	②	2	①	3	②	4	②	5	④	6	①	7	②	8	①	9	④	10	④
11	④	12	③	13	③	14	④	15	③	16	②	17	④	18	①	19	②	20	③
21	③	22	②	23	④	24	④	25	②	26	④	27	④	28	③	29	②	30	④

1 ②

수정을 한 문장은 '~막기 위해'와 '~막기 위한'이 중복되는 구절이 되어 자연스러운 의미의 흐름을 방해하고 있다. 따라서 고치지 않은 원래의 문장이 적절하다고 할 수 있다.

① 주어의 위치가 서술어와 너무 먼 경우에 해당된다.

③ '~에 관한', '~에 대해' 등은 불필요한 사족으로 볼 수 있다.

④ '~에 의해'와 '~된'이 합쳐져 의미상 이중피동에 해당된다.

2 ①

공공기관의 안내문이라는 점과 첫 문단의 마지막 부분에서 미세먼지의 인체 위해성과 함께 미세먼지를 피하고 미세먼지의 발생을 줄이는 것이 절실하다고 언급한 점으로 보아 미세먼지의 예방과 발생 시의 행동요령에 관한 내용이 이어지는 것이 가장 적절하다.

3 ②

'인거'(引據)는 '글 따위를 인용하여 증거로 삼음'의 의미로 '인증'(引證)과 유의어 관계에 있어 대체할 수 있다. 그러나 주어진 글에서 쓰인 ㉢의 '인증'은 '문서나 일 따위가 합법적인 절차로 이루어졌음을 공적 기관이 인정하여 증명함'의 의미로 쓰인 '認證'이므로 '인거'로 대체할 수 없다.

① '일원'(一圓)은 '일정한 범위의 어느 지역 전부'를 의미하며, '일대'(一帶)와 유의어 관계가 된다.

③ '아울러'와 '더불어'는 모두 순우리말로, '거기에다 더하여'의 의미를 지닌 유의어 관계의 어휘이다.

④ 순우리말인 '이바지'는 '기여'(寄與)로 대체할 수 있다.

4 ②

외래어 표기법에 따르면, '아울렛'은 틀린 표기이며, '아웃렛'이 올바른 외래어 표기이므로 규정에 맞게 쓰인 문장이다.

① 의미가 명확하지 않고 모호하므로 다음과 같이 수정하여야 한다.

→ '팀장은 직원들과 함께 한 자리에서 회사의 인사 정책에 대하여~' 또는 '팀장은 직원들을 비롯한 회사의 인사 정책에 대하여~'

③ 군이 피동형을 쓸 이유가 없는 불필요한 피동형이므로 다음과 같이 수정하여야 한다.

→ '원래 그 동굴은 원주민들이 발견한 것이 아니다.'

④ 일본어 번역 투이므로 다음과 같이 수정하여야 한다.

→ '앞으로 치러질 선거에서 금품~'

---

5 ④

회신(回信)은 편지, 전신, 전화 따위로 회답을 한다는 의미의 단어로 괄호 위의 문장에서 전북 불교연합대책위 등 지역불교 단체들은 "코레일 전북본부의 명확한 답변을 받아냈다"는 부분에서 문서(편지)·전화·전신 등의 수단을 통해 답변을 얻었다는 것을 알 수 있으므로 회신(回信)이라는 단어를 유추해 낼 수 있다.

---

6 ①

① 인간의 정주생활은 특정 병원매체와 인간의 계속적인 접촉을 가능하게 하였다.

---

7 ②

온라인상에서는 정보의 진위 여부를 떠나 개인들의 선택에 의해 공론장이 매우 유동적으로 움직이는 경향이 있으므로 집단 감성이 생성되기 어렵다고 설명하고 있다. 특정하게 형성된 집단 감성에 동조하는 구성원들 간에는 강한 유대감이 형성되지만, 자신과 관계없는 분야에 있어서는 전혀 집단 감성이 형성되지 않는 것이다.

① 모든 면에 있어 그러한 것은 아니며, 사적인 이해관계에 따라 전혀 결속력이 없게 되는 경우도 있다.

③ 유대감이 인터넷 공간의 자율성이나 공개성에 영향을 주는 것은 아니다.

④ 의견 표출은 자유로운 것이며, 지속성은 이러한 의견이 사회적 문제 해결과 소통의 회복에 기여하고자 할 때 필요한 것이다.

---

8 ①

한글 맞춤법 제43항에 따르면 '단위를 나타내는 명사는 띄어 쓴다.'라고 규정하고 있다. 다만, 순서를 나타내는 경우나 숫자와 어울리어 쓰이는 경우에는 붙여 쓸 수 있다.

9 ④

ⓐ에서는 종결어미 '-지요'를 사용하여 청자에게 높임의 태도를 나타내는 상대 높임 표현이 쓰였다.

---

10 ④

주어진 네 개의 문장은 과학과 기술의 발전이 우리에게 닥친 재앙을 해결하고 인류를 보호해 줄 수 있느냐의 문제를 다루고 있다. 따라서 가장 먼저 화두를 던질 문장으로 적절한 것은 ㈎이다. 이를 이어, 과학과 기술 발전의 문제점을 제시하며 반전을 이루는 ㈒의 문장이 연결되어야 다음 문장들이 자연스럽게 등장할 수 있다. 또한 ㈒에서 언급된 지구온난화에 의해 ㈓와 같은 기상이변이 발생된 것이며, 이러한 기상이변이 '새로운 재앙'을 의미하게 되어 ㈏에서 준비되지 않은 인류의 문제점을 제시할 논리적 근거가 마련된 것으로 볼 수 있다. 따라서 ㈎ - ㈒ - ㈓ - ㈏의 순서가 적절하다.

---

11 ④

④ 국제노동기구에서는 사회보장의 구성요소로 전체 국민을 대상으로 해야 하고, 최저생활이 보장되어야 하며 모든 위험과 사고가 보호되어야 할뿐만 아니라 <u>공공의 기관을 통해서 보호나 보장이 이루어져야 한다</u>고 하였다.

---

12 ③

③ 파급(波及) : 어떤 일의 여파나 영향이 차차 다른 데로 미침.
① 통용(通用) : 일반적으로 두루 씀. 또는 서로 넘나들어 두루 씀.
② 책정(策定) : 계획이나 방책을 세워 결정함.
④ 양육(養育) : 아이를 보살펴서 자라게 함.

---

13 ③

주어진 입찰 건은 건축물 시공에 대한 입찰이 아니라 설계 및 인허가에 관한 용역 입찰이다. 따라서 추정 공사비는 설계를 위한 참고 사항으로 제시한 것으로 볼 수 있으며 설계 및 인허가 용역 응찰 업체가 공사비인 430억 원에 근접한 가격을 제시할 필요는 없다.
① 입찰의 설계내용에 제반 인허가 사항이 포함되어 있으므로 낙찰업체의 이행 과제라고 볼 수 있다.
② 건물규모가 지하 5층, 지상 18층 내외이며 주요시설로 업무시설 및 부대시설이 있음을 명시하고 있다.
④ '나'의 (1)에서 건축물의 노후화에 따른 재건축임을 명시하고 있다.

---

14 ④

제시된 보고서에서 甲은 1인 가구의 대다수는 노인가구가 차지하고 있으며 노인가구는 소득수준이 낮은 데 반해 연료비 비율이 높다는 점을 지적하고 있다. 따라서 보기 ①~③의 내용은 甲의 언급 내용과 직접적인 연관성이 있는 근거 자료가 될 수 있으나, 과거 일정 기간 동안의 연료비 증감 내역은 반드시 근거로써 제시되어야 하는 정보라고 할 수 없다.

15 ③

선발인원, 활동내용, 혜택 및 우대사항 등은 인원을 모집하려는 글에 반드시 포함해야 할 사항이며, 문의처를 함께 기재하는 것이 모집 공고문 작성의 일반적인 원칙이다.

③ 활동비 지급 내역 등과 같은 세부 사항은 인원 모집에 관련된 직접적인 사항이 아니므로 공고문에 반드시 포함될 필요는 없다.

---

16 ②

제시된 제7조~제12조까지의 내용은 각 조항별로 각각 인원보안 업무 취급 부서, 비밀취급인가 대상자, 비밀취급인가 절차, 비밀취급인가대장, 비밀취급인가의 제한 조건, 비밀취급인가의 해제 등에 대하여 언급하고 있다.

② 비밀의 등급이나 비밀에 해당하는 문서, 정보 등 취급인가 사항에 해당되는 비밀의 구체적인 내용에 대해서는 언급되어 있지 않다.

---

17 ④

칸막이 제거에 대하여 조직 문화의 관점에서 많은 이득이 있다는 취지의 J씨의 말에 S씨가 공감하는 대화의 흐름이므로, 칸막이를 제거함으로써 조직 간 물리적 장벽이 없어져 소통과 협업이 잘 이루어질 것이라고 긍정적으로 말하는 보기 ④가 가장 적절하다.

---

18 ①

언어의 기능

㉠ **표현적 기능**: 말하는 사람의 감정이나 태도를 나타내는 기능이다. 언어의 개념적 의미보다는 감정적인 의미가 중시된다. → [예: 느낌, 놀람 등 감탄의 말이나 욕설, 희로애락의 감정표현, 폭언 등]

㉡ **정보전달기능**: 말하는 사람이 알고 있는 사실이나 지식, 정보를 상대방에게 알려 주기 위해 사용하는 기능이다. → [예: 설명, 신문기사, 광고 등]

㉢ **사교적 기능**(친교적 기능): 상대방과 친교를 확보하거나 확인하여 서로 의사소통의 통로를 열어 놓아주는 기능이다. → [예: 인사말, 취임사, 고별사 등]

㉣ **미적 기능**: 언어예술작품에 사용되는 것으로 언어를 통해 미적인 가치를 추구하는 기능이다. 이 경우에는 감정적 의미만이 아니라 개념적 의미도 아주 중시된다. → [예: 시에 사용되는 언어]

㉤ **지령적 기능**(감화적 기능): 말하는 사람이 상대방에게 지시를 하여 특정 행위를 하게 하거나, 하지 않도록 함으로써 자신의 목적을 달성하려는 기능이다. → [예: 법률, 각종 규칙, 단체협약, 명령, 요청, 광고문 등의 언어]

---

19 ②

위 문서는 기안서로 회사의 업무에 대한 협조를 구하거나 의견을 전달할 때 작성하며, 흔히 사내 공문서라고도 한다.

20 ③

위 글은 부패방지평가 보고대회가 개최됨을 알리고 행사준비관련 협조사항을 통보받기 위하여 쓴 문서이다.

---

21 ③

내용을 보면 박 대리는 공적인 업무를 처리하는 과정에서 출판사 대표와의 사적인 내용을 담아 출판사 대표와 자신이 근무하는 회사에 피해를 안겨준 사례이다.

---

22 ②

② 서두에 하지만이 오면 그 앞의 내용은 상반되는 내용이 나와야하므로, 20~40대가 아닌 연령층에서의 목 디스크 발병률이 감소했다는 내용이 적절하다.

---

23 ④

기획안의 작성도 중요하나 발표시 문서의 내용을 효과적으로 전달하는 것이 무엇보다 중요하다. 문서만 보면 내용을 이해하기 어렵고 의도한 내용을 바로 파악할 수 없기 때문에 간결하고 시각적인 문서작성이 중요하다.

---

24 ④

④ 글쓴이는 이 글에서 영상 매체가 지배하는 문명은 피상적이고, 공허하기 때문에 우리의 문명과 삶이 공허한 것이 되지 않도록 보다 더 적극적으로 책의 기능을 의식하고 책에 담긴 가치를 발견하고 음미할 것을 주장하고 있다.
①은 소설, ②는 시, ③은 설명문에 대한 설명이다.

---

25 ②

② 글쓴이는 하나의 책에 기록된 기호들이 공식적으로 전체적인 입장에서 포괄적으로 해석될 수 있으며, 시간의 제약 없이 반복적이면서도 반성적으로 해석될 수 있고 따라서 그만큼 깊은 차원의 정보 전달이 가능하다고 말한다.

---

26 ④

④ 이 글은 영상 매체와 인쇄 매체의 차이점을 대조하여 말하고 있다.

27 ④

④ 고급문화와 대중문화의 경계가 무너지고 장르 간 구분이 모호해지면서 서로 다른 문화가 뒤섞여 새로운 문화가 생겨나고 있다고 언급하고 있다.

---

28 ③

'뿐만 아니라'의 쓰임으로 볼 때 이 글의 앞부분에는 문화와 경제의 영역이 무너지고 있다는 내용이 언급되어야 한다. 따라서 (나) 뒤에 이어지는 것이 적절하다.

---

29 ②

첫 문단 마지막에 '그렇다면 윤리적 채식주의 관점에서 볼 때, 육식의 윤리적 문제점은 무엇인가?'라는 문장을 통해 앞을 말하고자 하는 중심 내용을 밝히고 있다.

---

30 ④

생태론적 관점은 지구의 모든 생명체들이 서로 유기적으로 연결되어 존재한다고 보는 입장이다. 따라서 하나의 유기체로서 지구 생명체에 대한 유익성 여부를 도덕성 판단 기준으로 보아야 하므로, 생태론적 관점을 지닌 사람들은 바이오 연료를 유해한 것으로 판단할 것이다.

1	④	2	④	3	③	4	④	5	③	6	②	7	④	8	①	9	②	10	④
11	④	12	④	13	④	14	④	15	②	16	②	17	③	18	①	19	④	20	④
21	④	22	③	23	①	24	②	25	④	26	④	27	③	28	④	29	④	30	④

1 ④

백 대리가 최초 가지고 있던 원화 금액은 50만 원이다. 이 중 300달러를 환전하기 위해서는 1,085×300=325,500 원이 필요하며, 100유로를 환전하기 위해서는 1,250×100= 125,000원이 필요하다. 따라서 총 450,500원을 지출하고 49,500원의 원화가 남아있게 된다. 출장 후 잔액은 50달러와 20유로이므로 이를 원화로 계산하면 1,050×50=52,500원과 1,220×20=24,400원이 된다. 따라서 백 대리가 가지고 있게 될 원화는 49,500+52,500+ 24,400=126,400원이 된다. '현금 살 때'와 '현금 팔 때'라는 의미는 원화를 지불하고 외화를 살 때와 가지고 있던 외화를 팔아 원화를 확보하고자 할 때를 각각 의미한다.

2 ④

조직이해영역이 선정된 경우, 나머지 하나의 선정된 영역이 의사소통영역이라면 의사소통영역이 채택된다. 나머지 하나의 영역이 문제해결영역이라면 조직이해영역이 최종 채택된다. 나머지 하나의 영역이 자원관리영역이라면 자원관리영역이 최종 채택된다. 따라서 조직이해영역이 최종 채택되기 위한 경우의 수는 나머지 하나의 영역이 문제해결영역인 경우밖에 없다.

3 ③

천진조직이해영역이 나머지 하나의 영역일 경우, 자원관리영역은 3+1+3=7점, 조직이해영역은 1+4+2=7점이 되어 재투표를 실시하게 된다.

4 ④

자원을 적절하게 관리하기 위해서 거쳐야 하는 4단계의 자원관리 과정과 순서는 다음과 같다.

㈑ 어떤 자원이 얼마나 필요한지를 확인하기 → ㈐ 이용 가능한 자원을 수집(확보)하기 → ㈏ 자원 활용 계획 세우기 → ㈎ 계획에 따라 수행하기

5 ③

싱가포르의 경우 수에즈 운하를 경유하는 것이 가장 짧은 거리이며, 다음으로 파나마 운하, 희망봉의 순임을 알 수 있다.

6 ②

② 외국인은 국제면허증과 자국의 면허증이 필요하며, 내국인의 경우에는 11인승 이상을 대여할 경우 1종 보통면허가 필요하다.

① 임대차 계약서와 차량 인수인계서에 서명을 해야 한다.

③ '예약 시 지정한 반납지점'이라고 명시되어 있으므로 대여지점과 반납지점은 미리 예약한 곳으로 지정이 가능하다고 볼 수 있다.

④ 차량 반납 시 유류 잔량을 확인한다고 명시되어 있다는 것으로 보아, 대여자의 부담이라고 판단할 수 있다.

---

7 ④

④ 길이 막혀 늦어지는 경우는 사전 예약이 된 경우라고 볼 수 없으므로 초과시간이 12시간에서 한두 시간이 넘을 경우 6시간의 초과 요금이 아닌, 추가 1일의 요금이 더해진다.

① 1일 대여보다 3~6일 대여가 1일 대여요금이 19,000원 저렴하다.

② V11과 T11이 11인승이므로 저렴한 V11이 경제적이다.

③ 초과시간요금은 6시간까지 모두 동일하다.

---

8 ①

• 직접비 : 시설비 30 + 재료비 60 + 인건비 110 = 200(만 원)

• 간접비 : 보험료 40 + 광고비 50 + 통신비 40 + 공과금 100 + 자동차보험료 80 + 건물관리비 80 = 390 (만 원)

※ 비용

　㉠ 직접비용 : 주로 활동의 결과로서 생기는 비용

　　(예 : 재료비, 원료와 장비, 시설비, 여행비 및 잡비, 인건비 등)

　㉡ 간접비용 : 직접 생산에 관여하지 않는 비용

　　(예 : 보험료, 건물관리비, 광고비, 통신비, 사무비품비, 각종 공과금 등)

---

9 ②

인적자원개발은 개인과 조직의 공동 목표 달성을 위해 진행되는 것이라고 이해할 수 있으므로 개인의 경력 개발을 중심으로 전개된다는 것은 타당하지 않다.

① 인적자원개발은 학습을 통한 교육과 훈련이 핵심이므로 추상적이고 복합적인 개념이라고 할 수 있다.

③④ 기존의 조직 내 인력의 양성 차원을 넘어 근로자, 비근로자, 중고령자, 지역 인재 등으로까지 확대 적용되는 것이 인적자원개발의 의의라고 판단할 수 있다.

10 ④

㉠ 09:22에 D구역에 있었던 산양 21마리에서 09:32에 C구역으로 1마리, 09:50에 B구역으로 1마리가 이동하였고 09:52에 C구역에서 3마리가 이동해 왔으므로 09:58에 D구역에 있는 산양은 21 − 1 − 1 + 3 = 22마리이다.

㉡ 09:10에 A구역에 있었던 산양 17마리에서 09:18에 C구역에서 5마리가 이동해 왔고 09:48에 C구역으로 4마리가 이동하였으므로 10:04에 A구역에 있는 산양은 17 + 5 − 4 = 18마리이다.

㉢ 09:30에 B구역에 있었던 산양 8마리에서 09:50에 D구역에서 1마리가 이동해 왔고, 10:05에 C구역에서 2마리가 이동해 왔으므로 10:10에 B구역에 있는 산양은 8 + 1 + 2 = 11마리이다.

㉣ 09:45에 C구역에 있었던 11마리에서 09:48에 A구역에서 4마리가 이동해 왔고, 09:52에 D구역으로 3마리, 10:05에 B구역으로 2마리가 이동하였으므로 10:15에 C구역에 있는 산양은 11 + 4 − 3 − 2 = 10마리이다.

---

11 ④

○○목장에서 키우는 산양의 총 마리 수는 22 + 18 + 11 + 10 = 61마리이다.

---

12 ④

④ PPT작성이 도표작성보다 더 먼저 끝나므로 PPT를 작성한 사람이 발표원고를 작성하는 것이 일을 더 빨리 끝낼 수 있다.

---

13 ④

정은 홍보자료 작성 업무가 23일에 예정되어 있으며 이는 3일이 소요되는 업무이므로 25일에 월차 휴가를 사용하는 것은 바람직하지 않다.

---

14 ④

넷째 주에는 을의 매출 부진 원인 분석 업무, 정의 대외 홍보자료 작성 업무, 갑의 부서 인사고과 업무가 예정되어 있다. 따라서 출장자로 가장 적합한 두 명의 직원은 병과 무가 된다.

---

15 ②

물적 자원 활용 방해요인으로는 보관 장소를 파악하지 못하는 경우, 물품이 훼손된 경우, 물품을 분실한 경우로 나눌 수 있다. 위 설명은 훼손 및 파손된 경우에 대한 설명이다.

16 ②

11월 12일 황보경(3조)은 오전근무이다. 1조는 바로 전날 야간근무를 했기 때문에 대체해줄 수 없다. 따라서 이가희가 아닌 우채원(3조 조장)이 황보경의 업무를 대행한다.

17 ③

11월 20일 김희원(3조)는 야간근무이다. 1조는 바로 다음 날 오전근무를 해야 하기 때문에 대체해줄 수 없다. 따라서 임채민이 아닌 우채원(3조 조장)이 김희원의 업무를 대행한다.

18 ①

사용물품과 보관물품의 구분은 처음부터 철저하게 물품의 활용계획이나 여부를 확인한 후 해당 물품의 계속적 사용여부에 따라 사용을 가급적으로 하지 않는 물품은 박스나 창고 등에 보관하여 효과적인 물적 자원 관리를 하는 첫 단계로 볼 수 있다.

19 ④

인적 자원의 특성으로는 능동성, 개발가능성, 전략적 자원으로 분류할 수 있다.

20 ④

솜 인형의 실제 무게는 18파운드이며, 주어진 산식으로 부피 무게를 계산해 보아야 한다. 부피 무게는 28×10×10÷166=17파운드가 되어 실제 무게보다 가벼운 경우가 된다. 그러나 28inch는 28×2.54=약 71cm가 되어 50cm를 초과하므로, A배송사에서는 (18+17)×0.6=21파운드의 무게를 적용하게 된다. 따라서 솜 인형의 운송비는 19,000원이 된다.

21 ④

경력관리는 조직의 입장에서 경력경로 및 경력요건 등을 설정해 주고, 개인은 자신의 성찰 속에서 가장 적합한 경로를 선택하고 자신의 경력목표 달성을 위하여 부단히 능력개발을 시도하는 것을 말한다.

22 ③

회계적 이익률은 $\dfrac{\text{연평균 순이익}}{\text{초기투자액}} \times 100$ 이므로

연평균 순이익 $= \dfrac{200,000+300,000+400,000}{3} = 300,000$

이익률 $= \dfrac{300,000}{2,240,000} \times 100 = 13.392...\%$

23 ①

파주 : $50 + 50 + 80 = 180$

인천 : $50 + 100 + 70 = 220$

철원 : $80 + 70 + 100 = 250$

구리 : $70 + 70 + 50 = 190$

---

24 ②

파주 : $(50 \times 800) + (50 \times 300) + (80 \times 400) = 40,000 + 15,000 + 32,000 = 87,000$

인천 : $(50 \times 500) + (100 \times 400) + (70 \times 300) = 25,000 + 40,000 + 21,000 = 86,000$

철원 : $(80 \times 500) + (100 \times 800) + (70 \times 300) = 40,000 + 80,000 + 21,000 = 141,000$

구리 : $(50 \times 500) + (70 \times 800) + (70 \times 400) = 25,000 + 56,000 + 28,000 = 109,000$

---

25 ④

A는 도로, B는 해운, C는 철도, D는 항공이다. 항공은 도로보다 기종점 비용이 비싸다. 해운은 항공보다 평균 속도가 느리다. 항공은 철도보다 기상 조건의 영향을 많이 받는다.

---

26 ④

편익이 비용보다 클 때는 가로등 설치량을 늘려나가야 한다. 따라서 이 마을에서 가로등의 최적 설치량은 3개이며, 이때 마을 전체 가구가 누리는 총 만족감은 240만 원이다.

---

27 ③

J씨와 K씨가 각각 직장을 그만두고 A 식당을 인수하는 것이 J씨에게는 합리적인 선택이, K씨에게는 비합리적 선택이 되기 위해서는 은행 예금의 연간 이자율이 10%보다 높고, 15%보다는 낮아야 한다.

---

28 ④

총 운송비는 선적·하역비 등이 포함된 기종점 비용과 이동 거리가 늘어나면서 증가하는 주행 비용으로 구성된다. 따라서 총 운송비는 '기종점 비용+단위 거리당 주행비용×거리'로 계산할 수 있다. 이와 같이 계산하면 ⑺ 지점까지의 총 운송비는 A 13,000원, B 11,000원, C 11,500원으로 B가 가장 저렴하다. ⑷ 지점까지의 총 운송비는 A 25,000원, B 20,000원, C 19,000원으로 C가 가장 저렴하다.

29 ④

C 지점으로 공장을 이전할 경우 제품 1단위당 운송비가 4,000원 증가하지만, 세금 감면을 통해 5,000원의 이익을 얻을 수 있으므로 1,000원의 초과 이익을 얻을 수 있다.

30 ④

1시간 더 일할 때, 추가되는 편익은 5,000원으로 일정하고, 추가되는 비용은 점차 증가한다. 순편익은 2시간 일할 때 최대(5,000원)가 되므로 갑은 2시간만 일하는 것이 합리적이다.

1	④	2	④	3	④	4	④	5	①	6	③	7	②	8	④	9	③	10	③
11	①	12	④	13	④	14	④	15	②	16	③	17	③	18	②	19	④	20	③
21	②	22	④	23	④	24	④	25	④	26	③	27	③	28	④	29	①	30	③

1 ④

경영전략을 수립하고 각종 경영정보를 수집/분석하는 업무를 하는 기획팀에서 요구되는 자질은 재무/회계/경제/경영 지식, 창의력, 분석력, 전략적 사고 등이다.

2 ④

지원본부의 역할은 생산이나 영업 등 자체의 활동보다 출장이나 교육 등 타 팀이나 전사 공통의 업무 활동에 있어 해당 조직 자체적인 역량으로 해결하기 어렵거나 곤란한 업무를 원활히 지원해 주는 일이 주된 업무 내용이 된다.

제시된 팀은 지원본부(기획, 총무, 인사/교육, 홍보/광고), 사업본부(마케팅, 영업, 영업관리), 생산본부(생산관리, 생산기술, 연구개발) 등으로 구분하여 볼 수 있다.

3 ④

가격경쟁력을 확보하고자 하는 것은 원가우위 전략에서 실시하는 세부 전략 내용이다. 원가를 낮춰 더 많은 고객을 확보하는 것이 원가우위 전략의 기본 목표이므로 이러한 전략이 과도할 경우 매출만 신장될 뿐 수익구조가 오히려 악화될 우려가 있다.

한편, 차별화 전략은 여러 세분화된 시장을 표적 시장으로 삼아 이들 각각에 독특한 상품을 제공하고자 하는 전략으로 차별적 마케팅을 추진하기 위하여 많은 비용이 수반된다. 또한, 상품과 시장이 다양해져 그에 따른 관리 비용 역시 많아진다는 것이 가장 큰 단점이라고 할 수 있다.

4 ④

제시글의 내용은 '경영참가제도'에 대한 설명이며 보기 ①②③은 경영참가제도의 대표적인 문제점이라고 할 수 있다.

경영참가제도의 유형에는 경영참가, 이윤참가, 자본참가 등의 방법이 있으므로 근로자들이 이 제도를 통해 의사결정에만 참여할 수 있는 것은 아니다.

5 ①

집단의사결정의 특징

• 지식과 정보가 더 많아 효과적인 결정을 할 수 있다.

• 다양한 견해를 가지고 접근할 수 있다.

• 결정된 사항에 대하여 의사결정에 참여한 사람들이 해결책을 수월하게 수용하고, 의사소통의 기회도 향상된다.

• 의견이 불일치하는 경우 의사결정을 내리는데 시간이 많이 소요된다.

• 특정 구성원에 의해 의사결정이 독점될 가능성이 있다.

---

6 ③

대리 직급 시에 있었던 휴직과 포상 내역은 모두 과장 직급의 경력평정에 포함되지 않으므로 과장 1년의 근무만 적용되어 $0.5 \times 12 = 6$점이 된다.

① 4년 차인 경우, 3년간은 월 0.5점씩 가산되어 18점이 되며, 4년째에는 $0.4 \times 12 = 4.8$점이 되어 도합 22.8점이 되므로 23점이 될 수 없다.

② $0.5 \times 24 + 2 = 14$점이 된다.

④ 경력평정 점수가 30점 만점인 것은 '평가에 의한' 것이며, 자격증 취득의 경우 '가산점'이 부여되므로 30점을 넘을 수 있다.

---

7 ②

조직의 유형

기준	구분	예
공식성	공식 조직	정부, 행정 기관, 회사, 학교, 협동조합
	비공식 조직	인간관계에 따라 형성된 자발적 조직
영리성	영리 조직	사기업
	비영리 조직	정부조직, 병원, 대학, 시민단체
조직규모	소규모조직	가족 소유의 상점
	대규모 조직	대기업

---

8 ④

① 경영활동에 요구되는 돈 · 경영의 방향과 범위 한정

② 조직의 목적을 달성하기 위한 전략, 관리, 운영활동

③ 두 사람 이상이 공동의 목표를 달성하기 위해 의식적으로 구성된 상호작용과 조정을 행하는 기관

9 ③

인력수급계획 및 관리, 교육체계 수립 및 관리는 인사부에서 담당하는 업무의 일부이다.

---

10 ③

① SO전략 : 외국 기업에 입사
② WO전략 : 비명문대 출신도 능력만 있으면 대우해주는 대기업에 입사
③ ST전략 : 대기업 포기, 영어와 인터넷 실력 원하는 중소기업 입사, 진학하여 MBA 획득
④ WT전략 : 선배가 경영주인 기업 또는 선배가 많은 기업에 입사, 대학원은 명문대에 장학생으로 진학 후 2년 후 국내경기가 활성화되면 취업

---

11 ①

① SO전략 : 지도 교수의 지도로 최신 이론을 통해 수준 높은 퀄리티로 공모전에 참여한다.
② WO전략 : 공모전을 위한 커리큘럼을 구성하고 실천한다.
③ ST전략 : 지도교수 체제 하에 전문성을 특화로 타 동아리와 차별성을 갖는다.
④ WT전략 : 차별화된 커리큘럼이나 프로세스를 구성하여 차별성을 갖는다.

---

12 ④

경조사비는 접대비에 해당하므로 접대비지출품의서나 지출결의서를 작성하고 30만 원을 초과하였으므로 결재권자는 대표이사에게 있다. 또한 누구에게도 전결되지 않았다.

---

13 ④

거래처 식대이므로 접대비지출품의서나 지출결의서를 작성하고 30만 원 이하이므로 최종 결재는 본부장이 한다. 본부장이 최종 결재를 하고 본부장 란에는 전결을 표시한다.

---

14 ④

프로슈머 마케팅은 단순히 제품이나 서비스를 구매하는 입장에 그치지 않고, 직접 제품 개발을 요구하거나 아이디어를 제공하는 등 생산에 영향을 미치는 적극적인 소비자를 의미한다.
① 이미 시장에 마니아들이 형성되어 있지만 대중적으로 사람들에게 널리 알려지지 않은 틈새를 이용하는 마케팅
② 시장에서 성공을 거둔 특정 상품 브랜드를 중심으로 마케팅 활동을 집중하는 것
③ 각종 이슈를 요란스럽게 치장해 구설수에 오르도록 하거나, 화젯거리를 만들어 소비자들의 이목을 집중시켜 인지도를 늘리는 마케팅 기법

15 ②

㉠ 조직은 공식화 정도에 따라 공식조직과 비공식조직으로 구분할 수 있다. 영리성을 기준으로는 영리조직과 비영리조직으로 구분된다.

㉣ 공식조직 내에서 인간관계를 지향하면서 비공식조직이 새롭게 생성되기도 한다. 이는 자연스러운 인간관계에 의해 일체감을 느끼고 가치나 행동유형 등이 공유되어 공식조직의 기능을 보완해주기도 한다.

㉤ 기업과 같이 이윤을 목적으로 하는 조직을 영리조직이라 한다.

---

16 ③

유화전략은 결과보다는 상대와의 인간적인 관계 유지를 선호하는 경우로 상대와의 충돌을 피하고 자신의 이익보다는 상대방의 이익을 고려하는 경우 사용된다. 단기적으로는 손해를 보더라도 장기적인 관점에서 이익이 되는 경우 이 전략이 유용하다.

---

17 ③

전략변화는 조직의 경영과 관계되며 조직의 목적을 달성하고 효율성을 높이기 위해 조직구조, 경영방식, 각종 시스템 등을 개선하는 것을 말한다.

---

18 ②

---

19 ④

경영의 구성요소로는 자금, 경영목적, 전략, 인적자원이 해당된다.

---

20 ③

브레인스토밍이란 여러 사람이 한 가지의 문제를 놓고 아이디어를 비판 없이 제시하여 그 중에서 최선책을 찾는 방법으로 아이디어는 많이 나올수록 좋다.

---

21 ②

업무시간을 단축하게 되면 직원 채용에 대한 시간, 비용, 인건비가 증가하게 된다.

22 ④

의사결정의 단점

㉠ 경영자층 위주로 의사결정이 이루어질 수 있다.

㉡ 내 의견이 반영될 수 있는 기회가 적다.

㉢ 의견이 불일치하는 경우 의사결정을 내리는 시간이 오래 소요된다.

---

23 ④

조직문화는 조직 내 집단 간 갈등에 영향을 미친다.

---

24 ④

조직목표에 영향을 미치는 내적요인으로는 조직리더의 결단이나 태도변화, 조직 내 권력구조 변화, 목표형성 과정 변화 등이 있으며, 외적요인으로는 경쟁업체의 변화, 조직차원의 변화, 경제정책의 변화 등이 있다.

---

25 ④

유기적 조직은 비공식적인 상호의사소통이 원활히 이루어지며, 규제나 통제의 정도가 낮아 변화에 따라 쉽게 변할 수 있는 특징을 가진다. 엄격한 위계질서가 존재하는 조직은 기계적 조직에 해당한다.

---

26 ③

팀은 다른 집단과 비교하면 자율성을 가지고 스스로 관리하는 경향이 강하다.

---

27 ③

① 주주총회 및 이사회 개최 관련 업무, 의전 및 비서업무, 소모품의 구입과 관리, 사무실 임차 및 관리, 차량 및 통신시설의 운영, 출장 업무 협조, 복리후생 업무, 법률자문과 소송관리, 사내 홍보 광고 등

② 경영계획 및 전략 수립, 전사기획업무 조정, 중장기 사업계획의 종합 및 조정, 경영정보 조사, 경영진단 업무, 종합예산수립 및 실적관리, 사업계획, 손익추정, 실적관리 및 분석 등

④ 판매계획, 판매예산 편성, 시장조사, 광고 선전, 견적 및 계약, 제품의 재고 조절, 거래처 관리, 제품의 A/S, 판매원가 및 판매가격의 조사 등

28 ④

어떤 업무는 구매에서 출고와 같이 일련의 과정을 거치는 반면, 어떤 업무는 상대적으로 독립되어 이루어지기도 한다. 연구, 개발 등과 같은 업무는 자율적이고 재량권이 많은 반면, 조립, 생산 등과 같은 업무는 주어진 절차에 따라 이루어지는 경우도 있다.

---

29 ①

정서적 몰입은 조직 구성원이 조직에 대해 정서적 애착 및 일체감을 가지고 동일시하는 몰입 차원이다.

※ **조직몰입의 종류**
  ㉠ **지속적 몰입** : 현 조직을 떠나 다른 조직으로 이동할 때 발생하는 비용 때문에 현 조직에서의 구성원으로서 자격을 지속적으로 유지하려는 심리적 상태에 따른 몰입 차원을 의미한다.
  ㉡ **규범적 몰입** : 종업원의 조직에 머물러 있어야 한다는 의무감에 기초한 몰입의 차원을 의미한다.
  ㉢ **정서적 몰입** : 조직 구성원이 조직에 대해 정서적 애착과 일체감을 가지고 동일시하는 몰입 차원이다.

---

30 ③

성장과 변화에 대응하는 동태적 균형을 추구한다.

1	②	2	①	3	④	4	③	5	④	6	④	7	④	8	③	9	①	10	②
11	④	12	①	13	①	14	①	15	④	16	③	17	④	18	③	19	②	20	④
21	②	22	②	23	①	24	③	25	④	26	①	27	②	28	③	29	②	30	③

1 ②

A국과 B국은 관세 철폐로 인해 수입품의 가격이 하락하게 되므로 양국 간 교역량이 증가하고 소비자들의 혜택은 증가한다. 그러나 수입품과 경쟁하던 A국과 B국의 공급자들은 가격 하락으로 인해 혜택이 감소할 수 있다. 한편 A국과 B국이 C국으로부터 수입하던 재화의 일부분은 A국과 B국간의 교역으로 대체될 수 있다.

2 ①

㉤㉦㉧을 적용하면

	번호	과일	색상
갑			
을	2	바나나	주황
병			
정	3		
무			

㉢㉣을 적용하면

	번호	과일	색상
갑	4	수박	노랑
을	2	바나나	주황
병			
정	3		
무			

㉧을 적용하면

	번호	과일	색상
갑	4	수박	노랑
을	2	바나나	주황
병		키위	보라
정	3		
무			

①ⓒ을 적용하면

	번호	과일	색상
갑	4	수박	노랑
을	2	바나나	주황
병	1	키위	파랑
정	3		
무		포도	빨강

남은 칸을 채우면 다음과 같다.

	번호	과일	색상
갑	4	수박	노랑
을	2	바나나	주황
병	1	키위	파랑
정	3	망고	보라
무	5	포도	빨강

---

3 ④

① 조기퇴근은 매월 2회까지로 규정되어 있다.

② 정산근무가 여의치 않을 경우를 대비하여 신청을 계획하고 있을 경우 사전에 미리 정산근무부터 해 둘 수 있다.

③ 업무상의 사유와 민원 업무 처리 등의 사유로 승인이 되지 않을 수 있다.

---

4 ③

③ '탄력근무는 매월 1일을 근무 시작일로 하여 1개월 단위로 승인한다.'고 규정되어 있으므로 M씨의 판단은 적절하다고 할 수 없다.

① 12세 이하 자녀를 둔 경우이므로 시차출퇴근 C형 사용이 가능하다.

② 조기퇴근의 경우이므로 근무 시간 이후 정산을 원할 경우 22:00까지 가능하며 조기퇴근을 실시한 해당 월 이내에 정산을 하려고 하므로 적절한 판단이다.

④ 5일 이전에 신청한 경우이므로 적절한 판단이다.

---

5 ④

50세인 최 부장은 기본점수가 100점 이었으나 성수기 2박 이용으로 40점(1박 당 20점)이 차감되어 60점의 기본점수가 남아 있으나 20대인 엄 대리는 미사용으로 기본점수 70점이 남아 있으므로 점수 상으로는 선정 가능성이 더 높다고 할 수 있다.

① 신청은 2개월 전부터 가능하므로 내년 이용 콘도를 지금 예약할 수는 없다.

② 신혼여행 근로자는 최우선 순위로 콘도를 이용할 수 있다.

③ 선정 결과는 유선 통보가 아니며 콘도 이용권을 이메일로 발송하게 된다.

6 ④

모두 월 소득이 243만 원 이하이므로 기본점수가 부여되며, 다음과 같이 순위가 선정된다.

우선, 신혼여행을 위해 이용하고자 하는 B씨가 1순위가 된다. 다음으로 주말과 성수기 선정 박수가 적은 신청자가 우선순위가 되므로 주말과 성수기 이용 실적이 없는 D씨가 2순위가 된다. A씨는 기본점수 80점, 3일 전 취소이므로 20점(주말 2박) 차감을 감안하면 60점의 점수를 보유하고 있으며, C씨는 기본점수 90점, 성수기 사용 40점(1박 당 20점) 차감을 감안하면 50점의 점수를 보유하게 된다. 따라서 최종순위는 B씨 - D씨 - A씨 - C씨가 된다.

7 ④

㉠ 두 번째 조건에서 4호 라인에는 3개의 객실에 투숙하였다고 했으므로 104호, 204호, 304호에는 출장자가 있게 된다.

301호	302호	303호	304호
201호	202호	203호	204호
101호	102호	103호	104호

㉡ ④ 103호에 투숙하였을 경우, 1층의 2개 객실이 정해지게 되며 2층과 3층은 3호 라인을 제외한 1호와 2호 라인 모두에 출장자가 투숙할 수 있다.

301호	302호	303호	304호
201호	202호	203호	204호
101호	102호	103호	104호

8 ③

㉡에 따라, 두 번째로 멀기 위해서는 편의점과 식당 중 하나가 맨 끝에 위치하고 다른 하나는 반대쪽의 끝에서 두 번째에 위치해야 한다는 것을 알 수 있다.

㉣을 통해서 왼쪽에서 두 번째에 편의점이나 식당이 위치할 수 없음을 알 수 있으므로 이 두 상점은 맨 왼쪽과 오른쪽에서 두 번째에 나뉘어 위치해야 한다.

㉺을 통해서 맨 왼쪽은 식당이 아닌 편의점의 위치임을 알 수 있다. 동시에 맨 오른쪽은 부동산, 그 옆은 식당이라는 것도 알 수 있다.

㉢을 통해서 커피 전문점이 왼쪽에서 세 번째 상점이라는 것을 알 수 있다.

따라서 이를 종합하면, 왼쪽부터 편의점, 통신사, 커피 전문점, 은행, 식당, 부동산의 순으로 상점들이 이어져 있으며 오른쪽에서 세 번째 상점은 은행이 된다.

9 ①

영업1팀과 생산1팀에 국한된 것이 아니므로 특정 두 팀이 두 번째 경기에서 만날 확률을 구하면 된다.

특정 두 팀을 A팀과 B팀이라고 할 때 A, B 두 팀이 두 번째 경기에서 승부를 하게 되는 것은 다음과 같은 두 가지 경우가 있다.

㉠ A, B 두 팀 중 한 팀이 번호 '1', '2'를 선택하고, 다른 한 팀이 '3', '4'를 선택하는 경우

㉡ A, B 두 팀 중 한 팀이 '5', '6'을 선택하고 다른 한 팀이 '7'을 선택하는 경우

따라서 각각의 확률을 구하면,

㉠의 경우, $\frac{2}{7} \times \frac{2}{6} \times \left(\frac{1}{2}\right)^2 \times 2 = \frac{1}{21}$ 이 된다.

㉡의 경우, $\frac{2}{7} \times \frac{1}{6} \times \frac{1}{2} \times 2 = \frac{1}{21}$ 이 된다.

($\frac{1}{2}$은 첫 번째 경기에서 이길 확률을 의미하며, 2는 '어느 한 자리'가 2개이므로 2를 곱한 것이 된다.)

---

10 ②

팀장별 순위에 대한 가중치는 모두 동일하다고 했으므로 1~4순위까지를 각각 4, 3, 2, 1점씩 부여하여 점수를 산정해 보면 다음과 같다.

갑 : 2+4+1+2=9

을 : 4+3+4+1=12

병 : 1+1+3+4=9

정 : 3+2+2+3=10

따라서 〈보기〉의 설명을 살펴보면 다음과 같다.

㈎ '을' 또는 '정' 중 한 명이 입사를 포기하면 '갑'과 '병'이 동점자이나 A팀장이 부여한 순위가 높은 '갑'이 채용되게 된다.

㈏ A팀장이 '을'과 '정'의 순위를 바꿨다면, 네 명의 순위에 따른 점수는 다음과 같아지므로 바뀌기 전과 동일하게 '을'과 '정'이 채용된다.

갑 : 2+4+1+2=9

을 : 3+3+4+1=11

병 : 1+1+3+4=9

정 : 4+2+2+3=11

㈐ 이 경우 네 명의 순위에 따른 점수는 다음과 같아지므로 '정'은 채용되지 못 한다.

갑 : 2+1+1+2=6

을 : 4+3+4+1=12

병 : 1+4+3+4=12

정 : 3+2+2+3=10

11 ④

'어떤'이라는 범위에 피타고라스가 포함되지 않을 수 있으므로 주어진 전제만으로 피타고라스가 천재인지 아닌지는 알 수 없다.

---

12 ①

모든 변호사는 논리적인데, 어떤 작가도 논리적이지 않으므로, 모든 변호사는 작가가 아니라는 결론은 참이다.

---

13 ①

각 방송국별로 중계방송을 하는 경우는 K, M, S라 표기하고 중계방송을 하지 않는 경우를 ~로 나타내면 위의 논증은 다음과 같다.

~M → K, ~(K and S) → M

~M → K의 대우인 ~K → M이 성립하면서 ~(K and S) = ~K or ~S가 성립해야 하므로, M이 성립하기 위해서는 ~(~S) = S가 추가적으로 필요하다.

---

14 ①

주식, 채권은 직접 금융 시장에서 자금을 조달하며, 주식은 수익성이 높으며, 저축과 채권은 주식보다는 안정성이 높다.

---

15 ④

고객은 많은 문제를 풀어보기를 원하므로 우선적으로 예상문제의 수가 많은 것을 찾아야 한다.

---

16 ③

고객의 요구인 20,000원 가격선과 예상문제의 수가 많은 도서는 문제완성이 된다.

---

17 ④

④ 성과주의의 심화는 기업의 부서 내에 지나친 경쟁 심리를 조장하여 사일로 효과를 증폭시킬 수 있다.

---

18 ③

③ 호모나랜스의 성격이 강한 최근의 소비자들은 상품 정보를 동료 소비자들과 공유하는 등 서로 소통하는 데 많은 노력을 기울이고 있다.

19 ②

먼저 아래 표를 항목별로 가중치를 부여하여 계산하면,

구분	1/4 분기	2/4 분기	3/4 분기	4/4 분기
유용성	$8 \times \dfrac{4}{10} = 3.2$	$8 \times \dfrac{4}{10} = 3.2$	$10 \times \dfrac{4}{10} = 4.0$	$8 \times \dfrac{4}{10} = 3.2$
안전성	$8 \times \dfrac{4}{10} = 3.2$	$6 \times \dfrac{4}{10} = 2.4$	$8 \times \dfrac{4}{10} = 3.2$	$8 \times \dfrac{4}{10} = 3.2$
서비스 만족도	$6 \times \dfrac{2}{10} = 1.2$	$8 \times \dfrac{2}{10} = 1.6$	$10 \times \dfrac{2}{10} = 2.0$	$8 \times \dfrac{2}{10} = 1.6$
합계	7.6	7.2	9.2	8
성과평가 등급	C	C	A	B
성과급 지급액	80만 원	80만 원	110만 원	90만 원

성과평가 등급이 A이면 직전분기 차감액의 50%를 가산하여 지급한다고 하였으므로, 3/4분기의 성과급은 직전분기 차감액 20만 원의 50%인 10만 원을 가산하여 지급한다.

∴ $80 + 80 + 110 + 90 = 360$(만 원)

---

20 ④

시간 $= \dfrac{거리}{속도}$ 공식을 이용하여, 먼저 각 경로에서 걸리는 시간을 구한다.

구간	경로	시간			
		출근 시간대		기타 시간대	
A→B	경로 1	$\dfrac{30}{30} = 1.0$	1시간	$\dfrac{30}{45} ≒ 0.67$	약 40분
	경로 2	$\dfrac{30}{60} = 0.5$	30분	$\dfrac{30}{90} ≒ 0.33$	약 20분
B→C	경로 3	$\dfrac{40}{40} = 1.0$	1시간	$\dfrac{40}{60} ≒ 0.67$	약 40분
	경로 4	$\dfrac{40}{80} = 0.5$	30분	$\dfrac{40}{120} ≒ 0.33$	약 20분

④ 경로 2와 3을 이용하는 경우와 경로 1과 경로 4를 이용하는 경우 C지점에 도착하는 시각은 1시간 20분으로 동일하다.

① C지점에 가장 **빨리** 도착하는 방법은 경로 2와 경로 4를 이용하는 경우이므로, 가장 **빨리** 도착하는 시각은 1시간이 걸려서 오전 9시가 된다.

② C지점에 가장 늦게 도착하는 방법은 경로 1과 경로 3을 이용하는 경우이므로, 가장 늦게 도착하는 시각은 1시간 40분이 걸려서 오전 9시 40분이 된다.

③ B지점에 가장 **빨리** 도착하는 방법은 경로 2이므로, 가장 **빨리** 도착하는 시각은 30분이 걸려서 오전 8시 30분이 된다.

21 ②

② B와 C가 취미가 같고, C는 E와 취미생활을 둘이서 같이 하므로 B가 책읽기를 좋아한다면 E도 여가 시간을 책읽기로 보낸다.

---

22 ②

작품 밑에 참인 글귀를 적는 진수와 상민이 그렸다면, 진수일 경우 진수가 그리지 않았으므로 진수는 그림을 그린 것이 아니고 상민일 경우 문제의 조건에 맞으므로 상민이 그린 것이 된다.

---

23 ①

약속장소에 도착한 순서는 E – D – A – B – C 순이고, 제시된 사실에 따르면 C가 가장 늦게 도착하긴 했지만 약속시간에 늦었는지는 알 수 없다.

---

24 ③

문법반은 월, 화, 목요일에 강좌 개설이 가능하므로 월요일에도 가능 표시가 되어야 한다.

---

25 ④

3~4월에 문법반은 월, 수, 금 밤 8시에 중급반 강좌가 개설되었었다. 따라서 5~6월에는 월, 화, 목 밤 9시로 시간을 옮겨 고급반으로 진행되어야 한다.
① 3~4월에 독해반이 고급이었으므로 입문반이 올바른 강좌이다.
② 3~4월에 한자반은 초급이었으므로 5~6월에는 중급 강좌가 적절하며 월, 수, 금이 가능한 요일이다.
③ 비즈니스반은 월, 목이 가능하며, 회화반A는 매일 가능하므로 적절하다.

---

26 ①

조건에 따르면 영업과 사무 분야의 일은 A가 하는 것이 아니고, 관리는 B가 하는 것이 아니므로 'A – 관리, B – 사무, C – 영업, D – 전산'의 일을 하게 된다.

---

27 ②

경상도 사람은 앞에서 세 번째에 서고 강원도 사람 사이에는 다른 지역 사람이 서있어야 하므로 강원도 사람은 경상도 사람의 뒤쪽으로 서게 된다. 서울 사람은 서로 붙어있어야 하므로 첫 번째, 두 번째에 선다. 충청도 사람은 맨 앞 또는 맨 뒤에 서야하므로 맨 뒤에 서게 된다. 강원도 사람 사이에는 자리가 정해지지 않은 전라도 사람이 서게 된다.
서울 – 서울 – 경상도 – 강원도 – 전라도 – 강원도 – 충청도

28 ③

조건을 그림으로 도식화 해보면 다음과 같은 사실을 알 수 있다.

2층	(나) : O형 ―┬(부부)― (사) : O형
	(다) : O형
1층	(가) : A형, (라) : AB형, (마) : B형, (바) : AB형

---

29 ②

② 2층에 사는 (나), (사), (다)를 제외한 (가), (라), (마), (바)가 1층에 산다.

---

30 ③

가장 확실한 조건(B는 204호, F는 203호)을 바탕으로 조건들을 채워나가면 다음과 같다.

a라인	201 H	202 A	203 F	204 B	205 빈 방
복도					
b라인	210 G	209 C	208 빈 방	207 E	206 D

∴ D의 방은 206호이다.

1	③	2	①	3	③	4	④	5	①	6	④	7	③	8	②	9	③	10	②
11	①	12	③	13	②	14	③	15	②	16	②	17	③	18	③	19	①	20	①
21	②	22	②	23	①	24	③	25	③	26	③	27	②	28	②	29	①	30	①

1 ③

첫 번째 조합부터 각 조합마다 왼쪽 수에서 오른쪽 수로 각각 ×2+1, ×3+1, ×4+1, ×5+1, ×6+1의 규칙이 적용되고 있다. 따라서 $1 \times 6+1=7$, $7 \times 6+1=43$, $43 \times 6+1=259$가 됨을 알 수 있다.

2 ①

첫 번째 숫자를 두 번째 숫자로 나누었을 때의 나머지가 세 번째 숫자가 된다.
$22 \div 4=5...2$ / $19 \div 3=6...1$ / $37 \div 5=7...2$ / $5 \div 3=1...2$ / $54 \div 6=9...0$

3 ③

왼쪽 네모 칸의 숫자를 십의 자리 수와 일의 자리 수로 분리하여 두 수를 더한 값과 뺀 값 각각 십의 자리와 일의 자리 수로 한 값을 오른쪽 네모 칸에 써 넣은 것이다.
즉, (A, B) → (A+B, A−B)가 되는 것이다. 따라서 41 → 4+1=5와 4−1=3이 되어 53이 된다.

4 ④

+2, −4, +6, −8, +10, −12 규칙을 가진다.
따라서 $8-12=-4$

5 ①

4%의 소금물을 x, 10%의 소금물을 y라 하면
$x + 2y = 200 \cdots$ ①
$\dfrac{4}{100}x + \dfrac{10}{100}y = \dfrac{45}{1000} \times 200 \cdots$ ②
두 식을 연립하면 $x=100$, $y=50$이므로 4% 소금물의 양은 100g이다.

6 ④

A의 속도를 a(m/min), B의 속도를 b(m/min)라 하면,

$10a - 10b = 400$

$5a + 5b = 400$

$a = 60$(m/min), $b = 20$(m/min)

따라서 1분 동안 A는 60m, B는 20m를 움직인다.

---

7 ③

A호스가 1시간 동안 채우는 물의 양 : $\dfrac{1}{8}$

B호스가 1시간 동안 채우는 물의 양 : $\dfrac{1}{12}$

걸린 시간을 x라 하면

$(x-3) \times \left(\dfrac{1}{8} + \dfrac{1}{12} \right) + \dfrac{3}{8} = 1$

$\dfrac{5x-6}{24} = 1$

$5x = 30$

$\therefore x = 6$

---

8 ②

전체 종이의 넓이를 A라 하면 $\dfrac{1}{3}A + \dfrac{45}{100}A + \dfrac{32}{100}A = A + 27.9$

양변에 300을 곱하여 식을 정리하면

$100A + (45 \times 3)A + (32 \times 3)A = 300(A + 27.9) \Rightarrow 331A = 300A + 8,370$

$\therefore A = 270(\text{cm}^2)$

---

9 ③

갑이 당첨제비를 뽑고, 을도 당첨제비를 뽑을 확률 $\dfrac{4}{10} \times \dfrac{3}{9} = \dfrac{12}{90}$

갑은 당첨제비를 뽑지 못하고, 을만 당첨제비를 뽑을 확률 $\dfrac{6}{10} \times \dfrac{4}{9} = \dfrac{24}{90}$

따라서 을이 당첨제비를 뽑을 확률은 $\dfrac{12}{90} + \dfrac{24}{90} = \dfrac{36}{90} = \dfrac{4}{10} = 0.4$

10 ②

열차가 출발하는 시각까지 남아 있는 1시간 중에서 물건을 고르는 데 걸리는 시간 10분을 뺀 50분 동안 다녀올 수 있는 거리를 구한다.

$(50분) = (\dfrac{5}{6}\,시간)$

시속 3km로 $\dfrac{5}{6}$ 시간 동안 갈 수 있는 거리는 $3 \times \dfrac{5}{6} = \dfrac{5}{2} = 2.5\,(\text{km})$인데

이는 상점까지 다녀오는 왕복거리이므로 상점은 역에서 1.25km 이내에 있어야 한다.

---

11 ①

A 식품 xg과 B 식품 yg을 섭취한다고 하면

$$\begin{cases} \dfrac{20}{100}x + \dfrac{40}{100}y = 30 \\ \dfrac{30}{100}x + \dfrac{10}{100}y = 10 \end{cases}$$

$\therefore\ x = 10\,(\text{g}),\ \ y = 70\,(\text{g})$

---

12 ③

경석이의 속력을 x, 나영이의 속력을 y라 하면

$\begin{cases} 40x + 40y = 200 \Rightarrow x + y = 5 \ \cdots \ \text{㉠} \\ 100(x - y) = 200 \Rightarrow x - y = 2 \ \cdots \ \text{㉡} \end{cases}$ 이므로 두 식을 연립하면 $x = \dfrac{7}{2},\ y = \dfrac{3}{2}$

따라서 경석이의 속력은 나영이의 속력의 $\dfrac{7}{3}$ 배이다.

---

13 ②

(가) 제주, 서울, 부산, 충남, 경기, 인천 6곳이 2%를 넘고 있다. (X)

(나) 제주는 서비스업 생산에서 약 3%p의 증감률 차이를 보이고 있으며, 소매 판매에서도 5%p 이상의 차이를 보이고 있어 가장 큰 증감률 차이를 보이는 곳이다. (O)

(다) 제주와 서울 2곳이다. (X)

(라) 두 그래프에서 이들 지역의 18년 3분기의 수치는 18년 2분기의 수치보다 방사형 그래프의 안쪽에 위치하므로 증감률이 더 낮아진 지역이 된다. (O)

---

14 ③

2018년의 가구 중 2인~4인의 가구원 수를 가진 가구를 성별로 구분할 자료는 제시되어 있지 않으므로, 1인 여성 가구 이외의 여성 가구 수의 증감을 판단할 수는 없다.

① 2017년 이전까지는 여성이 줄곧 50%를 상회하였으나 2017년부터 남성이 50%를 넘고 있다.

② 2015년 이후 줄곧 가구원 수가 1인인 가구가 다른 가구원 수를 가진 가구보다 가장 큰 수치를 보이고 있음을 알 수 있다.

④ 2,843÷19,752×100=14.4%로 15%에 미치지 못 한다.

15 ②

주어진 표에 따라 조건을 확인해보면, 조건의 ㉡은 B, E가 해당하는데 ㉢에서 B가 해당하므로 ㉡은 E가 된다. ㉣은 F가 되고 ㉤은 C가 되며 ㉥은 D가 된다.

남은 것은 TV이므로 A는 TV가 된다.

그러므로 TV – 냉장고 – 의류 – 보석 – 가구 – 핸드백의 순서가 된다.

---

16 ②

고등학교	국문학과	경제학과	법학과	기타	진학 희망자수
A	(420명)84명	(70명)7명	(140명)42명	(70명)7명	700명
B	(250명)25명	(100명)30명	(200명)60명	(100명)30명	500명
C	(60명)21명	(150명)60명	(120명)18명	(180명)18명	300명
D	(20명)6명	(100명)25명	(320명)64명	(120명)24명	400명

---

17 ③

㉠ 영상 분야의 예산은 40.85(억 원), 비율은 19(%)이므로, 40.85 : 19 =㉮ : ㉰

• ㉰=100−(19+24+31+11)=15%

• 40.85×15=19×㉮, ∴ 출판 분야의 예산 ㉮ = 32.25(억 원)

㉡ 위와 동일하게 광고 분야의 예산을 구하면, 40.85 : 19 = ㉯ : 31

• 40.85×31=19×㉯, ∴ 광고 분야의 예산 ㉯=66.65(억 원)

㉢ 예산의 총합 ㉱는 32.25+40.85+51.6+66.65+23.65=215(억 원)

---

18 ③

③ 2000~2007년 사이에 서울시 거주 외국인 수가 매년 증가한 국적은 중국 1개 이다.

② $\dfrac{119,300}{175,036} \times 100 ≒ 68.16(\%)$

④ ㉠ 1999년 일본국적 외국인과 캐나다국적 외국인의 합이 차지하는 비중

$\dfrac{6,332 + 1,809}{57,189} \times 100 ≒ 14.24(\%)$

㉡ 2006년 대만국적 외국인과 미국국적 외국인의 합이 차지하는 비중

$\dfrac{8,974 + 11,890}{175,036} \times 100 ≒ 11.92(\%)$

∴ 1999년 서울시 거주 전체 외국인 중 일본국적 외국인과 캐나다국적 외국인의 합이 차지하는 비중이 2.32% 더 크다.

19 ①

㉠ A⇆B : $60 = k \times \dfrac{AB}{2}$, $ABk = 120$

㉡ A⇆C : $30 = k \times \dfrac{AC}{4.5}$, $ACk = 135$

㉢ A⇆D : $25 = k \times \dfrac{AD}{7.5}$, $ADk = 187.5$

㉣ A⇆E : $55 = k \times \dfrac{AE}{4}$, $AEk = 220$

∴ A와 k를 1로 가정하면, E - D - C - B의 순서가 된다.

---

20 ①

㉠ 곡물류구성비 : $\dfrac{62454}{64456} \times 100 = 96.89(\%)$

㉡ 채소류구성비 : $\dfrac{60564}{62484} \times 100 = 96.92(\%)$

㉢ 과일류구성비 : $\dfrac{83213}{97456} \times 100 = 85.38(\%)$

㉣ 생선류구성비 : $\dfrac{15446}{21464} \times 100 = 71.96(\%)$

㉤ 육류구성비 : $\dfrac{25950}{26440} \times 100 = 98.14(\%)$

∴ 구성비가 세 번째로 높은 것은 곡물류이다.

---

21 ②

① 1인 가구인 경우 852,000원, 2인 가구인 경우 662,000원, 3인 가구인 경우 520,000원으로 영·유아 수가 많을수록 1인당 양육비가 감소하고 있다.

② 1인당 양육비는 영·유가가 1인 가구인 경우에 852,000원으로 가장 많다.

③ 소비 지출액 대비 총양육비 비율은 1인 가구인 경우 39.8%로 가장 낮다.

④ 영·유아 3인 가구의 총양육비의 절반은 793,500원이므로 1인 가구의 총양육비는 3인 가구의 총양육비의 절반을 넘는다.

---

22 ②

② 납김치 파동 전 사먹는 가정의 비율은 6.1%(2.8+0.9+2.4)이고,
납김치 파동 후 사먹는 가정의 비율은 3.8%(0.7+0.7+2.4)로,
납김치 파동 후 사먹는 가정의 비율은 파동 전에 비해 감소하였다.

① 파동 전 김치를 담가먹다가 얻어먹거나 사먹게 된 가정의 비율은 2.1%,

파동 전 김치를 얻어먹다가 담가먹거나 사먹게 된 가정의 비율은 8.1%,

파동 전 김치를 사먹다가 담가먹거나 얻어먹게 된 가정의 비율은 3.7%다.

따라서 납김치 파동 전후의 김치 조달경로가 변한 가정은 총 13.9%다.

③ 파동 전 김치를 담가먹던 가정의 비율은 58.6%(56.5+1.4+0.7),

파동 전 김치를 담가먹던 가정 중 파동 후 김치를 얻어먹게 된 가정의 비율은 1.4%이므로

전체의 약 $0.8\%\left(\dfrac{58.6}{100}\times\dfrac{1.4}{100}\times100\right)$ 가 파동 전에는 담가먹다가 김치파동 후에 얻어먹게 되었다.

④ 납김치 파동 전 사먹던 가정 중 파동 후 얻어먹는 가정은 0.9%,

납김치 파동 전 사먹던 가정 중 파동 후 담가먹는 가정으로 변화한 비율은 2.8%다.

---

23 ①

① 2017년 10월 전체 자동차 매출액 총액은 3,256억 원이다.

② 2017년 10월 월매출액 시장점유율과 월매출액은 비례한다.

③ 2017년 9월 F 자동차의 월매출액은 125억 원이다.

④ 2017년 10월 월매출액 최댓값은 최솟값의 약 42배이다.

---

24 ③

㉠ A부서의 업무효율 : $\dfrac{100}{(2\times41)+(2\times3\times1)}=1.1363\cdots$

㉡ B부서의 업무효율 : $\dfrac{100}{(3\times30)+(3\times2\times2)}=0.9803\cdots$

㉢ C부서의 업무효율 : $\dfrac{100}{(4\times22)+(4\times1\times4)}=0.9615\cdots$.

㉣ D부서의 업무효율 : $\dfrac{100}{(3\times27)+(3\times2\times1)}=1.1494\cdots$

---

25 ③

$$\text{층수}=\dfrac{\text{연면적}}{\text{건축면적}}=\dfrac{\text{연면적}\times100\%}{\text{건폐율}\times\text{대지면적}}$$

• A의 층수 $=\dfrac{1200m^2\times100\%}{50\%\times400m^2}=6$층

• B의 층수 $=\dfrac{840m^2\times100\%}{70\%\times300m^2}=4$층

• C의 층수 $=\dfrac{1260m^2\times100\%}{60\%\times300m^2}=7$층

• D의 층수 $=\dfrac{1440m^2\times100\%}{60\%\times400m^2}=6$층

26 ③

B의 여성 도주자에 대한 결정 중에서 20%만이 정확했으므로

$$\therefore \frac{20}{50} \times 100 = 40\,(\%)$$

---

27 ②

㉠ 전체 판정성공률

- A : $\dfrac{35 + 25}{100} = 60\,(\%)$

- B : $\dfrac{20 + 45}{100} = 65\,(\%)$

$\therefore$ A < B

㉡ 실제 도주자가 여성일 때 판정성공률

- A : $\dfrac{35}{50} \times 100 = 70\,(\%)$

- B : $\dfrac{20}{50} \times 100 = 40\,(\%)$

$\therefore$ A > B

㉢ 실제 도주자가 남성일 때 판정성공률

- A : $\dfrac{25}{50} \times 100 = 50\,(\%)$

- B : $\dfrac{45}{50} \times 100 = 90\,(\%)$

$\therefore$ A < B

㉣ ㉡㉢에서 보면 A는 여성 도주자에 대한 판정성공률이 높고, B는 남성 도주자에 대한 판정성공률이 높다는 것을 알 수 있다.

28 ②

② 모든 초등학교 교원 수 : $150 \times 30 \times 1.3 = 5,850$명

모든 중학교 교원 수 : $70 \times 36 \times 1.8 = 4,536$명

모든 고등학교 교원 수 : $60 \times 33 \times 2.1 = 4,158$명

모든 중학교와 고등학교의 총 교원 수의 합 : $4536 + 4158 = 8,694$명

따라서 모든 초등학교의 교원 수는 모든 중학교와 고등학교의 교원 수의 합보다 적다.

① 모든 초등학교 학생 수 : $150 \times 30 \times 32 = 144,000$명

모든 중학교 학생 수 : $70 \times 36 \times 35 = 88,200$명

모든 고등학교 학생 수 : $60 \times 33 \times 32 = 63,360$명

모든 초등학교 학생 수와 중학교 학생 수의 차이 : $55,800$명

모든 중학교 학생 수와 고등학교 학생 수의 차이 : $24,840$명

③ 모든 초등학교 주간 수업시수 : $150 \times 30 \times 28 = 126,000$시간

모든 중학교 주간 수업시수 : $70 \times 36 \times 34 = 85,680$시간

④ 모든 중학교의 교원당 학생 수 : $70 \times 36 \times 1.8 \times 19 = 86,184$명

---

29 ①

금융보험업의 경우는 $52 \div 327 \times 100 = 15.9\%$이며, 전기가스업은 $9 \div 59 \times 100 = 15.3\%$이다.

② $1,014$개로 제시되어 있으며, $1,993$개와의 차이는 복수응답에 의한 차이이다.

③ 5G 모바일, 빅데이터, 클라우드이다.

④ 부동산업이 $3 \div 246 \times 100 = 1.2\%$로 가장 낮은 비중을 보이며, 운수 · 창고업은 $22 \div 715 \times 100 = 3.1\%$이다.

---

30 ①

㈎ 종사자 규모 변동에 따른 사업체 수의 증감은 두 해 모두 규모가 커질수록 적어지는 동일한 추이를 보이고 있으며, 종사자 수 역시 사업체의 규모가 커짐에 따라 증가→감소→증가의 동일한 패턴을 보이고 있음을 알 수 있다. (X)

㈏ 구성비는 해당 수치를 전체 수치로 나누어 백분율로 나타낸 값을 의미하는데 주어진 기여율은 그러한 백분율 산식에 의한 수치와 다르다. 기여율은 '해당 항목의 전년대비 증감분÷전체 수치의 전년대비 증감분×100'의 산식에 의해 계산된 수치이다. (X)

㈐ 종사자 수를 사업체 수로 나누어 보면 두 해 모두 종사자 규모가 큰 사업체일수록 평균 종사자 수가 커지는 것을 확인할 수 있다. (O)

㈑ 모든 규모의 사업체에서 전년보다 종사자 수가 더 많아졌음을 확인할 수 있다. (O)

1	④	2	③	3	④	4	②	5	③	6	④	7	④	8	③	9	③	10	③
11	④	12	②	13	④	14	④	15	④	16	③	17	③	18	①	19	③	20	②
21	③	22	④	23	③	24	①	25	②	26	③	27	④	28	③	29	④	30	③

1 ④

'ping'은 원격 컴퓨터가 현재 네트워크에 연결되어 정상적으로 작동하고 있는지 확인할 수 있는 명령어이다. 해당 컴퓨터의 이름, IP 주소, 전송 신호의 손실률, 전송 신호의 응답 시간 등이 표시된다.

ⓔ에 제시된 설명은 'tracert'에 대한 설명으로, tracert는 특정 사이트가 열리지 않을 때 해당 서버가 문제 인지 인터넷 망이 문제인지 확인할 수 있는 기능, 인터넷 속도가 느릴 때 어느 구간에서 정체를 일으키는 지 확인할 수 있는 기능 등을 제공한다.

2 ③

URL에 대한 설명이다. 방대한 컴퓨터 네트워크에서 자신이 원하는 정보 자원을 찾기 위해서는 해당 정보 자원의 위치와 종류를 정확히 파악할 필요가 있는데, 이를 나타내는 일련의 규칙을 URL(Uniform Resource Locator : 자원 위치 지정자)이라고 한다. URL에는 컴퓨터 네트워크 상에 퍼져있는 특정 정보 자원의 종류와 위치가 기록되어 있다.

3 ④

④ 데이터 소스에서 데이터를 크리닝하고 통합하는 과정을 거쳐 데이터를 선별하고 변환한 후, 데이터 마 이닝 과정을 거쳐 패턴을 찾아내고 표현한다.

4 ②

'COUNT' 함수는 인수 목록에서 숫자가 들어 있는 셀의 개수를 구할 때 사용되는 함수이며, 인수 목록에서 공백 이 아닌 셀과 값의 개수를 구할 때 사용되는 함수는 'COUNTA' 함수이다.

5 ③

'#NULL!' 은 교차하지 않은 두 영역의 교차점을 참조 영역으로 지정하였을 경우 발생하는 오류 메시지이 며, 잘못된 인수나 피연산자를 사용했을 경우 발생하는 오류 메시지는 #VALUE! 이다.

6 ④

'@'는 표시 위치를 지정하여 특정 문자열을 연결하여 함께 표시하는 기능을 한다. 따라서 '주택담보대출'이라는 결과 데이터를 얻기 위해서는 원본 데이터에 '주택담보', 서식에 '@대출'을 입력하여야 한다.

---

7 ④

지정 범위에서 인수의 순위를 구하는 경우 'RANK' 함수를 사용한다. 이 경우, 수식은 '=RANK(인수, 범위, 결정 방법)'이 된다. 결정 방법은 0 또는 생략하면 내림차순, 0 이외의 값은 오름차순으로 표시하게 된다.

---

8 ③

③ 디도스(DDoS)는 분산 서비스 거부 공격으로, 특정 사이트에 오버플로우를 일으켜서 시스템이 서비스를 거부하도록 만드는 것이다.

---

9 ③

2011년 10월 생산품이므로 1110의 코드가 부여되며, 일본 '왈러스' 사는 5K, 여성용 02와 블라우스 해당 코드 006, 10,215번째 입고품의 시리얼 넘버 10215가 제품 코드로 사용되므로 1110 – 5K – 02006 – 10215가 된다.

---

10 ③

2008년 10월에 생산되었으며, 멕시코 Fama의 생산품이다. 또한, 아웃도어용 신발을 의미하며 910번째로 입고된 제품임을 알 수 있다.

---

11 ④

④ 여행사 예약 담당자나 인쇄소 관계자 등 외주업체는 자주 이용하는 곳은 관계를 구축해두는 것이 추후 여러 도움을 받을 수 있다.

---

12 ②

절단검색은 지정한 검색어를 포함한 문자열을 가진 자료를 모두 검색하는 것으로, 단어의 어미변화 다양성을 간단하게 축약한다. 일반적으로 *나 %를 많이 사용하며, 특정한 문자열로 시작하는 정보를 찾는지, 특정한 문자열로 끝나는 정보를 찾는지에 따라 후방절단, 전방절단으로 분류한다.

13 ④

검색엔진이 제시하는 결과물의 가중치를 너무 신뢰하여서는 안된다. 검색엔진 나름대로의 정확성이 높다고 판단되는 데이터를 화면의 상단에 표시하지만 실제 그렇지 않은 경우가 많기 때문에 사용자가 직접 보면서 검색한 자료를 판단하여야 한다.

---

14 ④

스프레드시트는 전자계산표 또는 표 계산 프로그램으로 워드프로세서와 같이 문서를 작성하고 편집하는 기능 이외에 수치나 공식을 입력하여 그 값을 계산하고 계산결과를 차트로 표시할 수 있는 프로그램이다.

---

15 ④

파일관리시스템은 한 번에 한 개의 파일에 대해서 생성, 유지, 검색을 할 수 있는 소프트웨어이다.

---

16 ③

F11을 누르는 것은 별도의 차트시트에 기본 차트가 작성되는 것이므로 [ALT +F1]을 눌러야 데이터가 있는 워크시트에 기본 차트가 작성된다.

---

17 ③

=COUNTIF를 입력 후 범위를 지정하면 지정한 범위 내에서 중복값을 찾는다.
㉠ COUNT함수 : 숫자가 입력된 셀의 개수를 구하는 함수
㉡ COUNTIF함수 : 조건에 맞는 셀의 개수를 구하는 함수
'철'을 포함한 셀을 구해야 하므로 조건을 구하는 COUNTIF함수를 사용하여야 한다.
A2행으로부터 한 칸씩 내려가며 '철'을 포함한 셀을 찾아야 하므로 A2만 사용한다.

---

18 ①

[인덱스 서비스]는 빠른 속도로 전체 텍스트를 검색할 수 있도록 문서를 찾고, 색인화 하는 서비스로 시스템의 속도는 오히려 조금 줄어들게 되지만 검색 속도는 빨라지는 장점이 있다. [인덱스 서비스]를 설치한다고 하여 시스템 속도가 빨라진다라고 표현하기는 어렵다.

---

19 ③

그림판의 기능으로 삽입한 도형은 [색 채우기] 도구로 다른 색으로 변경할 수 있지만 선택한 영역의 색은 [색 채우기] 도구가 비활성화 된다.

20 ②

표준 BCD 코드는 영문 소문자를 표현할 수 없다.

---

21 ③

날짜, 숫자, 텍스트에 상관없이 가장 많이 입력된 값이 기본으로 적용된다.

---

22 ④

Ctrl+Shift+;(세미콜론)키를 누르면 지금시간이 입력된다.
오늘의 날짜는 Ctrl+;(세미콜론) 키를 눌러야 한다.

---

23 ③

[계열 옵션] 탭에서 '계열 겹치기' 값을 입력하거나 막대 바를 이동시키면 된다.

---

24 ①

LOOKUP은 LOOKUP(찾는 값, 범위 1, 범위 2)로 작성하여 구한다.
VLOOKUP은 범위에서 찾을 값에 해당하는 열을 찾은 후 열 번호에 해당하는 셀의 값을 구하며,
HLOOKUP은 범위에서 찾을 값에 해당하는 행을 찾은 후 행 번호에 해당하는 셀의 값을 구한다.

---

25 ②

실수인 경우 채우기 핸들을 이용한 [연속 데이터 채우기]의 결과는 일의 자리 숫자가 1씩 증가한다.
15.1
16.1
17.1
18.1

---

26 ③

③ 2차 자료에 해당한다.
※ 1차 자료 … 단행본, 학술지와 학술지 논문, 학술회의자료, 연구보고서, 학위논문, 특허정보, 표준 및 규격자료, 레터, 출판 전 배포자료, 신문, 잡지, 웹 정보자원 등

27 ④

[B3:B5] 영역을 선택하면 워크시트의 이름 상자 '품_명'이라는 이름이 표시되며, 이름은 공백을 가질 수 없다.

---

28 ③

정보분석의 절차

분석과제의 발생 → 과제(요구)의 분석 → 조사항목의 선정 → 관련 정보의 수집 → 기존 및 신규 자료의 조사 → 수집정보의 분류 → 항목별 분석 → 종합 · 결론 → 활용 · 정리

---

29 ④

'거래처별 제품목록'이라는 제목은 '거래처명'에 대한 그룹 머리글 영역이 아니라 페이지 머리글이다.

---

30 ③

③ 정보를 분석함으로써 서로 상반되거나 큰 차이가 있는 정보의 내용을 판단하여 새로운 해석을 할 수 있다.

1	①	2	②	3	②	4	③	5	③	6	②	7	①	8	④	9	③	10	②
11	②	12	③	13	④	14	④	15	③	16	③	17	①	18	①	19	②	20	③
21	③	22	②	23	④	24	③	25	①	26	③	27	④	28	②	29	①	30	③

1 ①

산업재해의 예방과 대책 마련을 위한 5단계 행동 요령은 다음과 같다.

안전을 관리하는 조직을 구성한다. > 사실을 조사하고 분석하여 발견한다. > 원인을 정확히 분석한다. > 대책 마련을 위한 기술을 공고화한다. > 시정책을 적용하고 뒤처리를 한다.

2 ②

주어진 글에서는 각 시기별 산업을 이끈 기술이 시대의 변천에 따라 유기적인 연관을 맺으며 다음 기술로 이어지는 현상을 엿볼 수 있다. 이렇듯, 각기 다른 분야의 기술이 연결되어 하나의 시스템화 된 기술을 만든다는 점은 '기술 시스템'의 가장 큰 특징이라 할 수 있다.

3 ②

W4 / L4
Q(2, 1) : A1 / C(4, 4) : B3 / T(1, 3) : B2

4 ③

W6 / L5
Q(1, 4) : B2 / T(3, 2) : A3 / C(4, 3) : B1

5 ③

W5 / L4
D(5, 3) : P / Q(4, 1) : L / E(1, 2) : L

6 ②

W5 / L5

D(3, 2) : L / Q(4, 4) : L / E(1, 3) : P

---

7 ①

㉠ 1번과 3번 기계를 180도 회전시킨다.

㉡ 3번과 4번 기계를 180도 회전시킨다.

---

8 ④

3번과 4번 기계를 180도 회전시키면 된다.

---

9 ③

㉠ 2번과 3번 기계를 180도 회전시킨다.

㉡ 3번과 4번 기계를 180도 회전시킨다.

㉢ 1번과 3번 기계를 180도 회전시킨다.

---

10 ②

㉠ 1번과 3번 기계를 180도 회전시킨다.

㉡ 3번과 4번 기계를 180도 회전시킨다.

---

11 ②

㉠ 1번 기계와 3번 기계를 오른쪽으로 180도 회전시킨다.

㉡ 3번 기계와 4번 기계를 오른쪽으로 180도 회전시킨다.

㉢ 2번 기계와 3번 기계의 작동상태를 다른 상태로 바꾼다.

(운전→정지, 정지→운전)

---

12 ③

㉠ 2번 기계와 3번 기계를 오른쪽 방향으로 180도 회전시킨다.

㉡ 3번 기계와 4번 기계를 오른쪽 방향으로 180도 회전시킨다.

㉢ 2번 기계와 3번 기계의 작동상태를 다른 상태로 바꾼다.

(운전→정지, 정지→운전)

13 ④

㉠ 3번 기계와 4번 기계를 오른쪽으로 180도 회전한다.

㉡ 모든 기계의 작동상태를 다른 상태로 바꾼다.(운전 → 정지, 정지 → 운전)

㉢ 2번 기계와 3번 기계의 작동상태를 다른 상태로 바꾼다.(운전 → 정지, 정지 → 운전)

14 ④

◆, △를 누르면 다음과 같은 순서로 변화하게 된다.

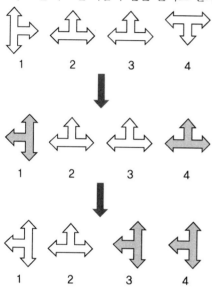

15 ③

★, ▲, ◆를 누르면 다음과 같은 순서로 변화하게 된다.

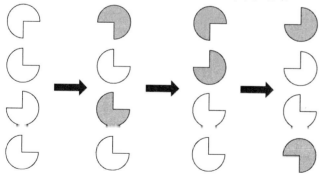

16 ③

잠금/전원 버튼을 8초 이상 누를 경우 자동 전원 리셋되며, 작동하지 않을 경우 15초 이상 누르면 전원이 꺼집니다. 제품의 전원을 끈 후 다시 켤 때는 약 5초 정도 경과 후 켜 주세요. 그래도 변함이 없다면 배터리를 충분히 충전시킨 후 사용해 보거나 고객상담실로 문의 후 가까운 서비스센터에서 제품확인을 받으세요.

17 ①

고객상담실로 문의 후 가까운 서비스센터에서 제품 확인을 받으세요.

18 ①

한글편집팀은 1, 편집기획팀은 2, 디자인팀은 3을 나타낸다.

19 ②

잘 살펴보면 팀장은 0. 대리는 1, 사원은 2를 나타낸다.

20 ③

절전 기능이 설정되어 있습니다. 제품 문을 열거나 취소 버튼을 누른 후 사용하세요.

21 ③

제품 문에 덮개 등 이물질이 끼어 있는지 확인한 후 제품 문을 잘 닫고 눌러 보세요. 혹시 잠금장치 기능이 설정되어 있을 수 있습니다. 취소버튼을 4초간 누르면 잠금 기능이 해제됩니다.

22 ②

문서가 인쇄되지 않을 경우 B항목을 확인해야 한다.

23 ④

④는 인쇄 출력 품질이 떨어졌을 때 확인해야 할 사항이다.

24 ③

인쇄 속도가 느릴 경우
㉠ 인쇄 대기열의 오류 문서를 취소하도록 한다.
㉡ 하드디스크의 사용 가능한 공간의 양을 늘려 보도록 한다.

25 ①

가장 먼저 데이터를 백업하여야 한다.

---

26 ③

나사를 조이거나 풀 때는 나사의 크기에 맞는 드라이버를 사용해야 한다. 사이즈가 맞지 않으면 나사 머리의 홈이 으스러지는 경우가 발생하기 때문이다.

---

27 ④

타이틀을 선택한 후 복사할 저장 데이터의 체크 박스에 체크 표시를 한 후 복사를 선택하면 복사가 시작된다.

---

28 ②

보온은 12시간 이내로 하는 것이 좋습니다.

---

29 ①

쌀은 반드시 계량컵을 사용하여 정확히 계량하여 넣으며, 물의 양은 내솥을 평평한 곳에 놓고 내솥의 물 높이에 맞춘다.

---

30 ③

취사 또는 요리 중 부득이 하게 취소할 경우 내솥 내부 온도가 높으면 안전을 위해 [취소]버튼을 1초간 눌러야 취사 또는 요리가 취소된다.

상식
용어사전
시리즈

합격GO!

1 금융상식 2주 만에 완성하기

금융은행권, 단기간 공략으로 끝장낸다! 필기 걱정은 이제 NO! <금융상식 2주 만에 완성하기> 한 권으로 시간은 아끼고 학습효율은 높이자!

2 중요한 용어만 한눈에 보는 시사용어사전 1130

매일 접하는 각종 기사와 정보 속에서 현대인이 놓치기 쉬운, 그러나 꼭 알아야 할 최신 시사상식을 쏙쏙 뽑아 이해하기 쉽도록 정리했다!

3 중요한 용어만 한눈에 보는 경제용어사전 961

주요 경제용어는 거의 다 실었다! 경제가 쉬워지는 책, 경제용어사전!

4 중요한 용어만 한눈에 보는 부동산용어사전 1273

부동산에 대한 이해를 높이고 부동산의 개발과 활용, 투자 및 부동산 용어 학습에도 적극적으로 이용할 수 있는 부동산용어사전!

자격증
기출문제
총집합!

자격증 별로 정리된
기출문제로 깔끔하게 합격하자!

기출문제로 자격증 시험 준비하자!

건강운동관리사, 스포츠지도사, 손해사정사, 손해평가사,
농산물품질관리사, 수산물품질관리사, 관광통역안내사, 국내여행안내사, 보세사, 사회조사분석사